Continuation of *The Stones of Venice*

続
ヴェネツィアの石

［ルネサンスとグロテスク精神］

John Ruskin
ジョン・ラスキン
［著］

Shiro Naito
内藤史朗
［訳］

法藏館

口絵1　大聖堂の天井にあるオリーヴの樹木のモザイク装飾（本文二四四頁）

口絵2　カ・ドーロから眺めた運河風景（一章注6参照）
（八木貞憲氏撮影）

口絵3　バドエル宮殿の円盤装飾、上の中央の孔雀の尾羽根を抽象化している。
（ラスキンが下絵を描き、銅版画にして彩色した作品。付録Ⅶ参照）

口絵4　右はサンティシマ・ジョヴァンニ・エ・パオロ教会
左はスクオーラ・グランデ・サン・マルコ
（内藤史朗撮影）

続ヴェネツィアの石——ルネサンスとグロテスク精神*目次

第三部　ルネサンス時代

＊ゴシック柱頭を、右上から左下まで時期を追って示した。最後はルネサンスに変わっていく。

装幀＝井上二三夫

続ヴェネツィアの石——ルネサンスとグロテスク精神

第三部　ルネサンス時代

凡例

一、『ヴェネツィアの石（*The Stones of Venice*）』の原書は三巻からなる。初版は、一八五一年から一八五三年にかけて、Smith, Elder and Co.（London）から刊行された。前巻『ヴェネツィアの石』と本書『続ヴェネツィアの石』は、いずれも、その改訂版である一八八六年版（George Allen, London）を底本としている。理由としては、初版本よりも、改訂版により新しいラスキンの思想が盛り込まれていると考えるからである。一八八六年という年がラスキンの著述家としての最後の年であると、伝記（E. T. Cook による）には記されている。ラスキンは自叙伝を八九年まで書き続けたが、公刊書の校訂は出来なかった。精神疾患のためである。

それに *The Stones of Venice* の思想は初版以後の版も一貫している。本訳書の底本にも、地質学についての叙述が加わっている。注記として訳すことも考えたが、その重要性を考えて、本文に入れた。なお旅行者用の版の一部が改訂版に追補されているが、結論とうまく続かないことから追補は加えないでおいた。

二、本書『続ヴェネツィアの石』は、『ヴェネツィアの石』の続篇であり、原書の第三巻にあたる。前巻の刊行からすでに一〇年が経過したが、続巻の刊行を期待する声がたびたび寄せられ、今回の続巻の刊行に至った。続巻では、「ルネサンス時代」が取り扱われ、頁数は前巻より少ないが、その思想の独創性は、今の時代にあっても重要性を増しているように思われる。

三、章末の注について、原書にあったものは、文頭に〔原注〕と記した。それ以外の注はすべて訳者による。

四、本文中に（　　）で付け加えた個所は、読者により分かり易くという配慮から訳者が加筆したものである。

五、本文中の図版は原書によった。挿入図も同様である。

六、巻末の「人名録」は、本書に登場する、主として芸術・文学・思想に関わった人びとを訳者が紹介したものである。ルネサンスの巨匠のような人物については詳細な書物がでているため、中途半端な紹介は避けて省いた。

七、巻末の「付録Ⅱ―Ⅶ」は、原書に則ったものである。ただ冗長と思われる説明は省略し、簡略に要旨を述べるだけにとどめた。「付録Ⅰ」だけは訳者による。

八、図版ならびに挿入図も、原書一八八六年版の三巻本による。

九、『ヴェネツィアの石』と本訳書は固有名詞はほとんど同一にしたが、「ルネッサンス」→「ルネサンス」、「ビザンチン」→「ビザンティン」と修正した。

十、本文中には、今日から見て偏見とも見られかねない部分があるが、原文の内容から外れないように配慮したのでご了解願いたい。

訳者記す

一章　初期ルネサンス

ヴェネツィアとその周辺都市に旅行したり、ヴェネツィア関連の書物を読んだりした方も、読者の中にはおられるだろう。そうしたことから壮麗なヴェネツィアの街並みもある程度想像出来たのではないかと思う。ヴェネツィアは他の都市と異なって、海が街を取り巻いて、そのおかげで長い間外敵に占領されずに、街全体が保存されてきたのだ。ところが、他の都市（イタリアでもヴェローナやラヴェンナなど）は今やかつての栄光は見る影もなくなってしまった。まだ残っている建物の残骸は、ヴェネツィアの建築物に見劣りするどころか、残骸から推測される仕上げは冴えていて、創意も称賛すべきであり、華麗で見事であったと思われるのだが。

北部ヨーロッパにおいては、文明化はそれほど進んでいなくて、諸芸術の知識は教会建築に限定されていたので、個人住宅建築は、イタリアよりもずっと遅れて完成期を迎え、住宅建築の完成期は、一五世紀中頃になってから始まったと考えられるくらいである。けれども、それぞれの都市は文明化の段階のある頂点にあったので、その市街はヴェネツィアと同じ壮麗な建築物で飾り立てられ、手近にある材料の違いや人びとの気質によって様式が多様化していた。最もエネルギッシュで繁栄を極めた時期には、中世の富裕で重要な町の市街には豊麗な彫刻が至る処に見られ、豊かな色彩と金色で燦然と輝いていた。この点、ヴェネツィアは際立っていた。

それゆえ読者は、一四世紀のヴェネツィアの宮殿か、それとも、幻想的で立派な都市の光景——ルーアン、アントワープ、ケルン、ニュールンベルク等の光景——を、出来るだけ生き生きとしたリアルなイメージで構想してみるといい。そののちに、読者は現代の住宅建築への感受性が今も変わらず独特な様式で表現されている通りへ出ていくのだ。例えば、ロンドンなら、ハーレー通り、ベイカー通り、ガウアー通りを歩いてみる。その時、過去と現在の光景を見比べて、ヨーロッパ人の心にこんな大きな変化を引き起こした原因は何だったのか（これが次の私たちの究極の課題になるのだが）を考察してみるとよい。

ルネサンスの建築家たちが、人びとの発明能力と建設能力を導いてヴェネツィア大運河からロンドンのガウアー通りまでを構築させた。それは一つの流派となり、この流派が大理石柱身、花輪状葉飾り、金色と紺青が融合し燦然と輝く調和から、煉瓦壁に穿った四角い壁龕《へきがん》に至るまで構築させたのである。このような変貌や変革を引き起こした原因とその段階を考察してみる。以前にゴシックの本質を考察したように、ここではルネサンスの本質を考察してみよう。

ルネサンス建築は、国家により民族によってさまざまな形態となって現われたが、次の三つの時期に分類して述べると好都合である。

1　初期ルネサンス――ゴシック派の退廃のあとに導入された最初期の様式
2　中心的、すなわちローマ的ルネサンス――形式が確立されたことで様式となった時期
3　グロテスク・ルネサンス――ルネサンス自体の退廃の時期

ルネサンスに逆行する流れの根拠を公平に取り扱うために、ルネサンスの最良で中心的な模範例に限って言及しながら、ルネサンス派の本質を抽出して考察したい。

「初期ルネサンス」という言葉で一般的に分類される形態の建築物は、大抵の場合、生気の抜けたゴシック――ゴシック精神を喪失したゴシック建築――の無節制で退廃した作品に過ぎなくて、そういうゴシックの誤った作風に対して、古典（ギリシャ・ローマの文化・学芸を指す――訳者）の原則は関係がない。もしヴェネツィア市民の贅沢三昧の生活がゴシック形態を骨抜きにせず、瑣末な点にこだわる華奢な作風がゴシック形態を偽装しなければ、ローマ風の伝統がゴシックに対抗して広範囲に広がることもなかった。『建築の七燈』の第二章ではそのように述べている。

これらの生気の抜けた偽ゴシックの作風は直ぐに古典の影響によって塗り替えられたけれども、ゴシックの比較的早い時期の流派の最初の退廃を、古典の影響のせいにするのは不当であろう。なぜなら、そういう比較的初期のゴシック派が、ゴシック固有の体系のもつ力強さを失ったのは、古典の影響という災いを受ける以前からであったからである。

芸術のすべての流派が退廃する成り行きは、それが自然な成り行きである限り、すべての時代で同様である。贅沢な装飾、精緻を凝らした仕上げ、微に入り細をうがった浅はかな奇想が、真実の

思想と手練の技に取って代わる。そして、私たちの仕事は、瀕死の王の容貌の描写に熱中することではなく、水に布を浸してそれを王の顔面に被せて王を殺したハザエル(1)の性格を調べること――すなわち、なぜゴシックが滅びたかを明らかにすること――である。したがって、私はゴシックの病床に長く読者を引き留めたくない。ただ、ローマ的ルネサンスが世界的支配を確立するに至った様式について私たちが理解するためにも、ヴェネツィア建築についての私たちの見方を完成するためにも、ヴェネツィアのゴシックが衰退していった成り行きにざっと目を通しておくことは必要であろう。衰退していく要因は二つあった。一方はゴシック自体の退廃である。他方はビザンティン様式への部分的回帰である。これは、ゴシックの形骸化が始まった時点まで、ゴシックを制作してきたヴェネツィア精神が時代を逆戻りさせようとし、ビザンティン様式へまず拠り処を求め、それから最初期のローマ様式へ移ろうとしたからである。しかし、時代をこんなに逆戻りさせても、ゴシックはいったん喪失したエネルギーを回復出来なかった。ゴシックが、かつての朝の光の中へ逆戻りしようとしても、今やゴシックは手足が疲れ切って、夕暮れの薄暗がりの中へ戻るしかなかった。

どの派にしても、衰退を当然引き起こすに至った二つの主要な原因は、過剰な装飾と過剰な洗練である。ヴェネツィアの退廃したゴシックが前者（装飾）の興味深い例を提供し、退廃したビザンティンが後者（洗練）の例を提供してくれる。それらの例を順序よく調べよう。

まず注目すべきは、私が「過剰な装飾」と言っても、それは「装飾の量が多い」ということではない。世界で最良のゴシック建築にあっても、厚さ僅か一インチの石材があればそこに彫刻されていないものはほとんどない。私の言いたいのは、鑑賞に飽き飽きした人びとに向けられた、無理に感動させようとする無節制な装飾のことである。曲線が粗悪に捻じ曲げられ、陰影が深過ぎて、線描の配合が挑発的なものには、シンプルな形態と抑制された力の生み出す真実の美しさを感受出来ないことは明らかである。この過剰な挑発的淫らさこそが一目見てすぐにそれを見分けられるデザインの悪い特性である。しかも現今において色彩、陰影、線描がどうであれ、節制と無節制の間の本質的な相違ほど理解されていないものはないように思われる。「過剰な装飾」について、私たちがモラル上の欠如に似た何かがその「形態」にはあると漠然と感じ、そうした漠然とした印象を口にしたりもする（人の心を不快にさせる何かがあると漠然と感じて、そういう感想を漏らす――訳者）。だが、私たちを不快にする特性を明確に見破らない限り、この装飾の法則の普遍化によって伝達される最も重要な教訓を理解することなど出来っこない。

手短に言えば、すべての視覚的芸術作品において、最高の美を保つ安全弁は、気魄のこもり方である。気魄のこもり方とは、広義における節制、すなわち四つの基本道徳の「正義」[2]に匹敵する王座に位置づけられる「節制」である。より高尚な意味の節制とは、愛や信仰におけるように、不完全なエネルギーを抑制する力とか、善なる事柄を急に止めさせることではなくて、最も激しいエネルギーを支配する力であり、それがあるべきように働くようにコントロールする力である。

節制とは、過剰な事物を不用意に抑え込むという意味ではなくて、その楽しみが最大になるように量を調節することを意味する。例えば、今私たちの手近にある事物の場合、色彩の節制は色彩の不完全な、または単調な楽しみを意味するのではなく、すべての色合いから最高の楽しみを引き出す色彩の配合を意味する。下手な彩色家は、優れた彩色家の引き出す色合いを、優れた彩色家が愛するようにはその美しいはずの色彩を愛さない。下手な彩色家は大きなスペースを使って調和も考えず、多くの美しい色を用いる。それゆえ、「下手な彩色家は少ない色合いを使って、美しい色彩を楽しむことができない」ということは、自然の法則、すなわち引力の法則と同様に普遍的な法則である。下手な彩色家の眼は過剰な色彩によって感覚が麻痺し惑わされて、もはやシンプルな青色や赤色だけでは生気がないように映るのだろう。そこで、より青くより赤く塗ろうとしても、それは空しい。すべての青色は灰色になり、青色を加えればそれだけ灰色になる。すべての深紅は茶色になり、深紅を深めればそれだけ枯れた秋色になる。しかし、偉大な画家は自分の作品において厳格に節度を守る。彼は心底活気ある色彩を愛するが、安易にそのような色彩をみずからが用いることはしない。ただ、節度ある茶色や冴えた灰色あるいは美しいとは思いもつかない色彩しか用いないが、配合によってそういう色彩が甘美になるということを知っている。そういう色彩からそれらが有するすべての生気と力を引き出して、それらを最高度に楽しんだあと、慎重に作品の頂上の冠、あるいはその音楽の調べの仕上げとして、彼は一瞬の深紅や紺青を許容し、その結果全体が燃えるように活気が漲ることになる。

形態全体の美しさのもととなる曲線においても、下手なデザイナーは、偉大なデザイナーほどには曲線を楽しまなくて、眼が飽きるまでただひたすら曲線を描くことに耽り、その結果、優雅な美を見飽きることになって、なおも曲線に満足することはない。だが、偉大な節度あるデザイナーは、度外れた曲線を自分に許すことはない。必ず曲線が存在しているが、それと感ぜられないような――感ぜられるのに暫し時間がかかるような――線描で彼は曲線を扱う。極度に抑制した線描ですべてをじっくりと描き、曲線をさらに厳格な直線と対照させて、十二分に甘美に曲線を目立たせる。遂には、彼は一瞬のエネルギッシュな曲線だけを描き、その瞬間、作品全体に活気ある優雅な美が漲る。

図版Ⅰの「サルビアの曲線」（原書第一巻Ⅶ）で、さまざまな段階を伴って現われたように、描線は威厳と抑制というこの特性を完全に示すために選ばれた。だが、その図版の目的は、『構想力の芸術思想[3]』で示されたように、原書の図版が例示された章において注意深く説明したけれども（付録[4]Ⅱ参照）、私たちは今抽象的な線描の特性を考察する癖はついていないので、この図版はホガース[5]の美のS字形波線を例証していると多くの人びとによって考えられた。たとえ将来の建築上の用途のためにその図版から採られたサルビアの葉の曲線がS字形波線でも蛇状曲線でもないとしてもである。私は自分の言いたい事柄をもっとより良く示すことが出来ると思っている。

図版Ⅱの1図は、一三世紀のノルマン・フランスの稿本から選んだ装飾であり、同2図は一五世紀のイタリアの稿本から得られた装飾である。1図の場合、曲線に厳格な節度があるのに注目してほしい。複数の線が徐々に統合されて完全な直線ではないにしても、直線に近い線になり、それが

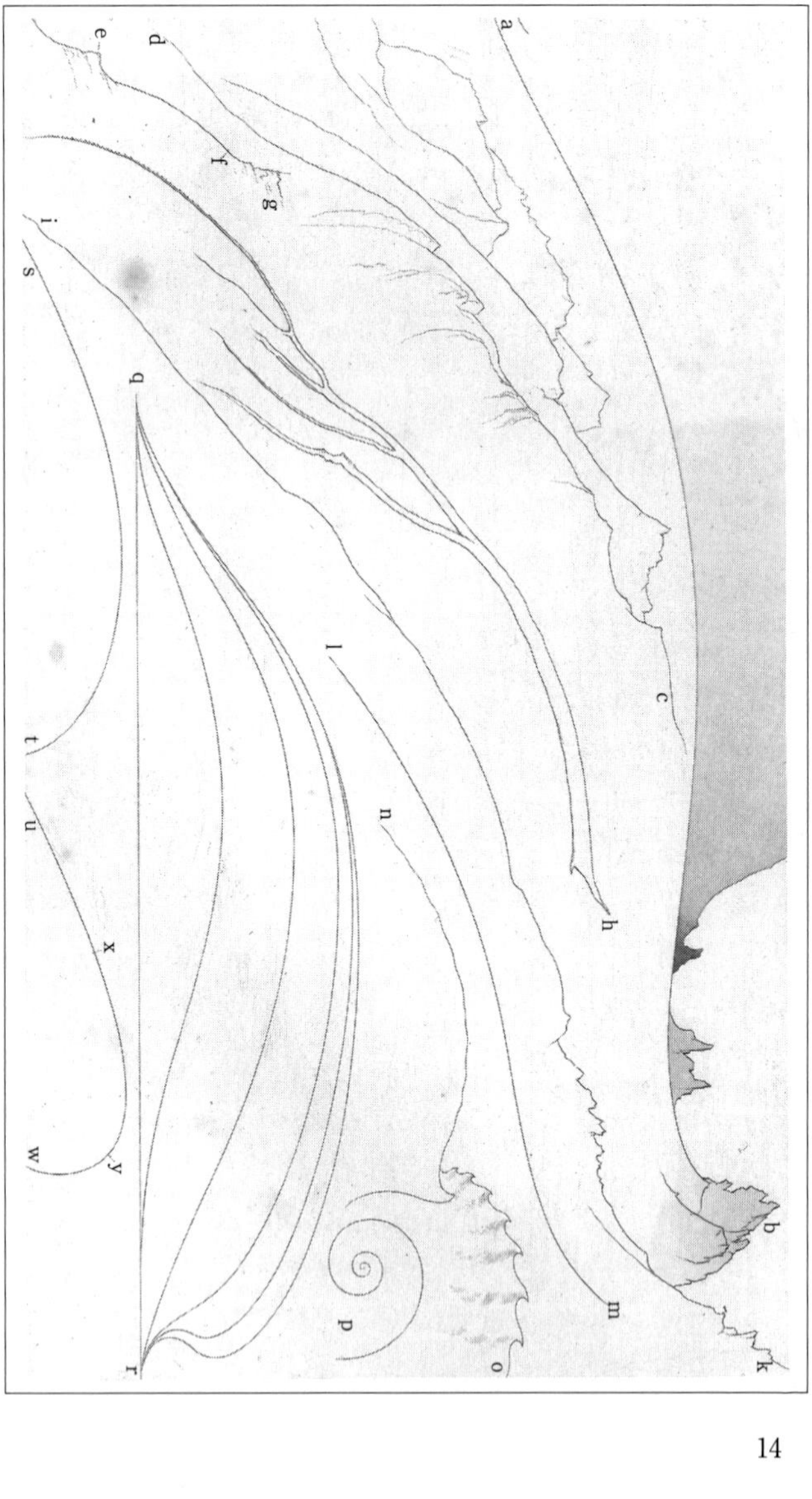

図版 I 「サルビアの曲線」

図版Ⅱ　「曲線における節制と無節制」

幹線として用いられ、それがさらにその葉の大胆で単純な分枝と対照させられ、それが射出している高尚な渦巻き曲線とも対照させられ、今度はこれらの分枝や渦巻き曲線が先鋭な三葉飾りや尖頭突起（カスプ）と対立させられる。そして、全体図の中でどのように無駄なく素材が使われているか、曲線をもっと明瞭にし、葉形をもっと立派にすることが容易に出来たか、そして、高尚な精神をもった人の手がそこで止まり、さらなる曲線を描かなかったことをよく理解してほしい。

また他の例（2図）を見てみよう。同一のパターンで繰り返される場合に、まったく抑制されず混乱した気まぐれな状態で左右に激しくうねり曲がる連続曲線が描かれた場合である。これらの二つの例のそれぞれの線の特性を比較して、この余分で過剰な曲線が装飾に使われた場合には、エネルギーを出し切って創意を喪失した徴候である。それを充実や豊かさと混同しないように。豊かさは必ずしも気まぐれではない。ゴシックの刳り形は棘や葉飾りを彫刻する際には半フィートも深く彫るかもしれないが、あらゆる線は高雅またはシンプルである。後期ルネサンスの刳り形はまったく不毛であり貧弱であるが、あらゆる線は不必要に過剰である。

今考察されている点と関連して考えると、図版Ⅲは柱頭への注意を引くための特別な例示として準備されたのだが、特に興味深い。上列の四つの葉飾りはビザンティン様式であり、二つの中列は、11図以外のすべては移行期のものであり、11図はゴシック形態である。12図は最も洗練された時期の完全なゴシック様式（ドゥカーレ宮殿の最古の部品）であり、13図は衰退したルネサンス・ゴシックである。

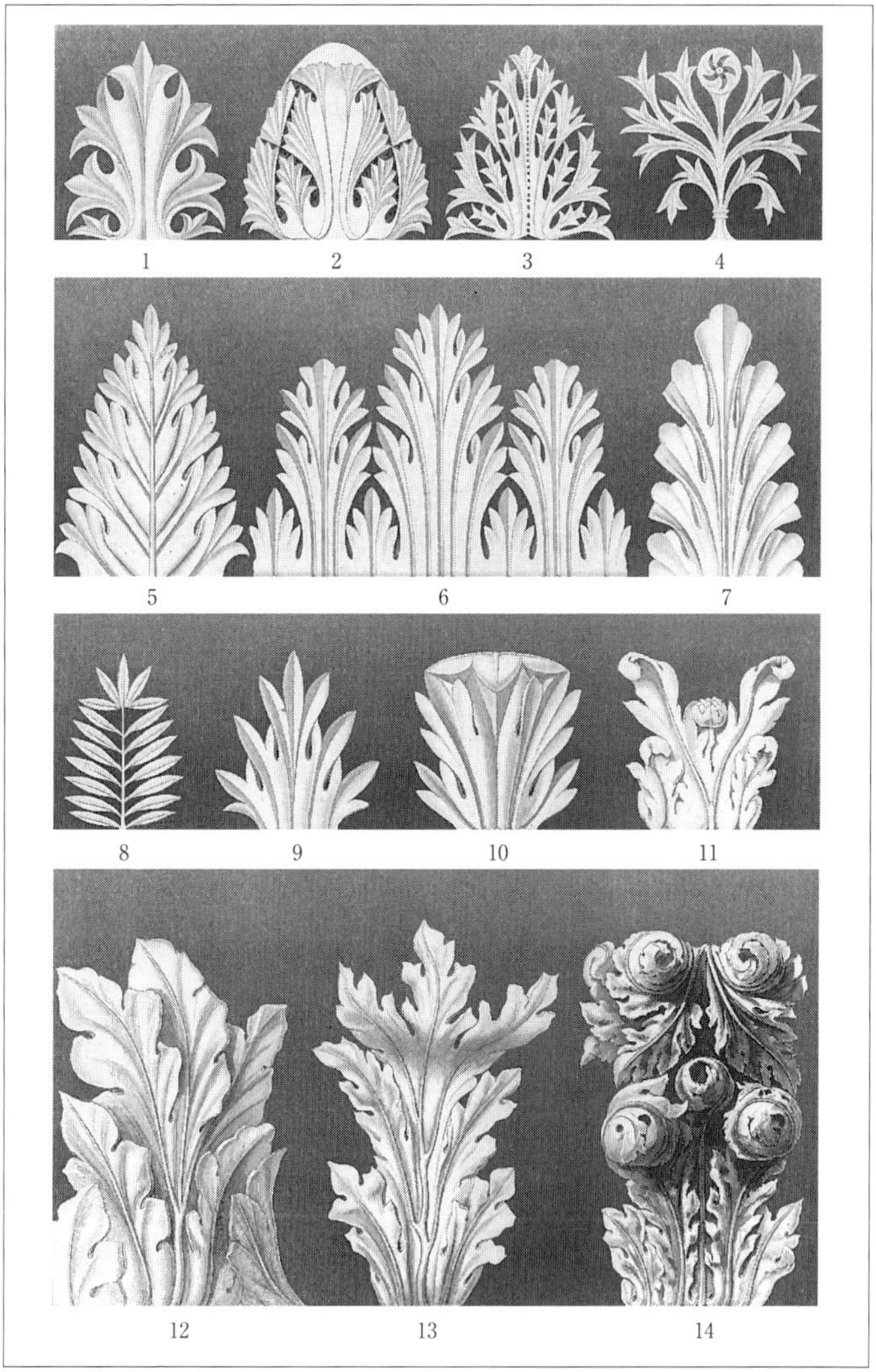

図版Ⅲ　「ヴェネツィア風の葉の柱頭」

まずゴシック式自然らしさはビザンティンの厳格さから徐々に進化したことに注目してほしい。上段のシリーズに見られる先鋭で厳格で形式張った因襲的紋切り型から、葉飾りは徐々により自由で柔軟な生気躍動する様式へと発展していき、遂に12図になって露の滴る葉から集められたみずみずしく完全に生きた葉のような葉飾りを得た。最後の二つの例と11図において、生気躍動する葉飾りにもはや進化できなくなった形態から、ゴシック派の力強さは消滅していくにつれて、奢侈と柔弱へと突き進み、結局衰退していくことになった。

次にビザンティン派とゴシック派の生活様式や生活レヴェルがどんなに違っていても、ゴシックの気質は、全体的に生気に満ち躍動感があるので、ゴシック気質の方が高尚であるけれども、両派は共に気質が似通っていることに注意すべきである。11図だけを除いて1図から12図までのすべての葉において、曲線がどんなに高尚で微妙であるかをよく注目するがよい。特に12図の葉の傍系の葉脈のほぼ直線に近い線によって堅実さと力強さが得られたのに注視するがよい。眼がこれらの節度ある曲線を楽しむことになるが、それも最終的には最後の例の病的な誇張によって疲れ果てることだろう。

最後に——これは重要であるが——作品の中の同じに見える特徴がまったく異なる心的状態を表わすことによく注目してほしい。同じ特徴でも、一方の心的状態は悪く、他方は良いということになる。

3図と12図の例は線がすっきりしているが、前者は葉先でも幅広くて、両者共に美しい。ビザンティン的精神は羊歯の葉やパセリの葉で自然が見せてくれる精緻な細分化を楽しんだ。ゴシック精神は樫やアザミを楽しんだ。だが、ドゥカーレ宮殿の建築者は、その強大な壁の広い面と調和がとれるように幅広い葉型を用いて、自然が蓼《たで》科の葉や睡蓮の葉の新鮮な広がりを楽しむように、彼はこの広がりのある葉型を楽しんだ。幅の広さも細分化もそれらが健全な精神の人によって着想される時には、両方とも高尚であり、見飽きた人によって着想されるならば、両方とも下品になる。13図の細分化――13図の細分化を改善するための12図の型と比較されたものとして――は複雑さを愛する精神からなされたものではなくて、単純素朴さを味わえない精神の徴候である。そのような精神は比較的初期の単純な広がりをも愛さず、飽いた時に読めない本をずたずたに破り裂く子どものように、幅広い葉型をむなしく切り刻む。他方、同じ時期の作品の他の例には、不健全な幅広さや重苦しさを見出すであろう。もはや洗練さや明確であることに関心はなく、繊細な形態を楽しむこともなく、すべてに無関心で投げやりで生気のないものとして扱う。それらは快活で自然な曲線の躍動感を喪失した精神から同時に生じるのである。まるで健全な魂の根元から切り離されて退廃していく人間の魂が周囲のすべての生命力を感受しなくなったかのようである。そしてその魂は、筋肉質の力強さと樹液の漲る樹木の循環系統のみずみずしい流れを秘めた丈夫な枝々の波からも、索状組織の緩い撓みや葉の伸長によって深い襞にされた葉の縁の波状だとか、あるいは、葉が朽ちたための皺寄る縮みだとかから識別出来なくなる[6]。

かくして、道徳にかなう愛や良識から生じた極めて瑣末なものへの配慮があるが、他方では、道徳的とは言えない怠慢や軽薄さから生じた極めて卑しい瑣末なものすべてへの配慮もある。また、思想から生じた高尚な厳粛さがあるし、怠惰と楽しめない無能さから生じた極悪な卑しさがある。ヴェネツィア後期ゴシックによって装いを凝らされたさまざまな形態において、事情が異なれば衰退のきざしを示すことにならなかった一、二の特徴がある。だが、それらの特徴が生起する特殊な様式において衰微を示す致命的な疲弊を指摘しておく。すべてにおいて明白なものは、こぶし花と頂華(7)である。

ドゥカーレ宮殿の一四世紀に建てられたどの部分にもこぶし花や頂華は一つも見当たらない。こぶし花や頂華が、一四世紀より早い時期の他の建物に見られたら、それはヴェネツィア生粋ではない流派の脱線した例であり、衰退が始まった徴候である。

このわけは、頂華はまさしく破風屋根にふさわしい装飾であり、それはその建物の塔、隆起のある屋根、尖塔――これらの様式と建物の副次的な特徴でも呼応しているからである。ヴェネツィアの建築は、屋根や一般的な構造物が水平であり、破風屋根でもない。だから頂華はその様式と矛盾する特徴である。

頂華がさらに早い時期に現われるのは、破風屋根の先駆けであろう。その例はカルミニ教会の玄関に見られる。

頂華がもたらす形態の無節制は、頂華の導入が不適切であることから生じている。アーチの半分しか高さがない葱花状（S字形状）窓の頂上にある房状飾りになったり、最も過剰な例では杯状の葉飾りから上半身だけの人間像が現われていることもある。例えばサン・ザッカリア教会広場のアーチ道のこぶし花がそうである。アーチの釣り合いや左右対称性と厳密には関係ないこぶし花が、頂華よりもずっと型に嵌まらないと思い込んでいるように思われるし、粗野にゆがんで左右に飛び跳ねて見える。図版Ⅱ4図は石に彫られたこぶし花の輪郭で、これはサン・マルコ大聖堂の後期ゴシックから採られた。図Ⅱ3図はヴェローナ風ゴシックからのこぶし花であり、稿本から採られた曲線の例（図版Ⅱの1図も2図も一三世紀のノルマン・フランスと一五世紀のイタリアの装飾稿本から採られた）と比較して読者がルネサンスの特性をより良く分別出来るようにするために示された。

アーチの外側の装飾はこの繁茂する葉飾りだけでは十分でないのか、頂華はそのトレーサリに及ぶ。これらの過剰な装飾は、ゴシックの発展における自然の過程であったが、悪弊ではなかった。しかし、それらは尖頭突起（カスプ）において頂華の肥大化に伴って退廃した。特にヴェネツィアにおいて退廃した。なぜならヴェローナにおいては、百合の花の形態の頂華がカスプの個所に精妙な趣きをもってずっと以前に現われていたからである。私たちイギリス人の最良の北方ゴシックでは、頂華はソールズベリ大寺院の窓（図版Ⅳ2図・第二巻図版[8]Ⅻ2図）の例のようにカスプに美しく用いられた。しかしヴェネツィアでは、そのような頂華の扱いは古いトレーサリの厳格な様式にまったく矛盾している。ヴェネツィアのサン・ステファノ教会の扉におけるカスプの突端に葉飾りを採用したことは、ドゥカーレ宮殿のカスプをさえぎる単純な球と対比すると、退廃への傾向の見まがうことなき徴候と言える。

図版Ⅳ　「線条ゴシックと表面ゴシック」

同様に、刳り形の豊かさや複雑さは――他の流派では最も健全な時期に見られるものだが――、ヴェネツィアでは衰退の徴候となっている。それは単純な四角い傍柱や飾り迫縁（アーキヴォルト）への愛着と、そのような刳り形との矛盾のためである。

それらの刳り形が豊かになった過程は、図版Ⅴの「ゴシックの刳り形」に掲げられる例で示される。

ゴシックのこの退廃的形態が最初にヴェネツィア的様式の初期の単純な様式に行き渡っていた時期は、サンティッシマ・ジョヴァンニ・エ・パオロ教会（以下「パオロ教会」と略す――訳者）の聖歌隊席を見れば、たちどころに決定される。その教会へ入って左手に、一三六八年に他界したマルコ・コルネール総督（在位一三六五―六八年）の墓がある。この墓は立派で十分発達したゴシックであって、こぶし花と頂華が飾られているが、まだ無節制というほどではない。その向かい側に一三八二年に他界したアンドレーア・コンタリーニ総督（在位一三六八―八二年）の墓がある。このゴシックは官能的で一面に細工が施してある。こぶし花は大胆で華麗であり、法外に大きい頂華は聖ミカエルの彫像で出来ている。ルネサンスの誤りが、ゴシック形態の美しさを完全に破壊するほど全体的に影響を及ぼしているわけではないが、ここではその徴候を見逃すわけにはいかない。そんなわけでこの墓を目前にしたら、ドゥカーレ宮殿の厳格な建築をもっと後期の作とすることも出来たであろう考古学者たちに弁解の余地を与えない証拠になる（頂華はドゥカーレ宮殿には見当たらないから、「もっと後期の作」という説は否定される――訳者）。一四二三年制作の告知門になると弊害

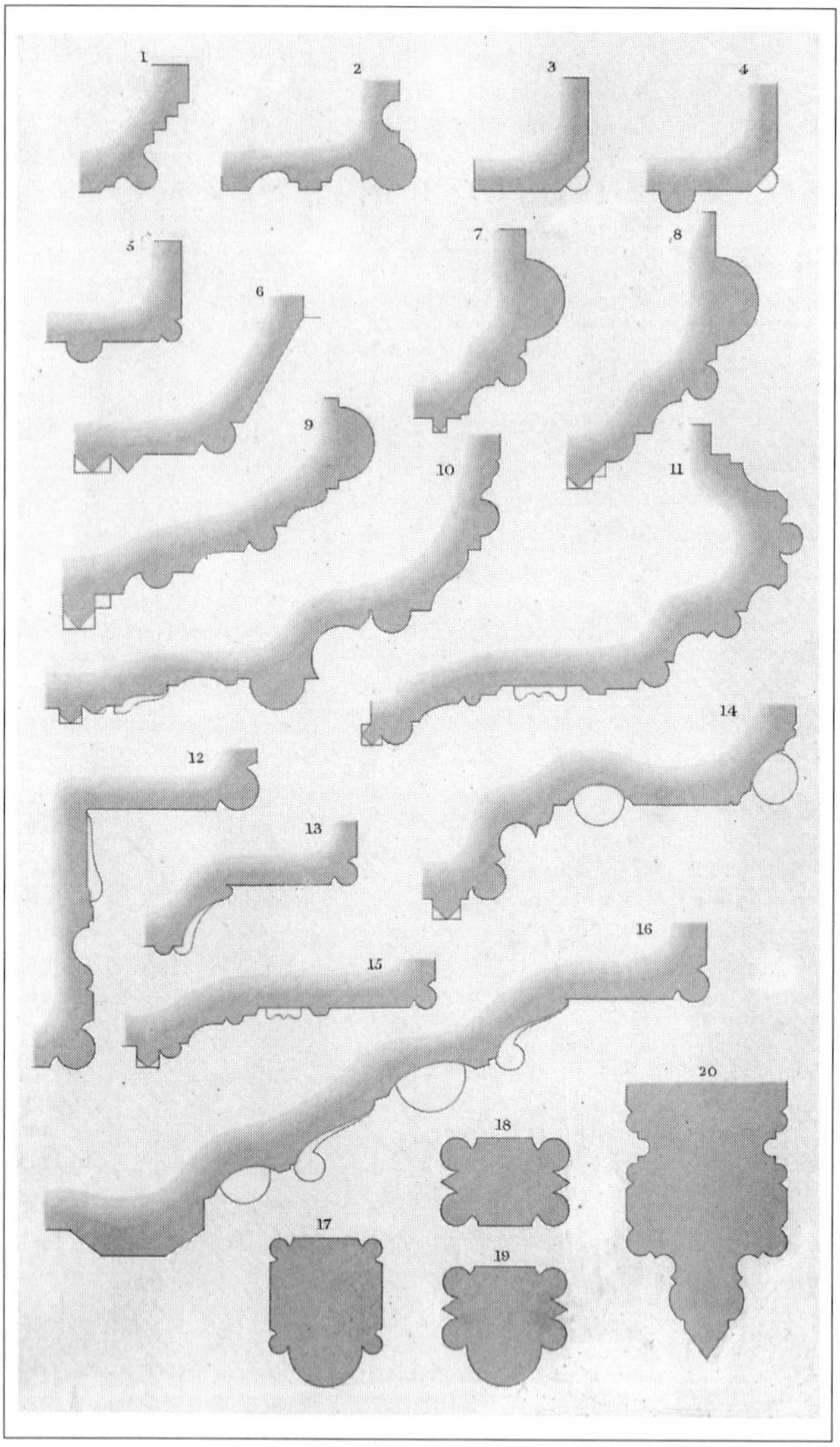

図版Ⅴ　「ゴシックの刳り形」

はその頂点になる。

次にこの退廃したゴシック様式に対して、ルネサンス軍団が登場する。この軍団の最初の目的は普遍的な完璧さを要求することにあった。ローマの破壊以来、一五世紀最大級の芸術家たちの作品――ギルランダーヨ、マサッチオ、フランチャ、ペルジーノ、ピントリッキョ、ベリーニ（ベッリーニ）の絵画、さらにフィエーゾレ、ギベルティ、ヴェロッキョの彫刻――が初めて、すべての以前の作品に取って代わり、以前の作品を陰に追いやり、偉大であった往年のすべての芸術家の作品の中に彼らの作品を並べられると、彼らの新しい努力が注目されたし、注目に値するということで彼らの至高の熱情が正当化された。しかしこの完璧さが示された時には、あらゆる事で（工人たちにも）そのような完璧さが要求された。世間はもはや精妙な仕上げや知識の裏付けが少しでも不足すれば、満足しなかった。世間がすべての作品に要求した第一の事柄は、作品は最高の知識に裏付けられた方法で制作されるべしということであった。人びとは、軽蔑すべきものも完成させることは出来るし、役立たない物も知識の裏打ちが可能であることを忘却したのである。人びとは絵筆の筆致や彫刻刀の仕上げの器用さを厳しく要求して、感情の柔和さを求めるのを徐々に忘れていった。また正確な知識を厳しく要求して、思想の創意性を求めることを徐々に忘れた。人びとが軽蔑する思想や感情から離れ、彼らは僅かな知識と小奇麗な感触を喜ぶだけに終わった。これがゴシックの流派に対するルネサンス派の最初の襲撃であり、その急速な波及をもたらす道筋となった。他のどのジャンルの芸術よりも、建築において、これは致命的で直接的な被害を与えた。なぜなら、建築では完璧を期すためには職人（工人）たちの能力の向上が必須であるし、彼らの能力と比して、それをかなえるのは難しかったからである。つまり、彼らの能力は、ゴシック派の高尚さが大いに依存していたゴシック的粗野や野性とまったく対立していたからである。しかし、革新は芸術作品の最も美しい模範例に基礎を置いて、世間が今まで見たことのない巨匠の幾人かの作品によって先導され、さらに巨匠が中断させたゴシックは退廃し価値が下落したから、ルネサンス感情の最初の出現は健全な運動に見えた。ゴシック精神に影響したマンネリや退屈に取って代わったのは新しいエネルギーであった。

拡大しつつあった知識によって、裏付けられ洗練された精妙な趣味が新しい流派の最初の模範例となった。イタリア全土に新しい一つの様式が勃興し、「一五〇〇年代（様式）＝一六世紀様式」として今では一般に知られている。この年代（様式）は、不世出の高貴な巨匠たち――ミケランジェロ、ラファエロ、レオナルド――に先導された彫刻・絵画を生んだ。だがこの年代は建築においては同じ偉業を成し遂げることはなく挫折した。建築では、完璧はあり得なかったし、完全に成し遂げることは出来もしなかった。なぜなら、古典崇拝熱が建築形態の最良の様式――ゴシック様式――を破壊したからである。

ここで、次の事柄に注目してもらいたい。普遍的な完璧さを求めるルネサンスの原理は、ローマ的な完璧な形態を要求するローマ的ルネサンスとは、まったく異なっていた。私が欲するがままにテーマを追究する余地があれば――ゴシック様式が私の欲する様式だが――、一五世紀に古典文献の著者の稿本[9]が再発見されていなければ、一体ヨーロッパ芸術の進路はどうなっていたかをまず確認しようとするだろう。そうすれば、今日に至る五〇〇年間にすべての芸術に携わる人びとが努力し目指していた、実際制作の完璧さ――そして、それはようやく現在達せられたかもしれない完璧さ――は、より早い時期（ゴシック時代）の流派の建築構造と関連して、独自の、かつ自然で固有の形態となって発展するのが認められただろう。快楽に耽り退廃に至った後代のイタリアの歴史は、この国がラテン語を習得しようとしまいと、恐らく同じになっただろう。でも、イタリアのエネルギーが最高に発揮された時代のあとに起こった柔弱さの原因と、イタリアの古典的学識によって、この柔弱さに付加された特殊な形態の探究とは、まったく異なるのである。私がこの二つの問題を別個に扱えないのは甚だ遺憾である。読者がそれらを分けて記憶に留めてもらうことで、私は満足せねばならない。

一五世紀において、一段と強く求められるようになった古典文献への回帰は、建築に関する限り、ゴシック全体系を排除することにつながった。尖頭アーチ・陰影のある穹窿《きゅうりゅう》（円天井）・群柱・天突く尖塔――これらはみなお払い箱にされた。構造で許容されたものは、角柱または円柱を伴う円形アーチの上に柱から柱へと渡された無装飾の大梁と、破風屋根と、ペジメントくらいである。しかしながら、幸運にもローマに残っていた二つの建築形態は許容された。その二つとはキューポラ（小円屋根）と室内の半円筒形丸天井（広義の穹窿）である。

これらの改変された形態は、残念なことに改善とは言えなかった。冷淡で貧弱なローマ風輪郭の建築物によく見かけるからと言って、一五世紀の装飾（時折精妙なものが見られるが）を正当化することはまず不可能である。私の知る限り、ヨーロッパにある唯一のゴシック建築物は、フィレンツェにあるドゥオーモ（サンタ・マリア・デル・フィオーレ大聖堂のことで、ゴシック様式――訳者）であって、その装飾は早期の流派（ゴシックの流派）に属しているのだけれども、もしゴシック建築の構造の壮麗な枠内だけで用いられたら、ヴェロッキョやギベルティなどの完全なルネサンス職人気質の成果がどのようなものかを想像させるほど精妙に仕上げられていただろう。これは結論の章で言及するが、私たちの今日課題として解決を求めている事柄と似た問題がある。しかしながら、形態上生じた変化は、ルネサンスの悪い原理の中でも瑣末な部分である。ルネサンスの主要な誤りは、すでに早期の段階において、是が非でも完璧な完成を要求する不健全な点にある。「ゴシックの本質[10]」で私は読者に「一般の工人に完璧を求めるべきではない。工人の全生命力と思想とエネルギー等のあらゆるものを犠牲にしてまで求めるべきでもない」と言い切っている。

ルネサンスのヨーロッパは、こうした工人の全生命力と思想とエネルギーを失うことも手捌き鮮やかな完璧さに対する代価としか考えなかった。ヴェロッキョとギベルティのような芸術家はいつでも何処にでもいるわけがないし、この二人の制作や知識を工人に求めることは、工人に二人の模倣者になるように要求することである。二人の芸術家の力強さは創意を失わない学識、情緒を斟酌した方法、火の燃えるような情熱による仕上げなどを統合させるほど大きな力強さである。だが、二人の場合、創意と情熱が第一であったが、ヨーロッパは二人から方法と仕上げの素晴らしさしか見分けられなかった。ところが、当時の人びとの心にこれは目新しく映り、そのことを人びとは他のあらゆるものを無視するまでに追究した。人びとは叫んだ。「これこそ我々が今後すべての作品でももつよう心得るべきだ」と。そして、人びとはそれに従った。低レベルの工人は方法と仕上げを獲得したが、それらと交換に工人のもつべき魂を失った。

ルネサンスの悪しき精神について私は一般の人びとに語るが、その時に私を誤解しないようにしてもらいたい。読者は私の書いたものすべてについてはじめから終わりまで読み通してほしい。そうすれば読者はルネサンスの不死身の鎧を着て、しかもその鎧が手足の自由を妨げない巨匠たち――レオナルドとミケランジェロ、それにギルランダーヨとマサッチオ、ティツィアーノとティントレット――に対する深い敬意を読み取ってくれるだろう(11)。だが、私はルネサンスを悪い時代とあえて言う。なぜなら、巨匠たちが芸術の世界へ敢然と立ち向かうのを同時代の人びとが見た時、彼らは巨匠たちの鎧を力強さと誤解し、通りがけに立ち寄った小川から三つの滑らない小石を拾ってくるべきだった若者に痛ましくも具足を着けさせた(12)。

一五〇〇年代の作品例を読者が調べる時、これはいつも心に銘記しておくべきである。生命力と力強さで溢れ、同時代の全知識を活用するような真の巨匠によって、その時代の作品が制作された時、それ以上に精妙な作品はない。例えばヴェロッキョによる「コッレオーニ騎馬像(13)」よりも見事な彫像が世界に存在することなど私には信じられない。だが、ゴシック時代なら心の内を表白する手段として、粗野な様式だが、低レベルの人びとによって、心の内にある想いを表白出来たかもしれない。しかし、一五〇〇年代の作品にはまったく生気がなかった。つまり、完成度は高くて模範的作品ではあっても、それは卑しく無気力な模倣作品であった。そうでなくても、技術上の技の集積に過ぎず、その技を得るためだけに、工人はみずからのもてるすべての能力を出し尽くした。

それゆえ、この時期の芸術には、システィーナ礼拝堂から現代の室内装飾に至るまでの無限の段階がある。しかし、建築において、工人というのは劣った等級の者たちとされていたから、一五〇〇年代の「絵画」と高級な「彫刻」は高尚であると理解されても、一五〇〇年代の「建築」は、付属の彫刻ともどもに劣ったものとして見られたのである。それでも時には並外れた洗練さが力の喪失を埋め合わせることもある。

これが実際に見られるのは、ルネサンスの（ゴシック様式を排除してから選ばれた）第二の道であった。この道では、ビザンティン様式の根元にヴェネツィアにおいて接ぎ木がなされた。古典崇拝熱がゴシック形態に追放令を発すると、ヴェネツィア人気質が円形アーチや（群柱の柱身ではなくて）単純な柱身を、追放令の路線に従い先祖たちによって神聖視されていたビザンティン様式の模範例に愛着を込めて戻していった。これは当然の筋道であった。新しい王朝（ルネサンス期にビザンティン様式に戻ったのを、「新しい王朝」と称した）の下で興った建築の最初の流派[14]は、大理石の嵌め込み法や柱身、アーチの一般的形態を一二世紀の建築物から採り入れた、近代的技巧の至高の域に達した洗練度をもつ流派であった。その結果、ヴェローナとヴェネツィアでは建築物が非常に美しいものとなった。ヴェローナでは、ビザンティン風は比較的少なく、ヴェローナ固有の豊かさと優しさを併せもつ。ヴェネツィアは、ヴェローナより厳粛であるが、彫刀の彫り痕の鋭さと微細な形態の繊細さは無比であり、特に彩色大理石、蛇紋石、斑紋石によって華麗な美しさに輝いている。フランスの駐ヴェネツィア大使フィリップがこの都市に初めて着任した時、これらの石造物に感銘を受けたという。ヴェネツィアにおける、このような様式の二つの最も洗練された建築物は、小さなサンタ・マリア・ディ・ミラコリ教会とサン・マルコ信徒会であり、両者共にパオロ教会の傍にある。最も高貴な建築はドゥカーレ宮殿の大運河側正面である。この様式の流派が住宅建築に適用された精妙な例は、大運河に沿ったダリオ邸とマンゾーニ邸であり、フォスカリ邸とリアルト橋の間の運河沿いに幾つかの宮殿がある。それらの宮殿の中でコンタリーニ邸（いわゆる「デッレ・フィグーレ〈図像の館〉」）が主だったものであり、同じ建築群に属している。もっとも、少し後期になり、ビザンティン風彩色原理を、徐々に円形アーチを凌駕してきたローマ風ペジメントの厳格な輪郭に結合させるためにコンタリーニ邸は際立っている。これらの宮殿の装飾と全体的な輪郭における鑿打ちの正確さ、均衡の繊細さは、どんなに高く評価され称賛されてもよい。ヴェネツィアの旅行者は大体それらに注意することはまずない。だが、旅行者の乗ったゴンドラを建物の傍に近づけて、それら建物の輪郭線を一つずつ吟味してもらいたい。またそれらの装飾の構図には特殊な脆弱さと魂の喪失が見られるのを見落とさないでもらいたい。それらの欠陥はゴシックが衰退する時期に属することを示している。それだけでなく、彩色大理石の断片を導入するという愚劣な方法をも見逃さないでもらいたい。これらは、石造建築物に素朴で自然に挿入されるのではなく、鏡や絵画のように小型の円形か長方形の彫刻額縁として設けられ、壁面を背景にリボンで吊るされているように表現されている。一対の翼がリボンと結び目をそれらの重みから救うかのように、円い銘板に結合され、全シリーズが納屋の戸の鷹の模様のように正面壁上方に釘付けされた小さな天使の顎の下で結合されている。

しかし、コンタリーニ邸の奇妙な彫刻に注目してもらいたい。その変化の本質を私たちに教えるために、ドゥカーレ宮殿の三天使像を選択したと同時に、その変化が彫刻として残されたように思われる。一階の窓の間にある種の盾と松明がトロフィのように二本の樹木の幹に固定されている。その大枝は切り落とされ、色褪せた葉が一、二枚残されているだけで、その大枝の背後には、ほとんど注目されないが、処々に繊細に彫刻されている。それはまさしく工人がゴシック派の消えゆく「自然らしさ」のイメージを私たちに残そうとしたかのようである。

「秋が来て、葉はぬけ落ちた」。眼は繊細な枝の梢の先へ向けられる。「ルネサンスの霜がやって来て、すべては滅んだ」。

初期ルネサンスを秋と見なすなら、その枯れた色は建築において現われた最後の色だった。それに続く冬は寒く、色彩は彩りを失った。ヴェネツィアの画家たちはその影響に対して長い間戦ったけれども、建築における麻痺が画家にまで及び、後期に制作されたすべての宮殿の外部は不毛な石材でしか建造されなかった。私たちの研究がこの時点で、色彩についてはお手上げにならざるを得ないように、私は『ヴェネツィアの石』第一部五章「ビザンティン様式宮殿」(15)において色彩についての言及を保留にした。ビザンティン時代から、その終焉まで、彩色芸術の歴史への言及を続けることをここで中止せざるを得ない。

ビザンティンとゴシックの間における宮殿の一般的形態、扱い方の主要な相違は、ゴシックでは煉瓦壁の広い面積を完全な不毛（無色）にしておいて、窓と窓の間の狭いスペースに大理石の外被法[16]を縮小して限定的に適用したことである。この理由は、ゴシック建築者はもはや石目の入った大理石の仄かで繊細な色合いに満足しなくなったということである。この建築者はさらに強烈で刺激的な装飾様式を望んだ。この望みは騎士道的服装や紋章の技巧が徐々にけばけばしくなるのと呼応していた。私が一三世紀の素朴な生活習慣について今まで述べたからと言って、それが豪華な服装や華麗な軍装への言及へつながったわけではない。一三世紀と一四世紀の初期――この偉大な時期は一二五〇年から一三五〇年になると私は考える――のいかなる写本の彩飾に描かれた人物像も、鎖かたびらの上に着る長衣の裾に色彩の精妙な華麗さと力強いデザインを示すようになった。それだけでなく、飾られる鎧の紋章にも色彩の華麗さと力強いデザインが示された。特別な単純さは長衣の襞の形態に呼応して、建築の形態にも見られると同時に、その色彩はけばけばしさと明確さが絶えず増加していた。それは盾の四分割や外套の刺繡のけばけばしさと明確さの増大と呼応していた。

一二世紀後期と一三世紀のすべてと一四世紀初期の彩色の特徴が、騎士の持つ盾面の四分割から派生しているのか、その他の起源に由来するのか、私は知らないが、その彩色には一つの特質がある。その壮麗な特質は偉大な彩色家の作品、すなわち、ある色彩と他の色彩を互恵的に（お互いの長所を恵み合って）干渉させて結合させる作品において、絶えず見出せるけれども、それ以前の作品や後代の一般的芸術では、その彩色の特質は見出せない。言い換えれば、もし赤の広がりが青の広がりと並べられたら、小さな赤の断片は小さな青の広がりに吸収され、小さな青の断片は赤の広がりに呑まれてしまうだろう。四分割された盾面では、右側半面上方の色彩は左側半面下方の色彩と同じ色彩にしておくことだ。時には小断片にする場合もあるが、上述した時期には、この方法で、色彩の配分がいつも明確で壮麗に見せられた。もっと多様な組み合わせがあったが、私はそれを「壮麗の原理」と呼ぶ。なぜなら、それは芸術だけでなく、人間生活においても、永遠の普遍的原理だからである。[17] それは平等や類似によってではなく、「互恵」によって同胞連帯の大原理になるであろう。似ていない魂、似ていない民族、似ていない人間性のそれぞれが、相手の資質と名誉から何かを受け取ることによって、一つの高貴な全体へと結合される。残念ながら、今はこの考えを進めていく紙数がないが、この考え方を進めると、無限に広がり無限に応用できる。それで、この考えを読者が追究するために書き留めておく。なぜなら、『近代画家論』第二巻（『構想力の芸術思想』[18]）において、神によって人間の美的感性の外から快く働くものに、ある型の聖性や聖なる法が認められることを証明するために、私は書いたし、そう信じてきたからである。どのような神の法も、ある意味で美しく最も完璧な統合がなされた自然が、もう一つの自然に取り入れられることによって得られる宇宙の法則ほど偉大な法はない。私はあまりに高度な領域に分け入ったようだ。しかし私が読者に言えるのはここまでだ。その法はあまりに範囲が広くて、あまりに恐るべき法だからである。

郊外の野原に春風が吹き一瞬にして膨らんだ木の芽に現われた一筋の色彩さえ、大地やその創造物たちがそれらの持続と罪の救済を負うている「宇宙の法則」の例証であると言わざるを得ない。「大自然がその光と影の配合において、壮麗の原理をどんなに倦まずたゆまず用いているか」ということが特別に探究されるまでは、この原理はまったく想像もされなかった。さらに詳述すれば、明らかに偶然としか思えないような並外れた適用がなされると、大自然は闇を光に変え、それも鋭く決定的に変え、ある事物が光から闇に変わった瞬間に、それに浮き彫りされている模様は闇から光に変わり、しかも微妙に変わるので、眼はそれこそ必死になって見つめても、その変化を見破れない。最も高尚な構図における荘厳さの大部分の秘密が、この営みの変化の各段階を微妙に、色彩に関しても明白に行うこと――すなわち、彩色を、光と影という陰影よりも明白に行うことである。素朴な営みに従って、ずっと率直な告白を表明して行い、遂には偉大な時代の彩飾写本や彩色ガラスや紋章のような純粋に装飾的な芸術において、その原理は部分的正確さで施されている。高級芸術においては、そのような最も偉大な巨匠はティントレット、ヴェロネーゼ、ターナーである。

この「四分割彩飾」(19)の原理と共に、そんなに深い意味はないが、眼を楽しませる点で非常に価値のあるもう一つの原理が導入された。その原理とは、色彩が明白に分別されて用いられること。この原理が用いられ始めると、色彩の広がりがそのけばけばしさを破壊したし、純白の細かい部分と混ぜられたというより小規模の量の他の色彩でもって、広がりの碁盤縞を入れることで、色彩の広がりは調節され和らげられた。このことを道徳上の二つの原理として見れば、「節制」と「純潔」である。前者は色彩の豊満を抑制し、後者は色彩を抑制しても、それ自体の純粋性も、その色彩と関連ある色彩の純粋性をも失わないようにする。

これをもとに、初期装飾芸術の菱形模様や碁盤縞の普遍的で称賛すべき体系が生まれることになった。これらの模様は一三世紀に完成を見て、一四世紀に全体を通じて広がり、デザイナーが自分たちの芸術の目的や色彩の価値についての自覚を失うにつれて、風景や他の絵画的背景の方へ徐々に靡《なび》いていった。ヴェネツィアのゴシック様式宮殿の彩色装飾はもちろん二つの偉大な原理に基づいている。それらの原理は、真実の騎士道精神にしてゴシック精神でもあるような精神構造が、何らかの影響を与えている処なら、必ず普及していた。窓と窓の隙間に大理石外被板を嵌め込んだ施工をした窓は、引き立てるべき対象と考えられ、活気ある色彩を選んで彩り鮮やかに四分割された。煉瓦壁の全スペースは背景と見なされ、菱形模様を施されたが、化粧漆喰が塗られたり、フレスコ画を描かれたりした。

「何だって?」と読者は少し驚いて尋ねる。「化粧漆喰だと！　あの偉大なゴシック時代に化粧漆喰だって?　それにしても、石造りを模倣した化粧漆喰はないだろう」と。ここにはとんでもない誤解がある。それは公認され理解された化粧漆喰であって、煉瓦の地肌の上に、人工で彩色するには、画板に石膏粉を塗るのとまさしく同様に、煉瓦の上に化粧漆喰を塗らねばならない。うまく塗れたら、その色彩は煉瓦壁を、エメラルドで建てられた場合よりも高価に見せることだろう。
私たちが絵画を描きたいなら、いつでも好きなように紙を準備出来る。紙の価値が絵画の価値を上げたりすることはけっしてない。打ち伸ばした金地に描かれたティントレットの絵画は、粗末な画板に描かれた彼の絵画と同じ程度の価値しかないし、黄金は浪費されるだけに終わるだろう。どんな材料を使っても、私たちが出来ることと言えば、精々出来るだけ色彩に適切な良い地肌を準備することである。

化粧漆喰をフレスコ画の下地として応用してよいのかどうかについては、私は確信がないが、これは大して重要なことではない。化粧漆喰が白色なので、宮殿の壁面全体が彩飾される写本の頁と見なされることは読者も理解することだろう。さらに海風にさらされて、いったん化粧漆喰の絵画が褪色したり剝落したりすると、破損した醜い色彩が図書館員の手によって拙劣な修復を施される。その結果、ゴシック宮殿の彩色装飾の中でまともな断片は一つもなくなるだろう。

幸運にもジェンティレ・ベリーニ（ベッリーニ）の絵画の場合には、ゴシック宮殿のフレスコ画の彩色は、彼の時代のままに保存され記録されている。厳密に精確に記録されているのではないが、その当時の写本やガラス模様の現存する彩色デザインと比較すると、私たちはその当時の状態だと明確に確認できるほど明瞭に記録されている。

ドゥカーレ宮殿の正面は、大理石の外被施工をされて唯一保存された例だが、壁面が非常に暖かい色彩、すなわち、緋色にややもすれば見られ易い小豆色が、白、黒、灰の色合いで浅浮き彫りにされている。しかしながら、これは材質のおかげで成功した唯一の例であって、地色には淡い赤色の二重線で斜めに交差した模様が入り、それぞれの斜め格子縞の中心に十字架があり、十字架には赤い中心のある黒十字架と黒い中心のある赤十字架がある。絵画作品の場合、地色はもちろん写本の地色と同様に多様で複雑であるが、私が唯一知っているのはサグレド邸に残された一例だけである。この例では、化粧漆喰の断片に非常に初期の斜め格子縞の地色がかすかに残っている。それは深紅の四つ葉飾りが織り交ざって出来ていて、葉飾りの間に翼を広げた智天使が認められる。この地色の小部分は図版Ⅵ1図（訳書『ヴェネツィアの石』図版Ⅺ1図、三六六頁）[20]の窓脇に見られる。

特に注目すべきことは、精神が高尚であった時代の彩色デザインで用いられたすべての縞模様では、縞模様をデザインにしたものであるというよりむしろそれをデザインの地色としたと認めるべきである。近代の建築家が試みようとしているもっと小規模の模倣作でも、建築の諸部分とのバランスを考えて、模様を配置する。ゴシックの建築者はけっしてそうはしない。彼は惜しげもなく地色を必要な形状の小部分に区切る。近代建築者なら模様を区切るにしても、額縁のような枠を決めて枠内に収めるが、ゴシック建築者はその枠に頓着せずに地色の上に窓や扉を開けるのである。写本の彩飾では、縞模様そのものが、見る者の眼を魅惑するので、それを重視する模様の規則性が少しでもあれば、微妙にして勝手気ままなやり方で変化させられる。これは国際的なものなので、菱形模様は、それが垂直線と関わらないように、垂直線に対して斜めになるように施される（例えば、ドゥカーレ宮殿のサン・マルコ広場側の壁面に見られる――訳者）。

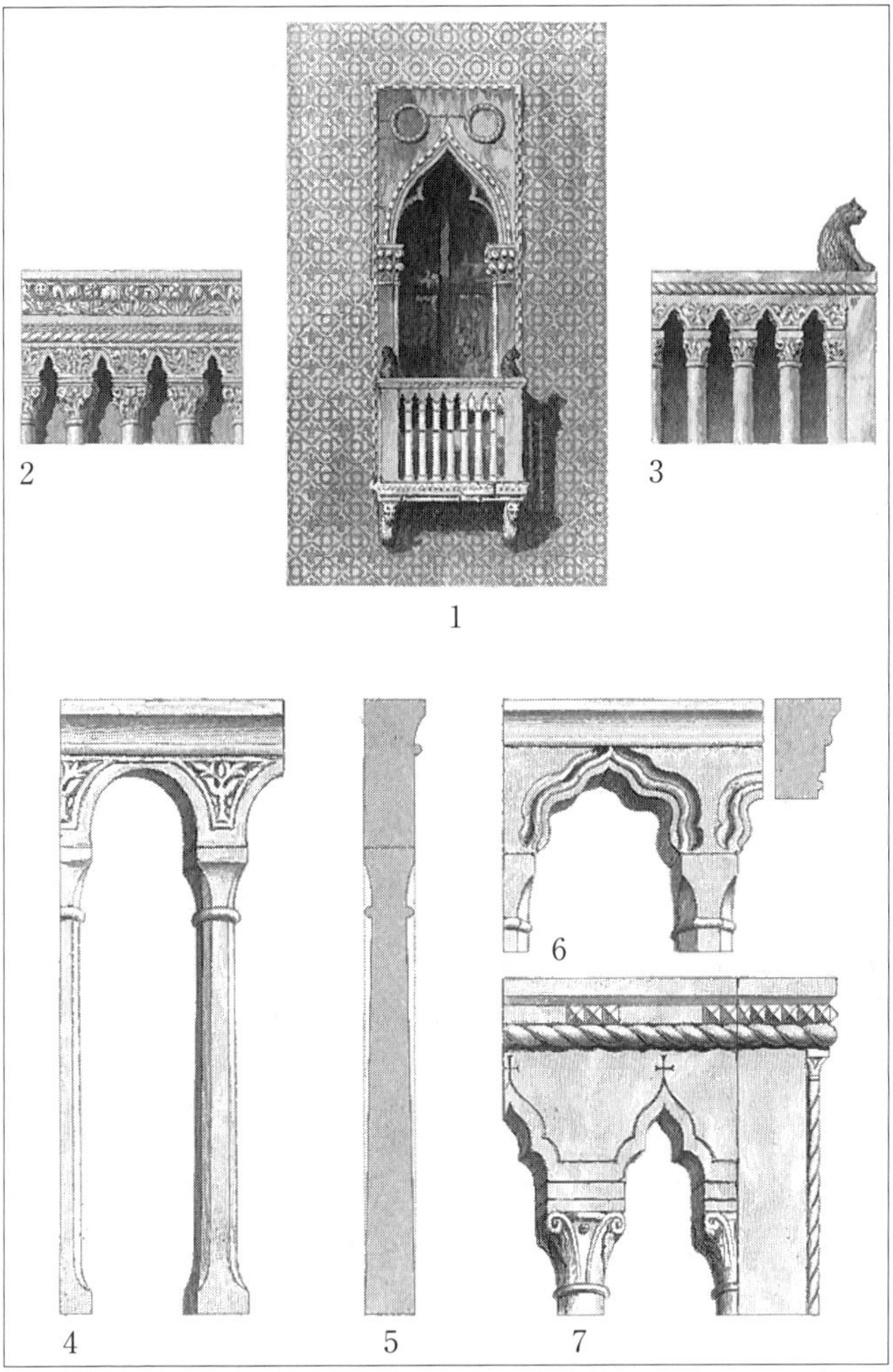

図版VI 「バルコニー」

小豆色や深紅色の背景に、一連の窓のスペースがアラバスター（雪花石膏）の抑制された白色の空間として際立っている。この繊細で脈入りの白い空間に、紫と緑の円板が施されていた。家紋はもちろんそれ固有の色彩で光彩を放っているが、私の推測では純粋な紺青の地色の上に飾られていたと思う。青はプリウリ邸や未修復の他の二、三の宮殿では、盾の背後に残されているし、青い地色は宗教的主題で彫られた彫刻を目立たせるために用いられた。つまるところ、すべての刳り形、柱頭、軒蛇腹、カスプ、トレーサリは、まったく金メッキされているか、ふんだんに金箔を使って仕上げられているかである。それゆえ、ヴェネツィアにおけるゴシック宮殿の正面全体は、白色と金色の広いスペースの彫刻で四分割された抑制された小豆色の空間として説明することが出来る。白色と金色のスペースは、青、紫、深緑といった色彩のさらに細かい断片が嵌め込まれて際立っている。

絵画と彫刻がこうして統合された一四世紀の初めから、この二つのジャンル（建築装飾と絵画）の変化の過程は一七世紀の初めまで同時に進行した。壁面の装飾的な格子縞は徐々に人物像を主題にした精緻な絵画に靡いていった。最初は図柄が小規模で風変わりだったが、そのうち大規模なものになって、概して巨大な人物像がいっぱいに描かれ、とても大きな画面になった。これらの絵画が、価値があり、重要になるにつれて、これらの絵画と関連する建築の研究はおろそかにされて、遂には建築物の骨組がマンチェスターの工場の骨組と同様にほとんど興味を抱かせない様式が導入された。そして、建築物の壁面全体は最も貴重なフレスコ絵画で覆われた。そのような建築物はもはや建築の一派をなすとは見なされなかった。これらの建築物は画家のパネル画の大きな下準備に過ぎなかった。ティツィアーノやジョルジョーネやヴェロネーゼは、ファサード（正面）の絵画によってヴェネツィア後期建築に価値を与えることはなかった。それは、ランドシーアやワッツが最初に水漆喰を塗っても、煉瓦通りを端から端まで絵を描いても、ロンドンの建築物に価値を付与しないのと同じである。

彩色装飾と石細工の相対的価値のこうした変化と同時に、同じような価値の変化が逆方向で行われていたのが、もちろんもう一つの建築群においてである。そのわけは、ある建築物で建築家が、自分が除け者にされ忘れられていると感じるにつれて、もう一つの建築物で自分が主要な存在と感じられるように努力したからである。建築家は、画家がデザインの領域を丸ごと強奪した仕返しに、建築家の影響が優勢である領域から完全に画家を締め出すことに成功した。もっと正確に言えば、建築家はあまりに誇り高いので、彩色家たちからの援助を受け入れなかった。彩色家たちは、自分たちの技巧の自由な展開のために、建築家が棄てた領域を求めた。かくして、一連の建築のデザインが弱々しくなり、加筆された（地色の模様の上に絵画が描かれたから――訳者）絵画が豊かになったが、別の一連の建築――最初期ルネサンスまたはいわゆるビザンティン・ルネサンスとして言及された建築群――の個々の部分が徐々に絵画的装飾を拒絶していった。そして、その代わりにまず大理石で埋め合わせ、大理石が（建築家によって）日毎に傲慢に見え、冷厳に痛く感ぜられると、建築家の威厳を示すにはあまりに度が過ぎると感じて、彼は大理石を一つずつ排除していった。建築物のファサードから最後の円板が消えた時、私たちは二つの宮殿が対照的に建っているのに気づいた。一方の宮殿は、石造りに関しては至上の配慮と技巧で建てられたが、そのどの部分にも色彩の痕跡は少しもない。他方の宮殿は、建築形態に関わる主張などまったく気にせず、頂上から底部までヴェロネーゼの絵画で覆われていた。この時期、画家を本来の領域に留めて置いて、人びとは建築に見られた色彩に別れを告げた。画家の仕事の大部分が、それ以後二世紀も経つか経たないうちに払拭されるに違いない壁面の高尚な絵画制作に当てられ時間を浪費したことを、残念に思わざるを得ない。

他方、私たちがその衰退を辿ってきた建築は、中心的または真のルネサンス建築という新しい局面を呈する。ルネサンスの本質は次章で吟味することになる。ビザンティンの影響が及んだこれら最後の宮殿の話を終える前に、それらの宮殿から学ぶべき教訓があることを指摘しておこう。様式の面では多くの点で品位を貶めたが、職人気質の面では至上であった。品位からしても高尚なものであった。それらの宮殿には不完全なところもなく、品位に欠ける装飾もなかった。ところが、建築という人間味のあるべき芸術において、絶対に不完全なところが無いということは、欠陥があるという証拠になる。しかしそうは言っても、石造建築の教訓としては、それらは価値があり、明確な嵌め込み細工や他の特質――あまりに重要なので、特別な意味で非常に教訓的な特質――があるから、石を水平に均す方法で、それらが示す卓越さのために研究に値するだろう。

例えば、トレヴィサン邸（または、トレヴィサン－カッペッロ宮殿）（原書第一巻図版XX）から採られたオリーヴの枝を咥えた鳩の嵌め込みデザインは、オリーヴの葉が白大理石から浮き彫りにされた輪郭の明確さ以上の何かを表現することは出来ない。その図版下方の鳩の止まる月桂樹の枝には、木の葉の細かい波状の縁辺がまるで繊細な鉛筆による線であるかのように洗練された筆さばきですらすらと描かれている。フィレンツェ製のテーブルでもこの宮殿の正面ほど精妙には仕上げられていない。完璧な施工の理想——その完璧さを達成するため、脇道へ逸れずひたすら、視覚と記憶を働かせて得られる理想——として、これらの宮殿群はヨーロッパ建築の中で最も注目すべき例である。色彩が乏しいけれども、広大な建築における仕上げられた石造細工の例として、ドゥカーレ宮

図版Ⅶ　トレヴィサン邸

殿の大運河側正面は、ヴェネツィアだけでなく、世界の最も洗練された作品の一つである。それは大規模である点でビザンティン・ルネサンスの他の作品とは異なる。そして、その建築には品位がある――すなわち、ゴシック的特性の一つとも言える無限の多様性に溢れた品位といったものを保持している。この宮殿には他のものと似た窓やパネルはほとんどない。絶え間ない変化の意匠が見る者の眼を戸惑わせて魅惑し、建築物の外見上の大きさを嵩増しするので、大胆な特徴も眼を奪うような華やかな装飾もないけれども、ゴンドラ舟が溜め息橋の下をくぐってぬっと滑り出た時、頭上に見える景観ほど印象深いものはイタリアにはない。最後に付け加えると、これらの建築物は、完全であると同時に、素晴らしく明快で正直である。それを子どもっぽいと非難するのは当たらないだろう。当時施される可能性もあった過剰な装飾はなく、すべては純粋な大理石であり、それもよく選別された大理石である。(21)

それゆえ、ドゥカーレ宮殿をここで一応去るにあたり、もう一つの教訓を持ち出そう。それは私たちが警告としてしか『ヴェネツィアの石』から受け取れない教訓である。

私たちが吟味してきた建築の流派は、彩色の手段として嵌め込み大理石を注意深く品よく用いることで、厳しい非難を免れた。しかし、それからというもの、大理石を用いる流派（彩色岩石を用いた流派）は、別に顧みられることもなく、むしろ見下されてきた。筆使いが敏速で挑戦的なヴェネツィア派の画家たちのフレスコ画は、長い間嵌め込み大理石と競い合い、色彩でもってそれらの大理石に勝った。実際フレスコ画の色彩は、大理石よりずっと壮麗なので、秋のはかなさが表現された。この広大な画面の様式での絵画芸術それ自体は徐々に人びとへの影響力を失い[22]、近代的装飾体系が確立し、その体系が石目入り大理石の無意味さとフレスコ画のはかなさを結合し、虚偽による調和を完成した。

『建築の七燈』第二章において、絵画の手法で、木材や大理石を真似て造り出す民衆の装飾様式の卑しさだけでなく罪深さを私は示そうとしたのだから、そのような主題が多様な建築作品について論議されたし、関心を増す主題になっている。これらのインチキの芸術にみずからの生計を依存する人間が何人いるかとか、制作と思索の深い営みにも利害にも反する罪の自覚を認めることは、いかに率直な人でさえ、いかに困難であることか。「真実」という大義が、たとえ二、三人にでも支持を得られることは稀有なことである。しかしながら、あれこれの装飾法の良し悪しが妥当か不適切かという事実によって測られる限り、その画題を力説された事柄に何かを付け加えるには及ばない。これは建築家自身によって何度も弁護されてきた。しかし、大理石を模造することと関連する幾つかの点がある。それらの点を考察することによって、私たちは原理の立つべきより高い地盤を放棄せずに、この件で正しい方策を見出すことが何か出来るかもしれない。

大理石は何のために創造されたかを、まず考察するとよい。岩石は人間に役立つように造物主によって意図され、摂理によって配分されていることを、私たちは地上の至る処で知ることが出来る。普通の岩石は別として、私たちが目にすることの出来る場所で、ある程度の関心と注意が引き付けられる岩石は稀である。しかし、そうした岩石が見つかれば、その使用の目的ははっきりしている。

岩石は硬過ぎず脆くなく剝落し易くなく、割れ易くもなく、均質で纖細で、しかも品位があって軟らかい——彫刻家が無理強いせずに制作出来、仕上げの形態のか細い輪郭線を辿れるほど軟らかい。しかも、彫刻刀を裏切らず、スチールに押し潰されもせず、称賛すべきほどの結晶体であるし、永続性のある要素から出来ているから、雨滴がそれを分解せず、時間がそれを変化させず、いかなる環境もそれを腐朽させることはない。いったん形が造られたら、直接の暴力とか摩耗とかによらない限りその形は壊されない。こういう岩石は大自然によって彫刻家と建築家のために準備されたものである——ちょうど、紙が工場主によって画家のために大いなる配慮を払われ、材質を必要に応じた完全な適用が出来るように準備されるのと同じようにである。この大理石には、白いのも彩色石もある。白石よりも彩色石の方が多い。なぜなら、白石は明らかに彫刻向きであり、彩色石は広い表面を覆うのに向いていているからである。

もし私たちが大自然を素直にありのままに受け入れて、私たちへ提供されるものとして、このような貴重な岩石を用いるなら、(岩石が形成されるのに非常に長い年月を要すること、溶岩形成には可能な限り精妙な熔解を必要とし、岩石の圧縮、加熱圧縮は海底で行われ、少なくとも海と同じ程度の重圧のある何かの下で行われなければならなかった、ということを認識しなければならない)[23]。あるいは、もし大自然の意図を汲んで私たちが岩石を使用する時、どんな利益が生じるかを考えてみたまえ。大理石の色彩は準備されたパレットの上で顔料を混ぜるようにして混ぜられている。その色彩は濃淡さまざまな色合いから出来ていて、幾つかの色合いが結びつけられ、幾つかは砕かれ混ぜられ、時には画家が顔料を砕いて混ぜて補うために、中途半端にする。しかし、大理石のさまざまな色彩には、繊細さ以上のものがあり、その色彩には歴史がある。大理石のあらゆる断片も、その色彩を見れば、その大理石がどのように生み出され、どのような過程を踏んできたかを記録していることが分かる。すべての大理石の岩脈、岩層、火焔模様の汚れや破線や断線には、大理石が属していた山塊の王国の以前の状況や、その病患や、それに耐えた不屈さ、その震動と調整の偽らざる多様な伝説が記録されている。

私たちが真の大理石だけを見ることに慣れていたら、大理石が語る言葉を直ぐに理解できるだろう。言い換えれば、観察眼のない人でも、これこれの岩石は貴重で特に識別される種類の岩石と分かるだろう。また、そうした人は、次のような疑問を抱くだろう。「あんな処でその岩石が発見されたのはなぜだ？」とか「どうしてその岩石はあの山でなく、この山の一部になったのか？」とかである。しばらくすると、イタリア、ギリシャ、アフリカ、スペイン等の山々に関して、記憶力や探究心を奮い起こすに値する何かを思い出したりするであろう。また、疑問を抱かずにその岩石の柱に凭れて一瞬でも立っていることは出来なくなるだろう。終わりには、私たちの住む街の彫刻されていない壁面でさえ、図書館の書籍と同じように貴重な資料と思われるほどに、私たちは知識を求めて探究し続けるであろう。

この知識の存在価値は、私たちが大理石の模造を許容すると直ぐに失われてしまう。検証作業を骨身を削ってやり遂げる者は、私たちの中にはいない。私たちが見たあらゆる彩色岩石は天然物であるということが分かれば、ある種の疑問や結論や利害がおのずから私たちに分かってくる。だが、私たちのうちで誰も、しかじかの柱が化粧漆喰か岩石かどうかを、触って事細かに詮索し決定するために日常の仕事をやめる暇などない。幼い頃に大自然が誘ってくれた知識の全領域の門は、私たちには絶望的なほど閉じられている。締め出されるよりも悪い。なぜなら、大量の粗悪な模造品が、真正の知識の出所から得たはずの私たちの知識を混乱させ、一、二度注意深く吟味したはずの私たちの大理石についての知識が、眼前に持ち出される模造大理石の真贋の不正確な鑑定眼によって掻き乱され捻じ曲げられるからである。

一般に本物の大理石を用いると、高くつくと言われる。そうかもしれないが、巨大な板ガラスを継ぎ目なしに窓に嵌めたり、大理石を精緻な化粧漆喰の刳り形で装飾したり、大理石以外の資材を用いた近代建築での無駄使いと比較すれば、大理石は必ずしも高価ではない。結局、大理石以外の岩石を使い、水滴がその表面を伝う薄汚い柱石を毎日塗り替えるよりは、本物の大理石を使用した方が高くならない。また、たとえ高価という点ではそうだとしても、ある地方で大理石をそのまま使用出来ないようにするのは、歴史的に見ても大理石についての利害打算からなのであろう。大理石が見出せない地方では、大自然は他の資材を提供してくれた。煉瓦という素材には、粘土質土壌と梁材の産出地としての森林などがあり、それらを造るのに、大自然がそういう地方の人間の他の特質が発達するようにして、それらの特産物の資材を適切に用いることによって、地方の利益が確保された。しかるに、貴重な大理石の存在は、産出地が近かったり、それを得易い機会があれば、やはり強く魅力的に感ぜられた。

　大理石の模造が地理学や地質学の知識を混乱させたり、正しい知識の習得をおざなりにしたりするように、木材の知識が植物学の正しい知識の習得をずさんにしたりすることは今さら付言するには及ぶまい。それに、わがイギリスでも外国でも、木にブラシをかけて磨く労働によって、探究心が阻害されず、観察心が裏切られないならば、梁材の性質、用途、成長の仕方についての私たちの熟知の度合いは、恐らく大抵の場合、労せず時間をかけることなく、正確で深いことは付言するまでもないだろう。

　しかし、実際は必ずしもそうではない。模造品の制作に知識を入り込ませるのに比例して、その制作は芸術の進歩を妨げる。大理石の模造や木材の汚れや縞模様の模造ほど人間精神を貶める仕事はない。容易で単純な機械的仕事に従事する時でも、精神には厳密な作品を委ねられる自由がある。織機の音や指の活発な動きが、人間の思考の独自な領域での勝手な働きを妨げることはない。だが木を磨く工人は、己のしている行為について考えねばならない。真剣な注意力や配慮、それに時にはかなりの技巧が、つらい無為な他の労働よりも酷い無意味な労働をすることで消耗される。腕も足も完全で、頭も明らかに完全で、しかもそういう工人の手に、絵筆やパレットを持たせてもよいのに、一片の木材を模造するしか為すことがないような人間を見るほど屈辱的なことはない。その人は彩色が出来ないし、彩色することも思いつかない。描くことも、形態をどう描くかも、戯画化（風刺を含む）もユーモアの着想も思いつかない。模倣という柵《しがらみ》による束縛を超えることが出来ない。

もしも自由に彩色し描画し着想したことで得られる達成感――想像力と潜在的で不朽の能力に日々の努力を勤勉に積み重ねた結果の達成感――があるとすれば、それは、太陽と露が泥んこの地面から水分を吸い上げて、荒廃した森林や日の照らない山陰のあらゆる十字架の上に何兆という無数の枝を伸ばして、見事に洗練した織物を織るほどになるはずである。「今のような仕事しか出来ない人びとをどうしたらよいか?」と読者は尋ねる。「いや、彼らには私たちが知る限りの他のあらゆる事をする能力があるし、次章で彼らをどうするかを言おうと思う。しかし、その前に、便宜という次元の低い話に下がってしまったが、こういう問題の採るべき高い原則について、一言申し述べておく」。

表象による表現は、今はまだ形の上の浅い理解に留まっているが、もっと深く読み込まれる時代がくると信じている。ギリシャ語やラテン語よりも良い表現が人間と人間の間の交流を促すことが認められる時になって、宇宙の他の視覚的要素――空気、水、光彩――が、造物主の創造した万物の上に、それらがもつ生命力や純粋さや神聖さを影響として及ぼす力を、浄化されたエネルギーでもって表現する。大地はその浄化によってその永遠性と真実を現わすことはよく覚えておくがよい。すでに述べたが、岩石の歴史的な現われ方を振り返ってみると、それは神学的な表われのように思える。新鮮な水が岩から清澄な美しさで流れ出る時、その水をみだりに汚染しないようにしてもらいたい。また、山風が悪疫を生じ易い淀みに水を溜まらせないように、また、人工の効果のない光で自然を貶めないようにしてもらいたい。私たちが生まれてきて、また帰らねばならない大地の力強さと燃えるような色彩を、私たちが模造した卑しく不毛な偽りの模造品と取り替えることのないように。大地は私たち自身の肉体のように朽ちれば埃だが、神の手がその微粒子を集めれば、虹のような光彩を放つ。それにまた、審判の日のための胸当て（ユダヤ教高僧が胸に着ける――訳者）の清浄な石板にイスラエルの子らの名前を銘記するように神が高僧に命じた時、神の真実のシンボルに劣らぬほど神の愛のシンボルとして、大地は神によって永久に浄化されたのである。

注

（1）旧約「列王記下」八章一五節参照。
（2）「基本道徳」とは、「中世スコラ哲学では、七つの徳目があり、基本徳とされていた。七つは二分され、神学的美徳（virtues）は、信仰、希望、慈悲の三つであり、自然的（プラトン的）美徳は、正義、思慮分別、節制、不屈の精神の四つである」。本書では「徳行」「美徳」というのが、それにあたる。なお、付言しておくが、ラスキンの「モラル」は「形のない」「不定形な」ものであって、人間の本性から湧き出てくる心情に由来するとして考えると分かり易い。
（3）内藤訳『構想力の芸術思想』（法藏館）第二部第五章典型美その一「無限性」および第十章その六「節度」（『近代画家論』第二巻原書）。
（4）巻末付録が本訳書には添えてある。
（5）巻末の人名説明にホガースが含まれる。
（6）〔原注〕ゴシック復興の時代に、カ・ドーロ（現在はフランケッティ美術館。口絵2参照）のゴシック様式の柱頭の奇妙な模倣が出来、古い柱頭は葉が房状だが、近代の柱頭は練粉に穴をあけたようだ。

（7）こぶし花はbossの訳語で房状の装飾。頂華は「塔のような突起した建物の頂きの石を彫刻した装飾」。
（8）内藤訳『ヴェネツィアの石』（法藏館）では、図版X。
（9）ウィトルウィウスの建築稿本が、ポッジョ・ブラッチョリーニ（一三八〇―一四五九年）によって一四一五―一七年頃再発見され、後にアルベルティによって「建築論」として再構築された。稿本の写本は大英博物館に所蔵。
（10）内藤訳『ヴェネツィアの石』第六章「ゴシックの本質」。
（11）巨匠たちは難なく具足を着けることが出来たからではない。次章で詳述。
（12）「川岸で石投げ遊びをする稚気のある若者を武装させた」という意。翻って、「若い芸術家志望の青年にも巨匠のような完璧な学識と技が必要と考えた」の意。
（13）Bartolomeo Colleoniが原名で、ヴェネツィアの傭兵隊長として戦果を挙げた。生前にサン・マルコ広場に銅像を設けるように依頼したが、結局、傭兵隊長であったがゆえに、ヴェネツィアの顔である広場に設けることはせず、パオロ教会前の広場に設置した。作者は巻末人名録参照。
（14）〔原注〕付録Ⅳ「ビザンティン・ルネサンス宮殿の制作時期」
（15）内藤訳『ヴェネツィアの石』五章「ビザンティン様式宮殿」
（16）煉瓦、コンクリート、地味な岩石などに、上貼り向きの彩色石や大理石のような見栄えのする岩石の薄い板を貼り付ける工法。
（17）〔原注〕光と陰影について書かれたプラウト氏（イギリスの建築を背景とした風景画家）の著作の中で、彼は闇を光に換え、そのまた逆となる原理を強調している、このような著書を他では見たことがない。一九世紀のピクチャレスクの画家の才能が、一三世紀の神聖な原理に固執するのは奇妙に思われる。「才能」と言うのは、プラウト氏は生涯を通して独力で原理を発見したから。プラウト氏の時代の教えられる原理を考慮すると、幸運であった。彼に健全な影響があったら、同時代の最大の画家になれたのに、抽象的な論ばかりで不運であった。逆境下で彼は偉大な画家であった。ラファエル前派について私の小論で指摘したが、「粗野な訓練」の後に、彼の能力を理解し彼を指導する師匠に出逢っていたら、彼は世界で偉大な役割を担う人物になっただろう。

(18) *Modern Painters* Vol. 2　内藤訳『構想力の芸術思想』

(19) 英語では、「クォーターリング」と言う。

(20) 原書は底本。訳書は法藏館版。

(21) 〔原注〕もし大理石の用いられ方が大理石以外の他の石に見せるとすれば、不正直がある。

(22) 〔原注〕大規模な色彩デザインが出来る唯一の画家にワッツがいる。幅広い画面とその価値を認識し、その幅広さを支える活発な創意では唯一の人である。その表現力と思想の深さは色彩効果の大胆な構想に劣らない。ラファエル前派にまだいるだろうが試作を見ない。

(23) （　）部分は、原書の初版にはなく、本訳書の底本から引用した。

(24) いわゆる言葉による以外の意思伝達の手段が想定されている。しかし、ワーズワースの詩行にある "The types and symbols of Eternity" の個所が訳者の脳裏を駆け巡った。"Types" を「表象」と訳しておいたが、そういう詩行と関連してのことである。

木々は朽ちているようで、朽ちない、
滝にあちこちから吹く風が相殺し合って静止する、
衝突した風がうつろな岩の裂け目に沿って戸惑い見捨てられ、
奔流が晴れた青い空から射るごとくに流れる、
岩石は我が耳元でつぶやく、
霧雨が降る黒い崖山は、まるで声をひそめるように路傍でささやく、
何かをわめいているかのような急流の眼もくらむ病的な光景、

天空を流れる枷を外された雲とその領域、
喧噪と平穏、闇と光——これらは皆一つの精神の働きであり、一つの面の顔《かんばせ》、
一本の樹木に咲く花、いわゆる偉大な黙示録の文字、永遠の表象で象徴であり、
それも原初から中間も最後まで、そして終末はないのだ。（拙訳）
（『序曲』Book Ⅵ、「シンプロン峠」）

二章　ローマ・ルネサンス

ドゥカーレ宮殿に最後の増築がなされた時代よりあとのヴェネツィア建築物のうち、最も高尚なものは、ゴンドラの船頭に「グリマーニ宮殿」と昔から呼ばれている建築物である。実はドゥカーレ宮殿の最後の増築施工の少し前に、グリマーニ宮殿は、その最初の所有者に引き倒されそうになったが、材質の価値があったために、オーストリア政府によって買い取られ、保護されて郵便局として使われた。オーストリア政府は他の用途を思いつかなかったのである。

　グリマーニ宮殿は、単純で繊細なコリント様式の三階建てである。大規模な建物で、左隣の三階建て、右隣の四階建て[1]の低い宮殿の屋根が、グリマーニ宮殿の二階の天井の高さにある軒蛇腹にようやく達するくらいである。しかし、一見した時には、そんなに大きく感じられないが、試みに視界からこの建築物を隠して見えなくした時、その建物から見渡せる大運河のずっと先までが縮小されて見えることによって、リアルト橋も含めその地区の近隣の建築群のすべてが、強い印象で見られる。それはグリマーニ宮殿の威容に負っていることに気づくのである（人間の視覚は風景の中の一つの建築物によって影響されること、すなわち人間は情緒や心情の影響によって風景の見方が変わると言っている——訳者)。

その細部の仕上げは、規模の雄大さに劣らず注目に値する。気品ある玄関を始めとして、部分と全体との均衡も一つとして間違いはない。玄関は大きな石塊から構成されているが、鑿打ちの洗練された技術がこの広大な岩石塊さえ軽快に見せている。装飾は惜しげもなく使われ、それでいて繊細である。一階は、円柱身ではなく付け柱であるが、すべてコリント風柱頭で、その柱には豊かな葉飾りと繊細な縦の溝が彫られていて、他の階よりもシンプルに見える。そして、壁面は平板で滑らかで、刳り形は先鋭で浅いので、大胆な円柱身は石英岩の中に走る緑柱石の結晶のように見える。

このグリマーニ宮殿はヴェネツィアの主要な建築であり、ヨーロッパにおける最良の、ルネサンス派の中心的建築の典型である。私たちが尊敬に値すると思うルネサンス派は、それ以後文明諸国によって生み出された重要な建築作品の多くの模範になった建築物であるグリマーニ宮殿を生み出したのであり、この宮殿は注意深く研究され完璧に施工された建築物である。私は、そのような建築の派をローマ・ルネサンスと呼ぶ。なぜなら、そのような建築は、「建築の重量に耐える原理」(巻末付録Ⅵ参照)と装飾様式の両方において、古典ローマの最良の時期の建築に基礎を置いているからである。

ラテン文芸の復興がローマ建築の採用に至り、その形式を導いた。(2) 現存する最も重要な例は、サン・ピエトロ大聖堂の近代的なローマ風バシリカである。それは円形アーチ・穹窿《ヴォールト》(筒型丸天井）・円形屋根《ドーム》を留めている他は、ローマ・ルネサンスの新生期においては、ギリシャ、ゴシック、ビザンティンのいずれの様式にも似ていない。すべての細部の扱いにおいては、それは他を排除してラテン様式一色である。中世の伝統に結びつく最後のつながりは、古典的芸術崇拝熱が高揚した時にその建築者たちによって破壊され、真のギリシャやアテネの建築の様式は当時その建築者たちには知られていなかった。これらのギリシャ様式の研究が現代一九世紀におけるルネサンス風の多様な変形を生ぜしめた。だが、近代的生活の用途に適用し得る諸条件はやはりローマ風であり、全体の様式は「ローマ・ルネサンス」の用語によって表現するのが最適である。

ローマ・ルネサンスは、純粋で完全な形態をとった様式として、次の建築物で代表されている。それらは、ヴェネツィアのグリマーニ宮殿（サンミケーレが建立）、ヴィチェンツアの公会堂（パッラーディオによる建築）、ローマのサン・ピエトロ大聖堂（ミケランジェロによる作品）、ロンドンのセント・ポール寺院とホワイト・ホール（レンとイニゴー・ジョーンズの合作）であって、ローマ・ルネサンス派はゴシック派への対抗流派である。ローマ・ルネサンス派の中間的で退廃した状態が、ヨーロッパ中に増えているが、もはや建築家たちによって称賛されず、彼らの研究の主題ともならないで、この中心的な流派の完成作は、長らく野蛮と考えられ、今でも時代の主導的な人びとの大半によってそう考えられている。それらはゴシックやロマネスクやビザンティンの形態に対立するものとして、一九世紀の学徒の前に置かれたモデルである場合が多い。それに反して、ゴシックなどの流派の形態は、最も注目すべきで最も美しく、対立流派たるルネサンス派は、ある種の完全の

1図

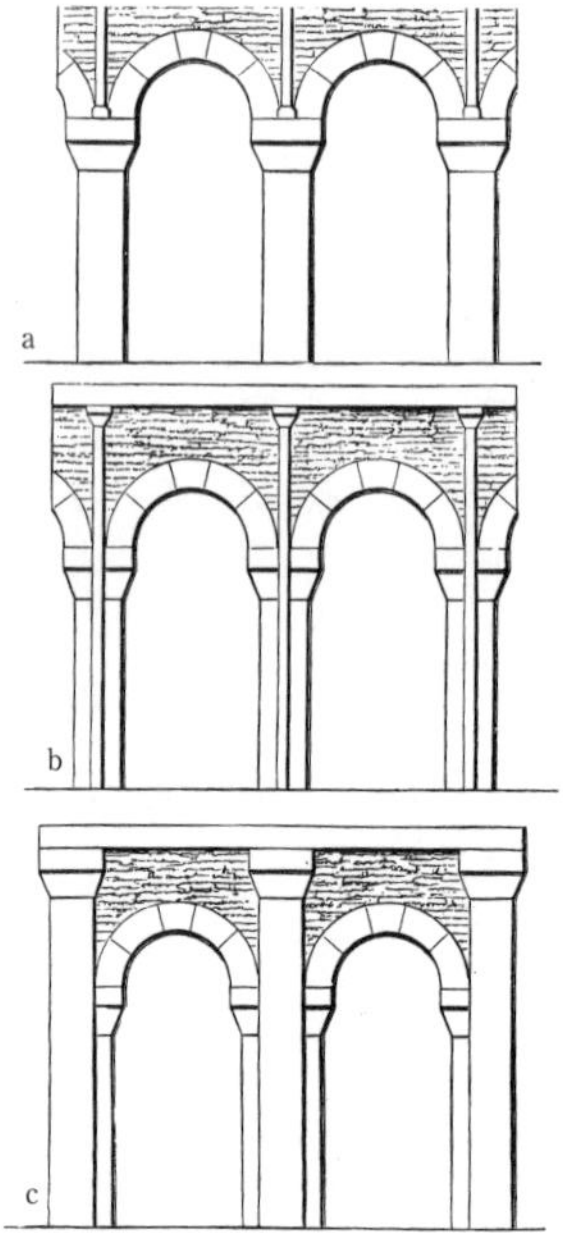

城に達していても、概して価値がなく称賛も出来ないということ、これこそが、労を惜しまずにこの著作『ヴェネツィアの石』にとりかかろうとした、私の主要な目的であった。「ゴシックの本質」[3]において、ゴシックのさまざまな特徴を結合した例をすでに読者に示した。そのゴシックの体系が生み出した形態の美だけでなく、未来における人類の欲求にゴシックが適応している特性と、ゴシックの無限の力が人類の心情に及ぼす力をも読者に判断できるようにした。同じようにルネサンスの本質を読者に示し、同じ光で二つの様式を比較して、それを人間の知性と奉仕能力とに関連させ、より広大な視界の中に置いて両者を比較しようと私は努めるだろう。

　私がローマ・ルネサンスの外的形態について何らかの調査に入る必要はないであろう。開口のある屋根や本来的な屋根のいずれのためであれ、それは低い破風か円形アーチかを用いる。しかし、それがロマネスク作品と異なるのは、水平なマグサ石[4]やアーチの上方の軒縁を大いに重視していた点である。主要な柱身のエネルギーをこの水平の梁材を支えるために移し、かくしてアーチをまったく余計なものでなくても、従属的なものにしてしまうのである。この配置図は第一巻xxxvi図の

c（1図のc）で示された。私はやっと構造の不合理さを詳述できるようになった。その構造では壁面の重みを支えるべき低い方の柱身が、高い方の柱身によって二つに分けられ、高い方には別に支えるものがない。だから高い方はまるで建物の重み全体がそれによって持ちこたえられているかのように強化されている。そして、中心的柱身の滑らかな円い側面に凭れて付着させられている二つの半柱身の形骸化した柱の上に支えられている。[5] だが、それが私の反論したいこの建築の形態ではない。その欠陥はもっと前の高尚な形態の建築物の多くによっても共有されていたが、それらの欠陥は精神の卓越性によって完全に贖われたことであろう。退廃したのは、そのモラル上の本質である。それゆえ、そのモラルの本質を吟味し説明することが私たちの課題とならなければならない。

「中心的ルネサンス」建築の精神を形成するために結合したモラル的あるいは反モラル的要素は、概して二つ――誇り（驕り）と不信仰――だと信じるが、誇り（驕り）は三つの主な枝に分かれる。学問の誇りと地位の誇りと体系の誇りの三つである。かくして私たちは四つの別々の心的状態を有するのであり、それぞれを相次いで吟味しなければならない。

I　「学問の誇り（驕り）」

私たちの心的状態のリストにもう一つの要素すなわち学問への愛着心を加えるとしたら、混乱を極めるのは必至であろう。愛着心は誇りまたは驕りに含まれ、通常「愛着」という概念は学術用語の平等な地位に値しないほど従属的な要素である。だが、誇りでも愛着心でも（いずれかはやがて見ることになる）どちらからのアプローチでも、ルネサンスの中心的流派の第一の注目すべき特徴は、それが正確な知識を有する限り、その正確な知識をすべての作品に導入したことである。そして、そのような学識が作品の卓越さを示すのに必要であり、作品に表現すべき第一の事柄であるという明白な確信である。その結果、たとえそれが副次的な装飾であっても導入されたすべての形態は至上の配慮をもって研究された。すべての動物の身体の解剖構造の透視も大気の透視も、完全な素描画も絵画上の正確な光と陰影も、描画でも彫刻でも、人間形態のすべての表現での真実の解剖構造も、この流派の全作品のもつべき第一の必要条件であった。

　このすべてを極めて寛大な光に照らして考察すると（真の愛着からであって、虚栄から探究するのではないが）、もしそれがその本質としてでなく、芸術上の助力として見なされるならば、それはもちろんまったく卓越したもので、称賛すべきである。しかし、ルネサンス派の大いなる誤りは、学識と芸術が同じものであり、前者の進歩は必然後者の完成になると憶断したことにある。しかるに、それら二つが現実に異なっているだけでなく、前者の進歩は一〇〇のうち九九の場合、後者の後退になるほど対立矛盾しているのである。これはさしあたって、私が前もって読者の注意を引くように願っておきたい点である。

　学識と芸術はそれらの機能によって普通識別される。前者は「知る」という機能として、後者は「変化する」「生産する」「創造する」という機能としてである。だが、それらが扱う対象としての事物の性質には、さらに重要な区別がある。学識は本来的に対象をありのままに扱うが、芸術は人間の感覚や魂に影響するような状態で対象を扱う。(6) 芸術作品は対象の外観を描き、芸術家が対象から受容する自然な印象を深める。学問の仕事は外観を事実と取り替え、印象を例証と取り替えることである。両者共に真実と関わることは注目すべきである。前者（学識）は外観の真実を、後者（芸術）は本質上の真実と関わる。芸術は対象を虚偽の表現としないで、対象が人間にとって見えるように真実の姿を表現する。学問は対象の相互的関係を研究するが、芸術はその人間との関係だけを研究する。そして、それは芸術に寄託されたあらゆるものから、「これ」は――これだけは――その対象物は人間の眼にとってどのように映るか、それは人間に何を語るか、それは人間にとって何になり得るかを問う。その問いは、魂が有形の創造物より広大な領域にまたがり、学問よりもずっと広大な領域に関わることを示している。

一つの例を取り上げよう。学問は、太陽が地球より九五〇〇万マイル遠方にあって、地球の一一一倍の大きさだと教えてくれる。さらに、すべての惑星がその周囲を廻って、太陽はみずからの軸の周りを二五日と一四時間四分の周期で自転することを教えてくれる。このすべてと比較出来るものを、芸術は何ももっていない。この種のことに関しては何も知ろうとしない。しかし、芸術が知りたい事柄はこうである。

天の神は太陽のために幕屋を建て、「太陽は自分の寝室から出てきた花婿のようであり、頑丈な男として競争を楽しむ。彼の出発するのは天の端からであり、天の端へと円軌道を走る。そして、照りつける熱から隠れられる物は何もない」。

これが芸術がもっぱら関係する種類の真実であるが、このような真実がどのようにして確認され認証されるのか？　それは明らかに感受性と感情による以外にない。理性や報告によってではない。

大自然と芸術家の視覚の間に媒介物は入らない。神と芸術家の間にも何も入らない。可視的自然に対する芸術の証言と宇宙との間に打算も評判も入らない。それが陰険な打算であれ賢明な評判であれ、入らない。その証言の価値はそれが眼による証言であることによっている。証言の誠実さ、受容可能性、認容範囲は、人間の信頼度によっている。すべてのその勝利は、「私は見た」という一言の真実性によって決まる。

世界における芸術家のすべての役割は、見て感じる生き物であるということ、すなわち、非常に敏感な思いと鋭い感性があるので、彼の周辺の可視的事物の影も色合いも線も即時的ではかない表現も、あるいは、彼に与えられた人間精神にそれらの事物が伝えられる情緒も、記録書から消えてしまってはいけないのである。思考したり、判断したり、議論したり、知識を得たりすることは、彼の仕事ではない。彼の場所は私室でもベンチでも酒場でも図書館でもない。それらは他の人たちのため、他の仕事のための場所である。彼は脇道で考えるかもしれない。時には推論してみるかもしれない。読書のため机に向かわなくても集められるし、労せずに獲得できる知識かもしれないが、これらに彼の関心はない。彼の生涯を賭けた仕事はただ二つである――見ることと感じることだけである。

だが、読者は私に抗弁するだろう。「知識の偉大な用途は開眼させること、すなわち、これまでに知らず、見たことのない事物を感得させることである」と。

そうではないのだ。こういう言い草は、偉大な芸術家の感受性が、他の人たちの感受性と比較して、どのようであるかを知らない人びとによって言われ信じられているだけである。どの芸術分野でも、偉大な画家や工人は、四時間かけて学ぶことよりも多くの事柄を、一瞥しただけで理解することが出来る。

神はあらゆる人に適した天職を賦与して創造した。神は、これぞ学者としてふさわしいと考えて創造した人に、思慮深く筋道立った考えで順序よく事を進める能力を与えた。芸術家にふさわしいと神が意図した人には、感受性があり、感覚が鋭敏で記憶力抜群の能力を与えた。これらの人びとのいずれもが他の仕事には能力がなく、その仕事をどうするかさえ理解できない。研究者は幻視を理解せず、画家は段階を踏むべき過程を理解しない。だが、研究者は真の画家の幻視や鋭い感性の総体的把握力など思いもつかない。

過去五〇年間にわたる地質学会のたゆまぬ努力の結果、やっと今頃になってターナーが五〇年前の少年の頃に描いた、駱駝の毛で作った絵筆で少しだけ描くことで表現した山容についての真実を、確認したのである。惑星体系のすべての法則や抛物線の法則のすべての軌道を知ったからと言って、科学者が滝や波を描くことなど出来ない。外科医師会の全会員が助け合っても、染物屋の息子のティントレットが二〇〇年前に表現したように、この瞬間に活発に活動している人体の自然な動きを見て表現することは出来ない。

このような画家の特別な才能を認めて、彼はより多くの知識を習得すればさらに多くを見るだろうし、それだけより良く描けると主張する向きもある。ところが、それは出来ない。一片の知識にこだわって見逃した真実を画家が見破ることがある。例えば、日の出を見つめている時に、太陽の真の性質について知識を得れば、画家は太陽を横切る棚状の雲とその雲の彼方の無限の天空へ放射する日輪の光の両者の間の距離をより深遠に感じ、より充実した表現をするだろう。しかし、知識が開眼させてくれる一つの可視的真実が得られても、千の真実が閉ざされる。言い換えれば、視覚が働いた瞬間に凝視能力を独り占めするほど知識が精神に作用すると、精神は内に退き、既知の事実にこだわり、移りゆく眼前に見える事実を忘れてしまう。そして、そのような忘却の瞬間は、画家にとって一日の思考が得るより以上に多くを失うことになる。これは目新しく妙な主張ではない。どんな種類であれ、注意深い思考に慣れた人は誰でも、思考力の自然な働きの結果、外的世界へ眼を閉ざすことになるのを知っている。深く思考している間に、当然彼は視覚や情緒の強い能力をもっていても、見たり感じたりしなくなる。レマン湖を終日旅行したあとに、仲間に「その湖は何処にあったか」と尋ねられると、答えられない。(7)その人が感受性に欠けているわけではないのにである。彼は思索家であって感知者ではないというわけである。この例は、すべての場合に、思考の材料となる知識が感覚能力に生じる影響の僅かな一例に過ぎない。

知識は、それをさらに深めていく傾向がなければ、そしてまた、外的対象がいくら現われても、思考の土台を築くのでなければ、貧弱で生命のない知識である。そういう思考は外的対象などに従わない。現われる最初の対象が思考に一日の仕事に足る糧を与える。他の対象を排除してその対象に執着するのが思考力の習性であり義務である。思考も知識もある人が一日のうちで見る最初の事物を、その人は容易に手放さない。なるべくその根底まで到達せずに放棄するのは、その人のやり方ではない。

しかし、芸術家は一つの事柄を把握するのではなく、すべての事柄を魂の明白で白く透明な領域の上に受容せざるを得ない。例えば、知識があり思考する人が日の出を見守る時、その人は光線の色や雲の変化に沿って目新しい何かを見る。そして、まず彼はそこに光学的気象学的な法則を追究し、午前の雲や光線をもはや感じない。しかし、画家はすべての光線、現われるすべての色彩を捉えると、それらすべての関連がどうであり、それらが相次いで生起するのはどのようにしてであるかを、真実の姿として見なければならない。それゆえ、彼の心の余地を占めるあらゆる事柄は出来るだけ完全に当分の間排除しておかなければならない。思索家はとことん探究していくが、感性の人はじっとしていて感受するために心を開いておかねばならない。思索家は対象を切り裂いてでも……という思いで、両刃の剣を危惧し悶えながら思考力を研ぎ澄ます。感性の人はまず何かを捕捉しようとして、四角い無地の紙のような心にその何かを全身全霊で受容しようとする。彼がいくら全身を伸ばしても、彼がいくら心を白く空っぽにしても、神が彼に与えようと準備している、すべてを受容するほどには達していない。

「では、無知で思考能力のない人間が最良の芸術家になれそうなのか？」と憤って尋ねられたら、

「それは全然違う」と言わなければならない。知識は人間がそれを人間自身の神聖な仕事に完全に役立つように従属させて保持している限り、人間にとって有益なものである。しかも、知識が人間を罠に陥れそうになるや、それを足の下に踏みつけて、人間の邪魔をしないようにしておく限りは、それは有益である。

この点で、知識と教育の間の違いは大きい。芸術家は学識ある者がなるには及ばない。学識は、十中八九、芸術家に不利益である。だが、なるべく教育のある人間であるべきだ。すなわち、世界での己の用い方と義務とを理解し、それゆえ、世界でなされる、存在する事柄の一般的本質を理解しているべきだ。それで、彼はもてるすべての能力や知識を最良で丁重に活用するように、みずからを鍛錬すべきで、それが「教育ある」人間である。「教育ある」人間の精神は、彼がもてる知識より偉大である。その精神は天の下で生き繁栄している大地を覆っている天の円天井（穹窿《きゅうりゅう》）のようである。だが、無教育で知識ばかりある人間の心は、ゴムバンドで閉じられているかのようである。そこでは永遠の精神は縮み上がっており、一束の書類をゴムバンドでしっかりと締め上げているように、その精神は開けられないし、他の人にも開けさせない。

芸術家の半分は、教育の欠如のためと、知識を所有することによって零落した。私の知っている最良の芸術家は教育があって文盲である。しかし、芸術家の理想は文盲であることではなく、最良の書物をよく読み、心情と品行の両方が徹底してよくはぐくまれていることである。一言で言えば、彼は最良の社会にふさわしいし、悪い影響力がある社会から脱却しているべきである。(8)

芸術家が身につけるべき幾つかの種類の知識がある。例えば、芸術家あるいは画家が、自分のもてるものについての（創作上で身についた）知識であり、それを周りの人びとに知らしめることは必要である。この知識があれば、それは彼の心を無理なく自由にさせてくれるし、あれこれ手段を講じなくても、目的にふさわしいように導いてくれる。神秘的に見える画家の手捌きや制作過程についても、それは画家にとって子どもの頃からよく知っていることだ。その点で彼はすべての絵具や素朴な化学材質を知るべきであり、自分の小実験室ですべての絵具を自分自身で準備すべきである。この一つの目的に彼の化学的知識を限定して、己に必要な実用的学識の量と、作品制作過程に伴う偶発的発見――より良い色彩についての発見や色彩を準備するためのより良い方法についての発見――は、彼の心を新たに蘇らせることだろう。このような事は、彼の心が向かう副次的関心事に過ぎない。楽しくない労働で疲れ切り、熱狂的発明に血道をあげた果てに、疲労困憊し、しかも彼の心が目指す、より高い役目にははるかに及ばない副次的関心事である。かなりの量の筋肉労働――たくましい筋肉を要する絵具の粉挽きと画布張り――は有益である。この種の仕事は弟子がその大半をなすのであるが。というのは、あらゆる巨匠には何人かの弟子がいて、出来るだけ早く彼の有する材料や方法などのすべての知識を弟子たちに与えることが、画家のもつ完全な知識の条件の一つになっているからである。その結果、とにかく弟子たちが一五歳になるまでに、彼らがこの種の事柄で知るべきすべてを得ることが出来る。言うなれば、一人の芸術家が自分で発見したことは別にして、知るべきすべてを、弟子たちは知ることが出来、もう方法には悩まなくてもよいようになる。師匠自身の特別な方法とその知識が、師匠と弟子だけに限定されるべきというのではないが、必然的にその知識はある程度師匠と弟子だけの目的になるに違いない。というのは、師匠の制作活動を毎日見ている弟子たちだけが、師匠の実践上の細かい多くのやり方を理解出来るからである。これらのやり方は誰にでも言葉では説明できないし、説明の必要もない。ただし、それらを見たい人には隠してはいけない。もちろんそうすれば、参観者もよく見ることが出来る。しかし、この種の事柄で公にされるすべては、素早く公にすべきであって、あらゆる芸術家は自分の発見を共有の貯蔵庫に入れておくべきであって、学識のこの分野では、既知の材料や方法について未決定の問題はないように芸術家全体が骨を折るべきである。その結果、どれが最良の白色で、どれが最良の茶色か、どれが最も丈夫な画布で、どれが最も確かな膠か、はたまた、どれがその時代までに知られた、すべてをする最短で完璧な方法なのか、といったことは、完全に確かめられて論争の余地のない事柄となるだろう。もし誰かがより良い方法を発見すれば、まずそれを公にすべきである。何かの理論や推論に煩わされてもよいと思う者は誰もいなくて、ひたすら経験的に制作する。光が伝わるのは光線によるのか波動によるのかを知ることは芸術家の仕事ではないし、スペクトルの青い光線は他の色の光線より伝わるのが速いか遅いかを知ることも芸術家の仕事ではない。彼の仕事は最も明るい青色を示すには、何分何秒で何の粉末が熔融されるかを知ることぐらいである。

芸術家にとって役立たずの部類の知識で彼が煩わされている間に、この貴重で必要な知識を芸術家が見失ってしまうということが、ルネサンス体系全体の最も緻密な愚劣さであろう。絵具とそれを扱う方法については、生存中の芸術家が答えなければならないような疑問は一つもないと信じる。芸術家の生涯が不毛な実験で終わり、成果がないのは、経験によって導かれず、その成果が伝達されないからである。あらゆる工人はそれぞれ独自の方法を心得ていて、それではまだ不十分だと思っているが、同僚の工人には嫉妬心から隠しておく。あらゆる彩色家は彼独自の材料を持っているが、それを信頼して他の芸術家に任せることは稀であろう。化学という学問の威厳ある進歩を前にして、芸術家の経験的な学問は壊滅した。私たちをより高い感性へ導いたであろう芸術家の研鑽の日々は、喪失した過程を推量したり嘆いたりして過ぎていった。しかるに、いわゆる暗黒時代――村の薬草採取業者の知識ほども化学の知識がなかった時代――の人びとは、今日の私たちから見れば意気消沈するような独自の方法を編み出して日々実践していた。

画家にとって学識のうちで最も安全で必要とされる最低の学識でさえ、魅力があるだけに、濫用される可能性がある。偉大な芸術家には、最も単純な方法で十分である。ひとたび彼が決定した幾つかの月並みな色彩を得て、黒ずむこともないし、朽ち果てることもないし、ひび割れることもない白い表面を得たら、彼は世界の巨匠、同僚の師匠の仲間である。昨今私たちはこれと反対の誤りの例を提供するのに熱心なようだ。単純な事をする単純な方法――これですべての芸術、すべての時代で十分であるが――から私たちが遠ざかるように風潮がさせているし、その間に風変わりな方法を編み出したりしている。例えば、金属や陶器や皮革や紙など考え得るあらゆる材質を使ったり、安価な細工を混ぜ合わせたり、新しい扱い方をしたりして、結局無限の混乱を招き寄せた。日毎に私たちは偉大で不変で必然的な真実から遠ざかる。その真実とは、芸術には一つの善しかないことであり、その善とは化学者には準備出来ず、商人が値下げも出来ない善である。なぜなら、それは稀な人間の手と、稀な人間の魂からしか生まれないからである。

しかしながら、芸術家が追究し得る領域と、学問の側から追究できる領域のうちには当然相違があるが、もう一つ別の領域もある。後者の領域は芸術家の仲間によって確認され記録されてきた事象の外観についての学問分野である。私たちが他人の助けがなくては気づかないはずの可視的事実を他人に指摘されない日は一日もない。時代を経ると、可視的事実が積み重なり、その法則化によって「光と陰」や「線遠近法」や「大気遠近法」が作り出された。その結果、芸術家は事象の外観についてのある種の真実を所有することになった。その真実が指摘されたら、誰でも数日後にはそれを理解して認めることになるだろうが、こうしたことも他人の助けがなければ、誰でも生涯のうちでそれを発見出来なかったはずである。なぜ出来なかったか。それは、そのような真実の発見――そして、その体系化――は、人類にとって必要だったが、芸術史が示す時間の尺度、私たちに必要だった時間の尺度と異なり、はるかに長いからである。光学の最初の時期から完成期への発展のうちに経過した尺度の時間は、その法則を確認する実際の努力に要しただけでなく、そういう努力をする必要性を理解する時間でもある。自然の対象の外観を発見するのに五世紀を要したが、その外観を表現しようと悩んでさらに五世紀を要した。一二世紀の芸術家は大自然を表現することを好まなかった。その作品は象徴的で装飾的である。作品が理解されて美しいからと言っても、それを大自然のように表現する気も起こらなかった。例えば、老画家が聖者の頭の周りに、磨いた純金の板で光背を表現した時、彼は光の効果を模倣する意図はなかった。彼は見る者にそのように装飾された人物像が聖者であると言いたかったし、金色の輪によって目もあやな美しい効果を生み出そうと期待していた。光学的関心は彼にはなかった。光の外観を表現することが彼の意図するところになると、直ちに、彼は彼の目的に必要な自然の事実を発見するに至ったためだ。

しかし、こういう考えを認めてくれても、可視的事象について今までに知られた事実は、画家の誰かが独りで集めるよりもはるかに多いし、価値も大きい。画家がそれらの事象を熟知するのは結構なことである。ただ、彼がその真実の価値をありのままに認め、それらによって道を間違えたなどと思い悩まないことである。「真実の価値をありのままに」とは「非常に小さい価値だ」ということである。他人の経験の積み重ねから人びとが受け取るすべての情報は、より早く正確に見ることが出来なければ、役に立たない。こういう情報が個人的に得た見方に取って代わることはけっしてない。視力によらずには、芸術では何もうまく事は運ばない。科学的原理や経験は、顕微鏡のように視覚を助ける。でもそういう原理、経験も肉眼を使わなければ役立たない。遠近法（いわゆる透視法）という学問は、もし私たちが見て感じなければ、単純な線一つでも描くことは出来ない。見て感じないとなると、たちまち学問は途方に暮れる。ヨーロッパのすべての遠近学の教授といえども、遠近法で海岸の曲線一つも描くことは出来ない。いや、砂浜の静かな小さい水溜りでも輪郭を描くことも出来ない。今までに書かれたすべての大気遠近法の規則も、山頂の松の木の輪郭を空を背景にして、この瞬間にどんなに鋭く描けるかを教えてはくれない。私がそれを見てそれを愛するまでは描けない。私が九〇年にわたって、大気中の濃淡の法則を研究しても、もし私がそれを見なければ、煙の中に見える煉瓦焼き窯を描くことさえ出来ないだろう。煙が私に見せようとするすべてを見ようとし、他のすべてを見ることを期待しないで、まったく謙虚で非科学的やり方で初めて描くことが出来るのである。

それゆえ、一人の人間が所有するすべての知識は控え目に扱われるべきであって、彼が大自然に直面すると直ちに、そうしたことに価値を見出され得ないのは当然である。知識が彼を助けてくれれば結構だし、助けてくれず、逆に出しゃばって不適切で矛盾した気分で彼を圧倒し、彼の視覚に対立し、対照的に少しでも知識が鼻につくならば、まず知識を外してみるがよい。芸術家が必要なすべての知識は、昨今では彼がわざわざ求めなくても、やってくる。プラウト（人名録参照）は、彼の生涯の終わりまで遠近法の一つの法則も知らなくても、プラウトになった。百科事典のすべての遠近法をもってしても、一人のプラウトを生み出してはくれない。

知識は往々にして不必要なだけでなく、時々信用に値しない。それは不正確で、眼が私たちに真実を教えてくれない場合に、私たちの邪魔をするからである。アルブレヒト・デューラーの作品を見たことのない現代彫版作家に、デューラーの「聖ヒューバート」の素敵な彫版画を見せた。彼は一分間侮蔑的にそれを見てから、そっぽを向いた。「この男は大気遠近法をあまり知らなかった」と彼は言う。巨匠のすべての素晴らしい作品と思想、それにすべての豊かな風景画や生気溢れる植物画や輪郭の厳粛な真実は、この現代彫版家には死んだものに映る。彼が信用していたのは、デューラーが蔑んでいた知識のただの特別な一片だけだからである。

思い込みだけでなく、不正確なために、この遠近法という学問は私たちの期待を裏切る。近代芸術家によって与えられた大気遠近法は、十中八九の場合、一瞬で示される馬鹿げた途方もない誇張である。色彩の色合いや深みを変化させる時の大気の影響は、もちろん観察者と対象の間の距離にある大気に比例して大きい。最初の数ヤード以内では、その影響はそれほど強くはない。それから徐々に大気の影響が弱くなっていくが、中間に介在する大気は、一フィート毎にその影響は変わらないように見える。晴れた日に描かれた気持ちの良い色彩の作品において前提となるのは、快晴の天候である。その時、対象は一〇マイル離れても完全に見える。観察者と対象の間にグラデーション（陰影の段階）を伴って光と陰に分かれて見える。陰や何かの色彩のかすかな色合いと最も強い明白な色合いを取り上げて、並べてみるとよい。それらの差異は最も近い対象の色合いと最も遠い対象の間の介在する一〇マイルの大気によって引き起こされる真実の差異よりも大きい（対象は一〇マイル離れてもはっきりと見えるからである。私は一二〇マイルも離れてモンブランを見たくらいである）。大気遠近法の師匠に敬意を払い、それを真の差異と憶断するとしてみる。実際に一マイル以下の距離を一マイルと大雑把に見積もることは、その師匠に特別な好意をもってであり、五〇〇〇フィートの距離で、五万フィートの大気によって生み出された色合いの差異を私たちは見ることになる。それで、一〇フィートの大気がこの際の五〇〇〇分の一を生み出す。読者は二つの極端な色合いを取り上げて、注意深く一方から他方への段階を見るがよい。そして、この段階を五〇〇〇の部分に分割せよ。すると、これらの部分の一つと次の部分との間の陰影の深みの差異は、晴れた日に、一〇フィートの距離を置いた対象ともう一つの対象の間の（遠近法による）大気の正確な量であるということになる(9)。

ミレーの「ユグノー派(10)」において、人物像は背後から約三フィートの処に立っている。その絵画に他の欠点を見出せない賢明な批評家たちは、大気遠近法の欠如によって眼が痛くなると告白した。しかし、その遠近法が正確に表現されたら（私は表現されたと信じているが）、実際に描かれている色彩の深みの、$\frac{10}{3}\times 5000$を分母にして分子は一、すなわち一万五〇〇〇分の一よりも少ない量になるだろう。この科学的原理に基づいて批評家によって描かれた絵画が見られれば面白いだろう。通常表現される大気遠近法は型通りで馬鹿げている。無知な画家が霧による距離感を表現出来ずにいながら、知ったかぶりで苦闘している姿である。ミレーの作品において、快晴の天候で三フィートの距離感について、批評家たちの面々が大気遠近法不在のために不快な感情を表わすのと同じように、ターナーの場合、霧を表現する明確な目的をもちながら、五〇マイルの距離感について、大気遠近法に則って描いてないと評者が憤るのは奇妙である。

読者はこう答える。「しかし、この種の見誤りは不消化な知識への過重な偏重によって引き起こされるだろうが、概して損失より利得の方が大きい、事実、ルネサンス期あるいは近代の巨匠による絵画は、昔の無知な時代に制作された絵画よりもずっと忠実に自然を表現している」と。全然そんなことはない。大抵ははるかに忠実ではなくなっている。確かに自然の外側はより真実に基づいて描かれている。すべての人類を体系立て、分類し、教え込まれたように表わす身体表現の陳腐さ。例えばあばら骨や肩甲骨や眉毛、唇、巻き毛の形態[11]に表わされている、測定され、手心を加えられ、解剖され展示されたすべてのもの――一言で言えば、肉体だけに関するすべて――をもって、知識派の者たちは絶対に大胆に描写する。しかし、測定出来ず、触知出来ず、割り切れないすべての精神的なものを知識派はやはり確実に失うし、彼らの視野から消し去ってしまう。いやしくも芸術が所有し記録するに値するすべては、そうなる。捕捉出来、測定出来、体系化されるすべてを、私たちは自然の中で見たいと思うだけ凝視できる。しかし、芸術に私たちが欲することは、束の間の存在を固定することであり、理解出来ないものを照らして明るみに出し、測定出来ないものを実体化し、束の間に消えるものを不朽化することである。漠然としか見えない瞬時の一瞥、微細な情緒の捉えどころない影、色褪せる思想の不完全な輪郭線、このようなものにより、それを通して人間の容貌に記録され、人柄や行動、あるいは自然界などにおいて無限に素晴らしいものを実体化し不朽のものにすることである。自然界には、人間が証言出来るとしても、それを測定することは出来ず、思いついてもそれを理解出来ず、愛してもそれの姿形を特定出来ず、想像出来ても明確に捉えられないような精神と力が潜んでいる。古代芸術においては、私たちは感受性によってすべての高尚な芸術の目的を最初から最後まで把握していた。時代が新しくなってからの芸術では、知識によっても把握出来ないでいる。ジョットはそれを私たちに与え、オルカーニャも与えた。アンジェリコ、メンミ（シモーネ・マルティーニ）、ピサーノ、彼らはみな単純で学識のない人たちだが、それを私たちに与えた。彼らの跡を継ぐ学識ある人たちは与えることが出来ない。私たちは至高の知識において今まで以上に深い内容を有しているのだが。

「いや」と反論する者もいるかもしれない。「これは私たちがまだ知識を正しく用いていなくて、芸術の目的のために知識を懸命に適用するよりむしろ知識を蓄積しようとしてきたからである。それが正しく適用されたら、古い時代の無知な芸術によって達成されたすべてと、さらに無限に多くの事柄を成就できるかもしれない」と。

そんなことはないのだ。私たちは用いるのに必要な知識以上の知識を所有し、その余分な知識は妨害になることが分かるだろう。この点における私たちの過ちのすべては、知識の真の本質についての馬鹿げた思い違いから生じるのだ。学識があるが、実は無知な人について、まるである分量の知識――それを有すれば学識があり、有しなければ無学であるような知識――があるように語られる。そうではなく、知識は無限であって、人の評価で最も学識がある人間が無学文盲の農民同然に、知るべき事柄をまるで知らないことに考えが及ばない。人びとには地位の高低の差があるだけである。知識はそれよりもはるかに高い段階、つまり、その頂上は神の居ます座であって、万物を超えた無限の彼方である。単純な人間が有する知識の真の量について、その人がそれに適さない地位にいると言って不満であるとしたら、賢い人も同様な場合で不満であろう。いずれの人間にとっても、自分が有する知識の総量に満足する理由が一つだけある。それは、その知識が彼らの人生における義務と幸福のために必要とする種類の知識である場合である。また、彼らのもてるすべての知識が、彼らの能力で自由になる限り、間違いなく確かなものであり、きちんと整理され、必要な時に手の届く範囲にあり、それを手にするのにそんなに時間がかからず、いったん手にしたら、失われることもなく、管理するのが容易でそんなに多過ぎる知識でもないという場合である。

これら満足するのに必要な条件をもう少し考察し、私たちの教育と政治の形態・組織において、それらの条件を無視することから生じる弊害をも考察してみよう。知識は確かに知的な糧であり、知識の精神に対する関係は、食料の肉体に対する関係と同じである。ただし精神には幾つかの種類が必要であり、知識はその糧の一つである。そして、精神は同じ種類の誤用をし易い。知識は芸術によって混合され変装されて、遂には不健全になる。知識は洗練され甘美にされ口に合うようにされて、遂には滋養となる力を失ってしまう。そして、最良の知識と言っても、食べ過ぎになるまで飽食すると、知識は病気になって死んでしまうのである。

それゆえ、知識について私たちは食糧についてとまさしく同じように推考し行動しなければならない。私たちは食べるために生きるのではないように、知るために生きているのではない。私たちは構想し楽しみ行動し崇拝・愛慕するために生きる(12)。これらのいずれをもせずに、現世で知るべきすべてと悪魔があの世で知っているすべてを知ろうとするのは愚かなことだ。それゆえ、まず私たちが問うべきは、「私たちがもつべき知識は私たちに適した糧なのか、人工的でも装飾的でもなく、善良で単純なのか?」であり、第二には、「どのくらいの量の知識が私たちの仕事にとって最良であり、私たちの心を明るくし、私たちの眼を清澄にしてくれるのか?」である。それ以上のものを食べれば、古いイヴの罪を犯すことになるからである。

知識を味わうのと、知識を貯蔵するのとの相違に注目するがよい。どのような場合でも、ある程度は貯蔵庫にしまわれるからである。その多くはある瞬間には飽食にもならず楽しまれもせず、いわば休眠中である。それが腐敗するまで、このような形での知識が空気を遮断して貯えて置かれることは、万人によって記憶されるべきである。あるいは、知識が貯蔵庫にしまわれないならば、籾殻つきの雑然としたままなので役立たないし、たとえ品質が良く整然としていても、味見される時だけ役立つのであり、学識ある者が食料倉庫で飢えることもある。学識者は知識から滋養を得るよりもむしろ知識庫の貯蔵量を増大しようとしがちである。といっても、私が学識者を過少評価しようとしていると考えてはいけない。彼らのうちの善良で偉大な者はすべてヨセフのようである。出会ったすべての民族がヨセフのために小麦粉を買ってくれるからである。その善良で偉大な者は水の流れる脇に現われる種蒔く人のようでもある。種蒔く人は、牡牛やロバをそちらへ送り込むのである。ただし、そのような仕事は万人がするわけではないことは忘れないように。私たちみなが倉庫番になり、みなが倉庫を満たす仕事で評価されるわけではなくて、私たちの多く、いや大抵が日々にパンを受け取り、私たちの労働に見合うだけの滋養を与えられる。時には、納屋が食料樽で満たされ、葡萄搾り機が新しい酒ではじけるほどに充満する場合よりも、無駄にならない食料樽や破壊されない油壺から食糧を得るなら、ずっと高尚で神聖な労働に見合うだけの滋養分を与えられる。

この件で各々の人は自分自身の限界を見出すべきである。まだ若い間は、他人が彼のためにその限界を見つける場合が大いにある。ルネサンス体系全体の絶望的な悪弊は、分相応という考えはすっかり忘却され、知識だけが唯一の善だと考えられ、人びとが知識によって活気づけられるか、それとも、麻痺するかが問われることはないという事実である。比喩は避けよう。今まで私が進めてきた比喩を信じないとしても、この問題自体を考察し、読者みずからが心の内で知識の影響を吟味してみるがよい。そして、エデンの園のように知識の木と生命の木が一つであるかどうかを見てみよう。知識の、真に生気溢れる力はそれが最初に受容された瞬間――その時、知識が驚異の念と歓喜で私たちの心を満たす――だけにあると、読者は感じるに違いない。その歓喜のために以前の無知が現在の知識と同様に必要なのだ。十分に知ることが出来ないが、それをいつも知りたいと思う何かを明らかにもっている人は幸福である。これは神から賦与されて神に導かれた叡智をもつ限られた人間になるための必要な条件である。人間が獲得した知識で勝ち誇って歓喜するのではなく、新しく無知であることを不断に謙遜し、不断に目から鱗が落ちる驚きを禁じ得ないことで歓喜する状態こそが幸福な状態と言えるだろう。

知識がいったん徹底して私たちのものになったら、それは私たちを楽しませない。実際知識は私たちに役立つかもしれないし、他人にとっても有益で、高利貸しが利潤を嵩増しするように利益になるかもしれないが、それにひとたび徹底して人びとが邁進すると、知識は死ぬ。目新しい驚きはなくなり、無限の海から引き上げた最初の時、それがもっていた素晴らしい色彩はすべて消え失せる。私たちの唯一の楽しみが深海を探る網を投入することにある時、私たちが蓄えておく知識の分量の多いか少ないかは、問題ではない。いや、一つの点でのみ、それは問題だ。それは私たちの利益にとっての問題ではない。というのは、知識の及ぼす影響は、想像力を死滅させ、全人類のもつ原初的（野生の）エネルギーを枯死させるからである。彼の知識の重みの下で、彼は単純な時代ほど軽快に動くことは出来ない。荷を運ぶ馬は旅への備えがあるし、軍馬は戦争のために武装しているが、野原を駆け回る自由と手足の軽快さは両方の馬には失われている。知識はせいぜい巡礼者の荷物か、兵隊の武具一式かであって、両者にとって足手まといである。ルネサンスの知識は、人間の身体を縛って締め付けるルネサンス式鉄鎧のようである。しかるに、すべての良い知識は、十字軍の鎖かたびらであって、身体の動きに合わせて襞の中まで動くが、締め金や留め金が私たちの皮膚に擦り傷を付けるほどには強く締め上げはしない。すべての人びとはこんなことに考えが及ばず、その結果を推し量ることも出来ないが、私たちは次のように考える。彼らは子ども時代を最大の幸福な時代だったと振り返る。その時代は最大の驚きに満ち、最も単純で最も活力ある想像の日々であったからである。天才とその他の人びととの差は、天才がほとんどそのような子どもであって、大きな眼で見つめ、絶え間ない驚きに満ち、だからといって、知識をひけらかして鼻につくことはなかったし、むしろ無限の無知と無限の能力を自覚し、自分の内に永遠の賛美と快楽と創造力の泉を意識して、自分の周りの眼に見えて理解できることから発して、やがて大海に出遭うことに気がつくのである。

それは私たちがそうあらねばならぬという姿である。万人は程度の差があっても、何がしかの天才である。谷川か大河かはどうでもよい。魂が澄み切っていて純粋であればよい。魂はけっしてすでに知られていて数えられる死骸の山を取り巻く死の壁ではない。数えられない神秘的な未知の事物の甘美な荒野を流れる川であって、その川水が潤す岸辺と、咲く花の影を映す流れだけを、魂は意識しているのである。

どれほどの人が知識をこのように理想的に扱っているか、それとも、その知識がまるでピラミッドが家の上にのしかかっているように彼に重荷として感じられているのかを、みずからに問うてみるがよい。また、各人に次の自問をさせるがよい。

「どれほどの知識が自分に労働を強いて時間を浪費させたか――知識がなければ、労働や時間は全人類に有益なものになり、健康で幸福に機能していたはずであるが――、何人の元気な人びとの魂が、真夜中にランプで読書したため、霞み眼になって不快になり無力になっているか、どのくらいの人びとの温かい共感が、行数を見積もったり、字数を勘定したりしているうちに死滅したか、どのくらいの回数で海上を渡る微風や山腹の芝土を踏む足取りや最高の天空の眺めを知識獲得のためにに失ったか、かくも高価についた知識のどのくらいが今や忘却され軽蔑されて、自分の心に新鮮な感動をなくし、良い機会に恵まれても何かに献身する喜びをもなくしたか」を、自問するがよい。

このような自問の後、彼のもつ知識が彼にとって成果をもたらしたと言えるなら、次の考察を進めるがよい。近代教育の避けられぬ掟によって、人間の本質に逆らう労役に就かされた人たちが何人いるか、それも青年の魂が腑抜けになるまで極端に無理強いさせられた人が何人いるか、そしてこの現世の知恵が神を愚弄するために用いられることが、どのくらいの真実で、どれほど大真面目で真実であるかを、畏まって宣言するがよい。

本来高尚な目的で追究されるべき知識が、無分別に追究されると、悪弊が付着する可能性がある。芸術家への影響を語る時に、芸術家は知識を真心から愛して、正直にただもっぱらそれを求めたと私が独断した。しかし、私は知識を買いかぶっていた。使徒によって、「それは膨張する」とぴしゃりと言われている。すべての近代科学の父が、知識を讃えて書いているが、知識自体の本質から考えて、私はそれを「有毒」と呼んだ。

さまざまな分野の知識にはその性質に、この点で大いに相違がある。その性質が劣悪で役立たずであってその影響には範囲が限定されるのに比例して、その毒性は激しさを増し、うぬ惚れの力が大きくなる。かくして、哲学、論理学、修辞学、それにその流派の他の学問――大抵は馬鹿げてつまらないが――を学ぶ学徒たちは自分たちの学問以上の学問を思いつかず、教育は言葉で表現される知識だけですべて終わると妄想する。しかし、真の偉大な学問、例えば博物学は、理解力の大きさと未知の事物への無限の受容力に比例して、人びとを優しく慎み深くする。

これは、「ヨブ記」（四〇章一五―二四節）において教えられることである。人間性のすべての心情の中で神は、「謙虚さ」だけは、人間がみずから選ぶのに任せて、他の心情はすべて、私たちに開いてくれた。神の意図は人間を試みることであった。人間の苦悩、正直で厳しい自己吟味、自己への厳しい内省などによっても己のむなしさを納得出来ない人間に、神の創造の光景がいかなるものかを示すことで「謙虚さ」をみずから身につけるだろうと、神は考えた。ヨブが現世に遣わせられた時、神はヨブに理詰めで説こうとはしなかった。いわんや、彼を恐怖で圧倒もしないし、己の原罪の書を目の前に突き付けて彼の心を混乱させようともしない。神は彼の前に夜明けの曙光と深淵の泉を開いて見せ、葦の茂みの中や波のうねりの上に姿を見せる「誇り高き神の子らの王たちの群れ（河馬の群れ）」を眺めるように命じた。『さあ、河馬を眺めよ。予があなたと一緒に創造した河馬を眺めよ』と（「ヨブ記」の終わりで、河馬の能力に引き比べた人間の無知が語られる――訳者）。

他の書物より聖書にはっきりとした教訓があるとすれば、それは自然科学が人間の心情に神聖な影響だけでなく、人間を卑しめる影響を及ぼすという教訓である。しかも善なる人間性が形造られるのは、科学によってではなく、豊かな感受性によってである。自然科学はどの学問とも同様有害になり得るのであり、そうなるのはその学問や科学が、分類やカタログ作成のために費やされ、人がみずからの人間性を失うからである。言語と方法の体系化には危険がつきまとうのである。ルネサンス期に人びとの全エネルギーが投入されたのは、まさしくそのような学問にであった。一〇世紀の間、世界は体系化されないで精神が自由で生きてきたことを発見した彼らは、まず体系化の手始めに文法化することを人間生存の目的とした。それ以後、話す事柄、なされる行いは重要でなくなった。ただ言語化されるのは学識であり、なされるのは体系化の作業だけであった。キケロ的雄弁な特殊な表現による虚偽の言辞に反対者はいなかった。方言で述べられた真実には聞き手がなかった。ローマ人の標準語の語句が幾つかのゴシック的事実に値すると考えられた。学問はさまざまな種類の文法──言語文法、論理文法、倫理文法、芸術文法──以上のものではなくなった。人類の言葉と知性と創意は、統語法と三段論法、遠近法（透視画法）と五つの建築様式に、至上にして最も神聖な使命を見出したと考えられた。

このような知識の中から誇り（驕り）だけが姿を現わした。それゆえ、私はルネサンス派の第一の心的特徴を「学問の誇り（驕り）」と呼んだ。もし彼らが、学問という名称に値する学問に達していたら、彼らはそれを愛したかもしれない。しかし、彼らが有した卑しむべき知識を彼らは誇っただけだった。愛することの出来るものは何もその知識にはなかった。最初にまともな研究題目とされた解剖学は、真の科学であっても芸術の強力な協力者として魅力的でなかったから、他の科学という知識の卑しい姉妹のこと、それは誇り（驕り）の基盤になった。ルネサンス芸術家が生み出したすべての作品に共通する一つの主要な事柄は、彼らがどんなに多くの知識があるかを示すことであった。

もちろん例外はある。初期ルネサンスは、こうした学問の影響がまだあまり及ばなかった時期であったが、その時期にあって例外的な巨匠たちがはぐくまれた頃である。ラファエロ、レオナルド、ミケランジェロはみな古い流派（ルネサンス以前の流派）で鍛錬を積んできたので、芸術の真の目的を知っていて、その目的に達していた師匠たちについていた。師匠たちは彼ら自身と同じくらい偉大であって、古い宗教のまじめな精神が骨の髄まで染み込んでいた芸術家たちであった。その精神を弟子たちが受け継ぎ、同時に新しい時代の開かれた知識の泉のすべてから喉の奥深く五臓六腑まで染み渡るほど呑み込んで、弟子たちは世界的、驚異的な巨匠となった。

「生きる」とはそこに住むことであり、「死滅」とはそこから切り離されることである。そういう古来の宗教的根っこからではなく、新しい知識から彼ら巨匠たちの偉大さは生まれたと、驚異的な作品に度肝を抜かれた世界の人びとは信じた。世界中が来る日も来る日も不毛な学問、科学を教えることでミケランジェロやレオナルドを生み出そうとしたが、もはやミケランジェロは生まれないことを嘆き不思議に思った。偉大な巨匠たちがそのような滋養分を吸収出来たのは、彼らがすべての時代の岩の上に根を張ったからである。しかし、今日私たちの科学、学問が教えることは、幹が深く傷つけられた樹木に水を撒くことである。いや、巨匠たちがその学問から純粋な滋養分を吸収出来たということは言い過ぎだろう。「彼は知識が少なかった時に最良の絵を描いた」――これが私たちの確信であり、真にラファエロを愛する人びとの多くも同意する確信であろう。

ミケランジェロが、今日まで彼の多方面にわたる高度な能力を隠したのは、解剖学のむなしく不快な展示を強いられた挙句、何度も裏切られた結果であった。

レオナルドは彼の名を伝える絵画をほとんど残さないほど工学的な仕事に生命をすり減らした。彼らの後を追う人について言うならば、もてる学問がまったく有害であったたし、芸術の目的だけでなく自然の力から真髄を抜くのにいたずらに役立って、画布や大理石から、つまらない小手先の器用さと役立たずの知識を見せびらかすための材料を作り出すのに資しただけであった。

この空虚な見せびらかしの明け透けで稚気たっぷりのやり方を見るのは時に面白いこともある。例えば、遠近画法が初めて発明された時、世界の人びとはそれを大層な発見だと考えたし、人びとが遠近画法を使って描く巨匠と認めた画家たちは、まるでソロモンの知恵のすべてがこの画法の発明にあったかのように、後退する線が一つの点に収斂ないしは集中するのを知ったことを誇った。したがって、キリスト降誕図を描くにしても遠近画法の知識をひけらかすために、馬小屋と飼い葉桶をコリント様式アーケードに変えて描こうとした。この時代の最良の建築の半分は、昔のように歴史的事件を彫刻して装飾するのではなく、遠近画法で描かれた副次的な通廊や回廊の浅浮き彫りで際立っていた。遠近画法は一週間で弟子に教えられるから、この空虚な見せびらかしを見て私たちは微笑する。しかし、実は知識を誇示すること、そのすべてが、その種類や程度がどうあろうと、むなしいのである。人間が知識を誇ってよい理由はない。人間が独力で発見した僅かな知識は別として、人間が誇っていけないものは、ほんの僅かの言い訳が出来るからと言って、見せびらかす知識である。他人から得た一片の知識を、一枚の硬貨を貰う以上に、誇ってよいものだろうか。施し物が何であれ、乞食は誇るべきではない。知識は流通する硬貨である。もしある人が金貨を鋳造するために働き、その真贋を試し、合格証の刻印を押し、その結果万人によって真の金貨として認められるならば、その人はその金貨の所有を誇る権利がある。しかし、もし彼がこういう事柄を何もせず、通行人がその金貨を彼の顔に投げつけるなら、彼がそのことを誇ってよい理由があるだろうか。物乞いのやり方で彼がクロイソス（リディアの富裕な王）の富を築きあげたとしても、誇りが僅かでも自分のために働いた人に似つかわしいように、そういう物乞い風の人に誇りは似つかわしいだろうか。もし私が知識を得たとしても、それを誇る理由があるだろうか。多数の人びとが私の面前に知識という富を山積みしても、知識が何がしかの事柄を教えてくれたとしても、私がその知識の山を誇る理由があるだろうか。昨今私たちが自慢しているほとんどすべての知識は、恥ずべきやり方で私たちに投げられたのではないか。それらの知識によって得られたものなのだ。私たちが得た知識とは良かれ悪しかれ他人によって真贋を試され、私たちの意思に反して押し付けられ、私たちの若い時に頭脳に叩き込まれたものである。知識と思想の相違を銘記するがよい。真に誇るべき高尚な所有物とは何だ！　人間が自分で伐り倒し、独力で造り上げたもの以外に、有頂天になってよい権利のあるものは人間の精神には一かけらもないのである。見捨てられた荒野に小屋を建て、ベッド、机、椅子を自分で森から伐った材木で作った人はそれらの室内備品を誇り、それらを楽しむ権利があるのだが。しかし、宮殿を建てて装飾してもらい、自分のために家具一式を備えてもらった人は、他人より便利な物があっても、室内装飾師や家具屋の技術をその人が誇る理由はない。松材で作った自家製の粗末なベッドに寝る喜びの半分も、象牙製の寝椅子に寝て味わえる人がいるだろうか、多分そのような人は一〇人に一人しかいないだろう。

私たちが知識に敬意を払うと言う場合——その知識とはその価値を評価出来るものであるが——、今述べた自分で作ったものだけを喜ぶ価値があることを、よく考えてみるがよい。それが私たち自身のものであり、私たちにとって新しい場合、私たちはそれがいかほどの価値か判断できない。しかし、それを他人のものとして、しばらくの間、私たちに馴染みのあるようにしたら、それにどのような価値をつけるか分かるだろう。

一学期の勉強の間、教師が生徒を見つめる様子を考えるとよい。もし生徒が新しく獲得した僅かの知識を教師に示して威張るようなら、教師は即座に威圧して生徒を黙らせるだろう。しかし、生徒が自分で何かを感じ見始めたら、そうはならない。生徒が内面で魂の苦闘を経験しているなら、彼は教師である私たちと同等な人間であるからだ。彼の視覚と思考において、彼は私たちとは別個の存在であり、いや私たちより偉大であるかもしれない。直ぐに私たちは彼の言うことを聞こうとする。「君はそれを見たのか？　それを感じたのか？　君がたとえ子どもであっても、聞きましょう」と私たちは言うだろう。

どの世代の人びともその後代の人びとと関連があるということをよく考えるがよい。ちょうどそれは生徒のようであって、彼が誇る知識は後輩にとってアルファベットのようなものだ。その知識を自慢したりして騒がない方がよい。その種の知識の最上のものが侮辱すべき糧であったという時がくる。「哀れな愚者だった」とか「あんなものが自分たちの知った知識のすべてだったのか？　自分たちはどんなに自慢したことか！」などと後悔する。しかし、私たちが見て感じるものはけっして侮れない。そのことを教えてくれたと言って万人が私たちに感謝するだろう。「実際に彼らの若い頃にはそれを感じそれを見た！　視覚や思考力が失われる前に、私たちも彼らのように感じ見られたら良いのだがなあ！」と、万人は言うことだろう。

知識をもったことを、このように不幸にもお目出度いことのように自慢するのは、ルネサンス的精神の第一の構成要素であるからである。そんなものは速やかに衰退に陥って当然である。だが、この構成要素がもう一つの形態の自慢によって助けられるのである。その自慢は地位の自慢（驕り）と上述されたもので、これを次に吟味しよう。

Ⅱ　「地位の誇り（驕り）」

「近代の肖像画の流派の進歩を遅らせた最大の要因は、画家の個人的な虚栄と誇りを満足させるための表現に終始したからだ」ということに着目したことがある。画家がこの虚栄心を満足させる手っとり早いやり方は、肖像画の背景にどんなに単純でもルネサンス様式建築の円柱の台座や柱身、あるいはその断片でも導入することだということに読者はすでに気づいていることだろう。そのわけは、そのような建築が個人の家の建築より大胆で壮大であるという理由だけではない。ルネサンス建築と同じ程度に、同じ効果を生み出す他の建築はないからである。最も豊かなゴシック建築や最も量感のあるノルマン建築も、ルネサンス建築のシンプルでぜい肉をそぎ落とした輪郭線と同じような高揚感を見る人の心に起こさせはしないだろう。

この件について私たちが少し考えるなら、ルネサンス建築のぜい肉をそぎ落とした輪郭線と貴族的な表現が、その最悪で明らかな特徴であることを直ぐに感じるだろう。その特徴は、冷厳で用意周到、無感動、下層民に対する蔑視、むなしく望みなく高慢な自己満足にある。これらの特徴すべては、まるで言葉で彫られたかのようにルネサンス建築に明瞭に書き留められている。他のすべての建築は、庶民が楽しめる何かを有していて、その何かは人間性の単純さへの譲歩であり、大衆の飢えを満たす日々のパンである。月並みな知性と心情を有する人びととの共感を示す何か――奇想、豊かな装飾、明るい色彩――これらは、職人が他人を喜ばすためなら自分の無知をさらけ出すのもいとわない無頓着さや粗野性と共に、少なくともゴシック様式建築では施された。しかし、ルネサンスになると、この正反対になった。今度は厳格で冷厳で非人間的になり、一瞬でも燃えたり、腰を屈めたり、譲歩したり出来なくなった。洗練され、高度に訓練され、学識が深かったが、建築家が熟知している知識でも、庶民はいっこうに知らなかった。建築家は私たちに公言して憚らなかった。「ウィトルウィウス(13)を研究しなければ、おまえたちは私の作品を感じることは出来ない。私は派手な色彩、楽しい徴候、あなたたちを幸福にするものなど与えはしない。なぜなら、わたしは学識者だからである。私がなす事柄であなたたちが楽しめるのは、誇るべき教養や厳格な形式尊重や完璧な仕上げや冷厳な落ち着きにある。私はアカデミーや宮廷のためだけに制作し、俗っぽい大衆のためなどに制作はしない」と。

世界の人びとの本能は直ぐにこれを感じるだろう。古典的形態の新しい明確化と正確な法則化に、人びとは眼を見張るような様式の、地位を際立たせるのに特別に適用した何かを感受した。諸侯や宮廷人はこれを楽しんだ。ゴシック様式は神への信仰に有益だったが、ルネサンス様式は人間崇拝に役立った。ゴシックは万人の心情と交流し自然のように普遍的であった。それは諸民族が祈禱する寺院を造り上げ、貧民の螺旋階段にまで身を縮めて入り込むことが出来た。しかし、ルネサンスには、身を縮めようとせず、服従もせず慈悲も施さない建築があるだけであった。高慢な諸侯領主がそういう建築を楽しんだ。その輪郭線のどれもが貧民への侮辱に満ちていた。それは貧民の手にする材料から建てられたのではない。草や板では屋根は葺かれず、梁材も黒樫材ではなかった。粗末な岩石や煉瓦の壁でもなく、必要であっても何処にも小窓を通すこともなかった。街路の角には余地があっても、壁龕を造りもしなかった。それはきちんと切られた岩石で出来、堂々として整然たる広大な大きさの窓戸、階段、柱が施された。翼廊と通廊があり、まるで全地上が自分のものであるように、広間と庭園もあった。山岳住民の粗野な小屋や汗だくで働く市民たちのファンタスティックな街路も、下等なものとして押しのけられることになった。

ルネサンスは自慢ないしは誇り（驕り）を助長したことも注目すべきである。それも眼の贅沢を助長するのではない。眼の感覚すなわち視覚の贅沢とは、聖なる贅沢である。自然はその彩られた牧場や彫刻のような森林や金メッキしたような黄金色の夕空を提供して視覚の贅沢をさせてくれるし、ゴシック派の建築者は絡まったトレーサリや、深く彫られた葉飾りや、燃えるような窓枠を施して視覚の贅沢に貢献した。死せる魂とも言うべきルネサンス精神は暖かい天国のすべての雰囲気から、卑しい地上へと後退し、素朴で親切であったすべての心根から高慢な誇りへと逆戻りし、衝撃的に心情を打ち眼を醒まさせる畏敬の念——陽気で快活な心情が伴うが——から、卑屈に仰ぎ見させる形式の尊重へと、変化した。ルネサンス精神は肉体の贅沢を理解した。水の滴る泉や、昼寝を楽しむ木陰のあるテラス状庭園――そこには花の香りが漂い、小洞窟もある――で、肉体は贅沢を満喫した。さらに、広大な広間と長く延びた通廊では夏の暑さを凌げたし、しっかり閉まる窓など完璧な造作や備品は、寒気を締め出す防具になり、穏やかな水彩画とフレスコ壁画と天井画は、異教風の好色趣味で埋め尽くされていた。こういうものをルネサンス精神は理解し十分に身につけ、今でもまだ染み付いている。これが私たち自身の今日まで誇ってきた種類の住宅建築である。それは私たちの祖先の粗野な習慣から、想像を絶するほど名誉ある前進をしてきたと考えたからである。祖先の時代には、王室の床は藺草で覆われ、豪族の邸宅では寒さの身に染みる風の前でタペストリが揺れていた。

　粗野な未開時代の二つの物語を見てみよう。

　エドウィン王がポーリヌスによって説教された福音を受け入れるべきかという討論を廷臣や僧侶としている時、高官の一人が言った。

「王よ！　これから来る未知の時間と比較すると、現在の生活は次のように思われる。冬になって、貴族や豪族と宴席に座っていて、明かりが灯され、広間が暖められ、室外は雨まじりの雪が吹き、嵐で荒れている時に、一羽の雀が入ってきて室内を飛び回る。雀は一方の戸から入って、他方の戸から出る。室内にいる限り、雀は嵐に遭わないが、それも目の黒いうちだけである。雀は室外の冬から室内へ入ってきて、また室外の冬へ戻るからである。人間も生きている短い間だけ命は続く。生まれる前にどうだったか、死後にどうなるかを私たちは知らない。この新しい教訓が新しい何かをもたらすとしたら、私たちがそれに従うのが適切である[14]」と。

こんな話がルネサンス期の建物の中で起こるはずがない。小鳥は室外が寒気なら室内の暖気へと飛んで来るはずだし、暖気から嵐の中へ逆戻りするはずもない。もし飛び込んで来たら、大理石の階段の踊り場から踊り場へ飛んで、七つか八つの控えの間を飛び抜けて行くだろう。もし小鳥が謁見の間へ進んだら、再び多数のロジア（バルコニーの付いた開放的な部屋）や通廊を飛んで外に出るだろう。小鳥がもたらした真実は同様にして多数の控えの間を通り抜けてからルネサンス人の精神になんとか入り込まねばならない。ただもし入れても軽蔑される者としてである（自然と切り離された人工の世界がルネサンス建築の特徴と示唆している――訳者）。

もう一つの昔話を見てみよう。エルサレムのブーリィヨンの王ゴッドフレイは、アスールまたはナブルースから訪れたアラブの首長たちに謁見した。首長たちは藁の袋に王が座っているのを見て、驚きの表情を表わすと、王は答えた。「我々が生まれる前にいた処、そして死後に戻るであろう処である土壌が、生存中に予の座として役立ってもよいではないか」と。キリスト教国の謁見の間にそのような粗末な王座が設けられていたり、そのような答えが王の唇から聞かれたりしてから、長い年月が経った。

こうしてルネサンス精神は禁欲であっても気ままで卑しくなった。禁欲で卑しいというのは、以前の時代の建築にあった頑丈な精神の喜びの源泉――それは渓流の清澄な奔流の水を撒かれた花や苔の光の斑模様のように純粋で素朴でしかも豊潤な源泉――で満たしていた明るく遊び心に満ちた思想を切り詰めたからである。気ままで卑しいとは、例えばルネサンス精神は心情が鈍感になった分だけ肉体感覚（官能）に訴えたし、歩くのが楽なように石畳みの道にしたり、頭脳にやさしくしようと枕を柔らかにしたりした挙句、荒石を切って階段を造り、天国の雲を目指して、神の家として実は彼らが休むつもりの石を積み上げ、芸術的能力をことごとく使い果たした。

こうした宮廷風官能への傾斜が、生まれも財産も本来上であるはずの人たちの高貴さを低俗化するに比例して、彼ら自身の同輩の評価が高まり、それに伴って表情は傲慢で不親切になり、それをはぐくんだおべっか使いが顰蹙を買った。高慢は人間の罪の中でも最初から最後まで付いて回るものだ。悪人どもの威力と繁栄には必ず高慢が見られる。しかし、隷従や封建的覇権の形態をとっても、人間味のある魂や人間同士の交流に基づいた同胞同士の信頼から生まれる威厳は、ルネサンスの貴族的愚行の数々によって完全に忘れ去られた。この興味ある主題をもっと追究する紙数がない。それで、当時の地位ある人たちに向けて書かれた、建築学教授の話には、どうしても「へつらい」がまじってしまったが、その単純で奇妙な例がここにある。

サン・マルコ付属図書館にはフィレンツェ人建築家アヴェルリヌスが彼の芸術原理に基づいて著した二五巻の興味深いラテン語稿本がある。それは一四六〇年頃に書かれ、ラテン語に翻訳され、一四八三年頃ハンガリー王コルウィヌスのために豪華に彩飾された。

私は第三巻から石の本質について書かれた文章を抄出する。

「人間には三種類――貴族と中産階級と田夫野人（庶民）――があるように、岩石にも三種類あるようだ。大理石とありふれた岩石は田夫野人を表わし、斑岩と雪花石膏と他の硬い混合岩石は、比喩で言えば中産階級を表わし、これらの岩石によって古代人は外被工法や装飾でもって壮麗な様式にして寺院を飾った。順を追って言うと、次に猫目石などの玉髄と赤縞瑪瑙などがくる。『これらは大変透明なので、汚点があれば必ず見つけられる』(15)。こうして、高貴な生まれの貴族たちは汚点のない人生を送ることになっている」。

一〇世紀の王カヌートや獅子王リチャード一世（私はゴッドフレイや聖ルイの名を挙げない）は、王へのこのようなへつらいの言葉を言上する媚びた廷臣の唇に対して笏《しゃく》を投げつけた。だが、一五世紀になると、追従は当然の事柄としてなされたし受容された。それを喜ぶ気風が、世俗での優越を特徴づけるあらゆる俗っぽい虚偽のあの手この手を喜んだ。そのような虚偽の手の内で、個人の住宅用邸における規模の広大化は、もちろん最も容易で直接優越感を得る方法の一つであった。どんなに無思慮で鈍感であっても、万人に優越していると評価することが出来た。ゴシック時代の精妙な彫刻を施す精神を深く洞察するには知力を使わねばならなかったが、石を積み重ねた塊が別の（素材の）塊より高価なことは誰でも感じられた(16)。それゆえ、作品の施工や様式において、ルネサンスの建築者は、冷厳で優越した学識という属性を有することを自己主張した際に、必要な是認を求めて庶民大衆から低級な趣味の人たちにまでへりくだって訴えた。以前の時代の工人は細かな壁龕や、狭い窓枠や、頭の高さより高くない戸口や、小塔の中にある部屋の縮小された角隅などに労力を注ぐのを惜しまなかった。しかし、ルネサンス建築者は遠隔地から大きな石材を運ぶために（莫大な費用を費やしたため）、細かい点には費用や労力を出し惜しみした。また大きな迫持《せりも》ち台を地面に載せ、巨大なだけでなく、生気のない野心的で不毛な建築物を建て――これは権力者や金持ちたちの宴会や愚行以上だが――、それも田園風景を楽しむためと、建築の五様式に限定して建築した。この巨人風の不健康な様式は教会建築のデザインにまで及んだ。イタリアでの主要な教会は、それが巨大である結果として生じただけの讃嘆以外の賛美などはほとんど得ずして建てられた。そういう教会に入った人たちの宗教的印象は、聖水盤を支える人物像の親指の大きさを測ることが出来ないといったようなことに大いに依っていると考えられている。

学識の陰険な慢心に劣らず、最も低級で鈍感な本能にまで訴える建築が人類の多数に急速に受容されたことを理解するのは容易である。デザインが広大で豪華な新様式がヴェネツィアだけでなく、キリスト教圏の諸国の贅沢な貴族階層によって熱心に採用されるようになったことも容易に理解出来る。他方、貴族階層ときたら、徐々に傲慢になり鼻もちならなくなり、遂に孤立しつつあった。貧民たちの怨嗟の叫び声がますます不吉な様相を呈してきて、時間を追う毎に団結し、遂には轟きとなって爆発した。ルネサンスの奢侈がヨーロッパで最絶頂に達したのが、植林散歩道や泉水のあるヴェルサイユ宮殿であったのだ。怒りと憤りが痛ましさと混ざり合って叫び声が上がった。

「私たちの魂は富裕階級への侮蔑を込めた非難と、高慢な階層への軽蔑心で満ちている」。

一五世紀のさまざまな芸術によって提起された問題に関するすべての論拠のうちで、その世紀の墓から推論される論拠ほど興味深く決定的なものはない。生活の驕りからくる慢心で傲慢無礼になるにつれて、死の恐怖心から卑屈になった。早期の人びとと後代の人びと（近代人を含む）とが墓石を飾った様式の相違は、死の見つめ方の相違をも明らかにする。早期の人びとに対して死神は右手に安息を、左手に希望をもって、慰安者や友人としてやって来る。後代の人びとには侮蔑者、略奪者、復讐者として来る。それゆえ、私たちは早期の墓を装飾が簡素で美しく、表現が厳格で厳粛だと理解出来るし、死神の力を認め、死の平和を認容する。すべての早期の墓のシンボルには復活の希望がキリストの正義にあることが認められるし、次のような死者の簡潔な言葉が記されている。

「私は平和に横たわり休息する。神よ、私を安全に憩わせるのは汝にほかならない」。

しかし、後代の墓は卑しい高慢と惨めな恐怖のおぞましい相剋を表わし、前者（高慢、誇り）は墓石の上に諸徳の天使像を集めて、石棺を繊細な彫刻で装い、念入りに彫られた墓碑銘は虚偽の生前の華やかさを磨き上げ、肖像の容貌を筋肉質の活力をもって漲らせる。後者（恐怖）は壁龕の中から、またカーテンの裏から、眉間に皺の寄った頭部や、大鎌で刈られた骸骨や、敵のさらに恐ろしいイメージを地下で招集している（この敵に挑むため墓石は遺灰の白さよりも輝くようにより白く塗られている）。

一一世紀から一八世紀にかけて墓石がデザインされた時の感情がどう変化したかは、ヨーロッパ全体に共通している。ヴェネツィアが、ある意味でルネサンス体系の重要な地域であったように、私たちはその真の特質を、ヴェネツィアの墓石様式の変化からも見ることが出来る。早期の時代のヴェネツィアが個人的虚飾、野心へのあらゆる傾向を抑えるためにとった厳しい政治的措置[17]により、その都市の昔の君主の墓を、宗教的感情のためだけでなく、慎みと簡素さのために目立つものにした。その結果、この点で、ヴェネツィアの墓は、他のヨーロッパ諸国の王や貴族のためにこの時代に建てられた高価な墓とはかなりかけ離れたものになった。他方、後代になると、ヴェネツィア人たちの信仰心が薄れるにつれて、彼らの誇りがすべての限度を越えてしまった。国家を貧しくし辱めただけの人物のために建立された最近の墓が、偉大な総督（元首）の記念すべき墓石が慎ましいものになるに反比例して――ヨーロッパの貴族たちのために同時代に建てられた墓と同程度に――、壮麗になった。これに加えるに、情緒表現としての彫刻芸術は、一二世紀のヴェネツィアでは退潮し、一七世紀には奢侈な制作という点で、イタリアにおいて先頭を切ったと考えられるなら、変化の感情が表現された一連の墓の数々は、他の都市より著しく極端な例を示していることが、直ぐに分かるだろう。極端な例は驚くほどであって、それらの印象深さは減じることがないほどであり、その分かり易さは、幸運にして保存された多くの中間の型式によって大いに増大した。

例証もせずに、パオロ教会の側廊に読者を一歩ずつ導くとしたら、一般読者を大いに疲れさせるだろう。それゆえ私は、墓廟建築が伝える真の特質に深く感銘を受けるように、ヴェネツィアの墓を訪れるべき順序を示しておこう。

キリスト教最初期の時代における埋葬や墓碑の様式について、私は精通していないが、キリスト教徒らしく完全な型の墓は一三世紀近くまで発達しなかったようである。もちろん各国の文明の発達段階によっているのであるが、その完全な型の墓は、高く上げられて全体が完全に眺められる石棺に見られる。その石棺の上には横たわった故人の像が彫られ、全体は天蓋に覆われている。そのような完全な発達をした墓が現われる以前には、簡素な石材の粗雑な石塊だけが、蓋として使われている。時にはエジプトの形式に由来する小屋の屋根のような低い破風屋根の蓋がされ、棺の横か蓋かに十字架が彫刻され、個人の名前や墓建立の日付が彫られている。さらに凝った例では、立派な人物像が徐々に導入された。完成された時期――横臥する人物彫像がまだ見られない時期――には、石棺の横には一般に故人（生前の人柄を表わす衣服のままの故人）と、キリストやマドンナに脇役の人物像を添えた彫板が置かれた。時には聖者、また時には会葬者（例えば、ディジョンのバーガンディ侯爵の墓）を伴って、紹介する一天使を表現した立派な像が彫られていた。しかし、ヴェネツィアでは、大抵は「受胎告知の場面」――片方の隅に天使、他方の隅にマリアが彫られている――を表わしていた。実物大の横臥像が石棺に彫られるずっと以前に、天蓋が単純で四角い形態で、壁龕を覆うアーチとして、石棺の上方に加えられた。彫刻家が人物像を十分表現するほどの手腕を獲得するまでに、天蓋は精妙な対称性と豊潤さを施された。凝った例では、故人の生前の活力ある生活ぶりを誇っている姿を表現した彫像――概して小規模だが――が天蓋の上に冠せられた。しかるに、横臥像は死んだ姿の故人を示したものである。この点で、ゴシック様式墓石の完成された型が建立されていた。

単純な石棺の中でも、ヴェネツィアとヴェローナには、精妙な例が多い。最も興味深いのはパオロ教会の正面にある粗末な煉瓦の壁龕に設けられた石棺である。円環の中に二つの十字架が彫られているだけで、故人の名前と「霊魂のために祈禱せよ」が真ん中のもう一つの円環に刻銘されている。これと比較すると、イギリスの墓には、四葉飾りと小柱身とアーチと他の月並みな建築装飾が施され、それらは他の装飾とほぼ同様として扱われ、少しも宗教的意味をもたされないでいる。しかるに、イタリア式石棺は重量感があって滑らかで暗い。岩石墓のように重たい蓋のある石で出来た土牢である。しかし、優しく狭い輪郭線の彫刻が施された表面には、十字架の表象が、出しゃばりもせず、誇りもせず彫られている。だが、花崗岩の上には、その重量感のために、人間の心情にあっても、ほとんど感じられていない希望のように十字架が彫られているのがぼんやりと見える。

パオロ教会の正面の幾つかの墓には、古い昔の簡素さを例証するものがある。それは入口の左にあって、祭壇の角のような、低い角のついた石棺である。それはぼろぼろに疲弊した外壁――あちこちに雑草が絡まっている壁――に穿たれた荒っぽい造作の壁龕の中に安置されている。しかし、それは二人の総督ジャーコモ・ティエポロとロレンツォ・ティエポロの墓である。その一人は、パオロ教会の正面に、今は無防備で疲弊した彼の墓が置かれるように教会を建立した。自分の墓を建てるために、彼は教会建立に要するすべての土地を寄進した。石棺は真ん中に刻銘がしてあり、そこには二人の総督の功績が叙述されている。その文字を見ると、墓建立からかなりの時期が経ったことが分かる。最初の銘はその土台の他の文字に次のような趣旨として残されている。

ジャーコモ殿　一二五一年没
ロレンツォ殿　一二八八年没

石棺の二つの角隅には釣り香炉を携えた二天使が彫られ、蓋には頭上に鶏冠のような十字架のついた二羽の小鳥が彫られている。ヴェネツィアの旅行者のために、読者はこれらのシンボルの意味を述べる場違いな脱線をしばらく許容してほしい。

パオロ教会は元老院とジャーコモ・ティエポロ総督の直接の保護があって、ドミニコ会士によって創設された。この総督の夢の中には奇跡的な幻の光景が現われたことから、ドミニコ会士に教会設立の許可が下りたという。その夢に現われた幻の光景について人びとに知られている伝説はこうである。(18)

「一二二六年、ジャーコモ・ティエポロ総督が夢を見た。その夢の中で彼はドミニコ会士たちの小礼拝堂を見た。その周辺の土地――今は教会の所有地だが――は、朱色の薔薇の花で覆われ、大気は花の芳香で充満していた。薔薇の花の真ん中には頭上に（鶏冠のような）黄金の十字架を戴いた一群の白鳩が飛び回っていた。黄金の釣り香炉を携えて天から降りて来た二天使を見て、総督が驚くと、天使たちは小礼拝堂の中を通り抜けて、花の咲く園の中を進みながら、花園を香の煙で満たした。その時、総督は突然澄んだ大きな声が宣言するのを聞いた。

「ここは予の説教者のために予が選んだ場所である」と。

それを聞くと、即座に元老院へ行き、幻視の光景のことを元老院議員たちに告げた。そこで元老院はそこにあった修道院を広げるために四〇歩（一歩は三フィート、したがって四〇×三＝一二〇フィート）の土地を与えると布告し、ティエポロ総督が後にさらに広い土地を与えた」。

敬虔な総督にこのような夢想が見られたのは別に奇跡ではない。教会が建っていた大部分の土地は総督が与えたものだという事実は、この物語によって裏付けられる事柄である。しかし、墓石の彫刻が幻視の記録なのか、墓石の彫刻から幻視を修道士が創作したのか、いずれにせよ、読者はその鳩にしても十字架にしても、粗野な天使像にしても、それらが深い信仰と結びついていることを、知ったということになる。

一四世紀の初め頃、ヴェネツィアで石棺に横臥像が彫られ始めた。最初の例は最も美しい預言者シメオンの彫像で、それはサン・シメオン・グランデ教会の名から分かる通りシメオンに捧げられた教会にあり、彼の聖遺物を納めることになった墓の上に彫られた彼の像である。その像が彫られると、その石棺はさらに豊かな彫刻を施され、それも必ず明確な宗教的目的で施された。それは通常二つのパネル彫刻に分けられる。一方は故人の守護聖人たちの事績や殉教者を彫った小さな浅浮き彫りで満たされ、他方は前者の群像の間の中央に、キリストあるいは聖母子がカーテンの付いた天蓋に覆われて座している。二天使像は受胎告知を表現し、隅に置かれている。キリスト生誕の約束は、万人への永遠の命を約束する礎であり、象徴である。

これらの像は、ヴェネツィアではいつも荒彫りである。人物彫刻の進歩はヴェネツィアでは比較的遅れた。偉大なピサ派（ピサでは墓石彫刻が盛んで優れていた――訳者）の影響を強く受けたヴェローナでは、記念碑の彫刻は計り知れないほど洗練された。一三三五年という早期に[19]、ゴシック様式墓の極度に完成した形態としてスカラ家のカン・グランデの墓廟に施された。スカラ家に昔から属していた礼拝堂の門の上にそれは置かれている。その石棺は浅浮き彫りであって、戦士の生涯の主な功績を表現している。聖者の墓なら別だが、これはイタリアで私が知っている墓では稀有である。彼の功績とは、ヴィチェンツァの包囲戦とプラチェンツァの戦いでの功績である。しかしながら、これらの像は大胆に石棺の前面に浮き彫りにされた「受胎告知」の完全浮き彫り像制作の土台になった打ち出し彫りの荒彫りにほかならない。その上方には、ヴェローナ公が礼装の長衣で威儀を正した姿――額の周りに簡素な帽子を縛り付けたリボンが肩まで垂れている姿――の像として表わされている。彼は眠ったように横たわり、腕は腹の上で組まれ、傍らに剣が置かれている。さらに上方には、大胆にもアーチ状の天蓋が二本の突き出た柱身で支えられ、屋根の頂には戦馬に乗った騎士の彫像が彫られている。彼の兜には、竜の翼と犬の頭が付き、肩からは、幅が広く燃えるような、ゆったりとしたガウンのような服が馬から流れるように垂れている。これは昔の工人によって活写されているので、風に乗って波打って見え、騎士の槍は打ち震え、大理石の馬が歩速を早め、さらに重圧をかけ敏速な突撃の構えを見せている。その背景には、銀色の雲が空を流れていく。

この墓では、故人の名誉や威厳が守られている。カン・グランデが彼の時代の貴族たちの中で最良の一人であったが、彼の性格については疑問を差し挟まない。そんなことは私たちの目的にそぐわないからである。彼の戦いが正しかったか、彼の偉大さは名誉を傷つけずに得られたかについては問題でないが、そうであったと仮定しても、それらの事柄が、彼の墓に見事に優雅に刻銘されているかは問題である。墓は美しいけれども、あまり目立たず出しゃばらないので、その墓は小門を飾るだけに役立ち、旅行者がそこへ入る時にはほとんど気づかない。よく調べると、故人の事績の履歴は、棺上に彫られた細かい装飾に沈んでいるのがぼんやりと霞んで見える。この記念碑の主要な目的は、彼が死んだ時の姿と彼の復活への希望の表現であって、そうしたことに旅行者が想いを致すようにすることである。しかるに、遠い昔の記憶によるように、空の明るさの中で霞んでしか見られないが、戦いを前にしての昔の堂々たる鎧姿の像が置かれている。それはそれを見た人びとが、彼が今は土に返ったことではなく、威厳ある体格を想起して、記憶されるのにふさわしい像となっている。

カン・グランデの墓についての叙述は、人びとの名誉と愛情にかけて、出来る限りの配慮がされたものである。

彼の墓の傍らにある墓――それは永眠のために設けられた小さな墓地内で一番近くにあるが――は、誤れる野心の痕跡を示している。それはマスティーノ二世の墓で、彼の治世にスカラ家は傾き出したと言われている。墓は芸術作品として精緻が凝らされている。しかし、そのデザインから感じられるのは愚かで下品で、衰弱した感情である。それは故人に属するとしたはずの「不屈の精神」の美徳像が、なんとキリスト磔刑像に対立する側に置かれた石棺の隅に見られる点にある。この些細な事実がなければ――その意味の重大さは後代の墓碑を調べるにつれて察知されるが――、カン・マスティーノの墓碑は、装飾が洗練されて完璧だっただろう。それは、カン・グランデの石碑と同様に高く上げられ、横臥像を彫られ、高貴な四角の天蓋で防備され、古代の新旧約聖書の伝える歴史事績が彫刻されている。石棺の一方の側面にはキリストが玉座に就き、その前にカン・マスティーノが跪く。他方の側面には、キリストが墓から復活しかけた神秘的な姿が表現され、キリストの受難と復活の象徴として表現されている。横のパネルは、聖者たちの彫像で占められている。石棺の一方の端には、キリスト磔刑の姿が、他方の端には、「不屈の精神」を示す高貴な婦人像が彫られている。彼女の肩には、獅子の皮が掛けられ、彼女の胸に当てた盾には、獅子の頭部が彫られ、流れる彼女の髪は細いリボンで縛られ、籠手を着けた右手には三刃の剣を持ち、その鞘は太腿の後ろに厳格に型通りに下げられている。左手にはスカラ家の紋章の付いた盾を持っている。

この墓に近接してもう一つの墓がある。これは三つの墓のうちで最も堂々としたもので、贅沢の限りを尽くしている。これを初めて見た異邦人は目を奪われて長い間見入るが、そのわけは多数の小尖塔が立ち並び、戦闘姿の聖騎士たちの彫像群が入った壁龕に囲まれている墓だからである。

それは一四世紀後期の高貴な精神が残っていた時期の制作であるがゆえに美しい。しかし、その施工は他の二つの墓より粗雑である。その誇り高い姿がゆえに私たちが学び知った事柄は、カン・シニョーリオ・デッラ・スカラが、その墓所の頂点に生前自分のために自分の彫像を建てさせたという事実である。これは極めて重要なので注目してもらいたい。カン・マスティーノ二世は虚弱で不義を犯し、スカラ家を衰弱へ向かわせた。彼の石棺には美徳の像を彫らせたが、彼は自分にふさわしい美徳のモデルとして「不屈の精神」だけに拘った。だが、彼は二度も兄弟殺しの不義を犯し、最後の犯行は彼が死の床に就いている時であった。彼の墓所の破風屋根の上に六つの美徳の像が置かれている。

ここでまた、ヴェネツィアへ話を戻そう。サンタ・マリア・ディ・フラーリ教会（以下、フラーリ教会と略す——訳者）の西端にある、右から左へ数えて二番目の礼拝堂には、もう一つの完全なゴシック形態の精妙な例がある。これは一四世紀初期か、一三世紀後期の墓所である。それは騎士の墓であるが、由来を示す銘もない。それは石棺から出来ていて、騎士の飾冠を戴いた尖頭アーチ状の天蓋——その下の陰の空間は濃い青色に塗られ、星が一面にちりばめられている——に防備された横臥像が彫られ、その石棺を支えているのは礼拝堂の壁に据え付けられた張り出し棚である。その彫像は荒彫りであるが、ある距離を隔てて見ると、その輪郭線は柔和で見事な出来栄えである。騎士は顔と手は裸だが、胴には鎖かたびらを着けている。頭にも鎖かたびらを被り、腕と脚には関節の自由が利く鋼鉄の鎧を着て、胸にぴったり合う短上着——二本の刺繍入りの幅狭い縦縞によって品の良いうねりを見せるチュニック——は鎖かたびらとの摩擦で擦り切れている。右手に短剣、左手に十字肩帯で腰に下げた長剣を携えている。足で一頭の犬を押さえつけている。犬は彼の家紋に使われている。この種の墓では、一般に彫像の顔は見物者の方へ向けられているものだ。ところが、案に相違して、この墓ではそっぽを向くようにアーチの奥深くを見ている。この騎士の胸のちょうど上方にあたるところに、幼子キリスト――キリストは故人の像（騎士の像）を見下ろしているが――を抱いた聖ヨセフの小像が彫られているからである。墓全体の外観はまるで騎士がいまわの際にキリストの姿を幻視のように見て、彼を見ながら祈禱のために両手を組んで、枕に頭を載せて安らかに休んでいるようである。

この礼拝堂の反対側にフィレンツェ国の駐ヴェネツィア大使ドゥッチオ・デグリ・アルベルティに捧げられたもう一つの美しい墓がある。これはヴェネツィアで徳を示す最初の像を伴った墓として著名である。この墓については後述するが、その前にヴェネツィアにある他の墓、その都市の全盛期に属する墓に、説明を割かねばならない。そういう墓で最も興味深いものは、凝った造りではないけれども、フランチェスコ・ダンドロの墓である[20]。彼の遺灰は、最初に埋葬されたフラーリ教会の参事会会議室に置かれた。ところが、修道士たちは、荒廃した都市がしばしばそうであるように、僅少の修道院文書を収める記録保管所を欲しがって、功績を遺したダンドロの墓を三つに分割した。天蓋すなわち「持ち送り（張り出した支え棚）に支えられた簡素なアーチ」は、ダンドロ総督に捧げられた室の無装飾の壁に残っている。石棺はかつてのサンタ・マリア・デッラ・サルーテ教会の敷地に創立された古遺物博物保管室に移された。彼の墓の背後の円形壁間の一面を飾っていた絵画は、その教会の聖遺物保管室の片隅の、見えない処に掛けられている。石棺は浅浮き彫りで埋め尽くされ、その二つの端には聖マルコと聖ジョヴァンニ（ヨハネ）の姿が彫られ、前面には聖処女の死の場面の気高い彫刻が、角隅には花瓶を持つ天使たちが彫られている。空間全体が彫刻で占められ、そこには捩れ柱身もパネル彫り隔壁もない。ただあるのは下方には礎となる台座、上方には冠状台座であって、両台座の間の凹面から彫刻が盛り上がっている。だが、人物群像に絵のような生気を吹き込むために樫と石松の材木製の聖母の寝椅子の枕辺と足元に二本の小さな樹木が導入されている。

初期には教皇を熱心に支持したはずのヴェネツィア人たちのうち幾人かが教皇権力と論争に及んだことについては、『ヴェネツィアの石』序章（原書第一巻一章）で述べたが、「フランチェスコ・ダンドロの謙譲の美徳が赤ひげ皇帝バルバロッサの恥辱を拭い去った」。

二つの出来事は一緒に覚えておくがよい。ヴェネツィア人の助力によって、教皇アレクサンデル三世は一二世紀に赤ひげ皇帝(21)（神聖ローマ皇帝）の首元を押さえて、詩編の一節「汝、獅子と毒蛇を踏むべし」を引用した。一五〇年後、ヴェネツィア国駐ヴァチカン大使フランチェスコ・ダンドロは、教皇クレメント五世に謁見してもらえなかった。この教皇に対して使者を派遣して、ヴェネツィア共和国へ宣言された破門宣告を取り消すよう願っていたのだが、教皇側は取り合わなかった。そこで、大使は教皇の食卓の下に身を隠し、教皇が食卓に就くと、出て来て教皇の足を抱擁し、涙ながらに懇願して、恐ろしい破門宣告を取り消してもらった。これは言い伝えによる話である。

「言い伝え」と言ったのは、補遺によってその話の真偽が問われていたからである。大抵のヴェネツィアの歴史家の主張では、フランチェスコ・ダンドロが通称「犬」と言われたのは、この時の枢機卿たちによって侮辱されて与えられた綽名であるという。彼の謙譲の美徳のおかげで救われたヴェネツィア人たちが彼の人徳を偲んで、「犬」の綽名を名誉ある肩書として彼と彼の一族に与えたそうである。しかしながら、その通称は彼の祖先たちによってずっと以前に所有されていたことが証明された。(22) 言い伝えは偽りであった。

この事実から引き出された二つの主な結論があるが、その一つは一三世紀のローマ教皇の尊大な支配についてであり、二つ目は自分の国の利益のために、この尊大な支配に譲歩出来る深い敬虔の念と謙譲の心が人間の性格の内に存在することである。どんなに自己犠牲的でも、大抵の人びとからは、そのような自己犠牲を期待出来る動機はあり得ないだろう。その犠牲もフランチェスコ・ダンドロにとって、教皇職への深い敬意があったからに違いない。この時代には、ほとんどすべての善良で誠実な人びとは教皇へ敬意をもたざるを得なかったのであろう。これはこの墓を見る時、読者に想起してもらいたい主な要点である。その結果、数年後に、彼の敬虔の念がヴェネツィアを破門から救うことになった。(23) フランチェスコが総督に就いた時に、「さまざまな関与すべき問題について、元老院の判断を求める諸国の六〇人の駐ヴェネツィア大使がいた。なぜなら、ヴェネツィアの祖先たちの健全な公正さが評判であり、見習うためであった」(24)。

フランチェスコ・ダンドロの墓には美徳の像はない。宗教的履歴やそのシンボル――「聖処女の死」と、端にある聖マルコと聖ジョヴァンニの典型像――しかない。

私はサン・マルコ大聖堂のアンドレーア・ダンドロの墓について前に述べた（訳書『ヴェネツィアの石』一三四―一三五頁参照）。それは死者を見下ろすため寝椅子のカーテンを引く天使というピサ

[25]風の思いつきを天蓋に施した、ヴェネツィア最初の例の一つであった。石棺は花細工で豊かに飾られ、受胎告知に通例伴われる人物大天使ガブリエル像と聖処女は両脇に配置されて、中央には玉座に就いた聖母子像が置かれた。聖母子の左右二つの隙間に、浅浮き彫りがあり、その総督の守護聖人アンデレの殉教の浮き彫りが、隙間を埋めている。すべてのこれらの墓は、豊かに彩られ、天使たちの髪は金メッキされ、その翼には銀の滴りがちりばめられ、その上衣は精妙な唐草模様で覆われている。このアンドレーア総督によって建築が始められ、一三五四年、彼の死後に完成したサン・マルコ大聖堂のもう一つの礼拝堂には、この墓と聖イシデの墓が両者ほとんど似た扱いで安置され、全体から見ると、それらはヴェネツィアの現存する記念墓碑彫像の最良の例である。

細工が風変わりなので、極めて貴重で特に興味深いけれども、パオロ教会の聖歌隊席の傍らの北側の礼拝所に安置された石碑は、前述の墓よりずっと粗末な造りである。それには、二つの浅浮き彫りと人物群像が施されているが、銘は入っていない。しかし、その持ち送りには、三頭のイルカが彫られた盾が施されている。真ん中の聖マリアの足元に一人の総督の跪く姿が小さく彫られているから、それがジョヴァンニ・ドルフィーノ総督（一三五六年元首就任）の墓だと分かる。

彼はヴェネツィア中央政府から派遣された地方長官としてトルヴィーゾに駐留し、ハンガリー王の侵略に備えて、その都市を守っていた時、総督に選ばれた。ヴェネツィア人たちは自分たちが新しく選んだ総督が、ハンガリーの大軍による包囲を解かれ通過させてもらえるようにと祈って、ハンガリーの包囲軍に新総督選出の吉報を知らせた。ところが、ハンガリー軍は総督を捕虜に出来ると喜んだ。ドルフィーノは、二〇〇人の騎馬隊と共に夜陰に紛れて包囲網を突破し、無事メストレ（大陸からヴェネツィアに渡る町）に到着した。そこで元老院に出迎えられた。しかし、彼の勇敢さをもってしても共和国に降りかかる災難を避けられなかった。ハンガリーとの戦争はダルマチアの降伏によって屈辱的な終結を迎え、総督は悲痛のあまり視力が衰え、即位四年後に疫病のため没した。

彼の墓に画像も銘もないのはこのためであって、恐らく後代に加えられた損傷の結果であろう。それが幾度かの激しい危害に遭ったことは、かつて蛇腹の冠飾であった歯飾りが今は正面に剥き出しになっていることから明らかである。だが、幸運にも石棺彫刻本体はほとんど無傷と言ってよい。

男女二人の聖者像が屈むように壁龕に納められ、壁龕の外にキリスト像が上方中央に立てられている。キリストの足元に総督とその夫人が跪いている。二人の中間にはパネル彫板が二枚あって、片側に「キリスト降誕預言者の三博士の図」、他方の側には「聖処女の死」が彫られ、壁龕全体は精緻に彫られた葉飾り台座によって上は冠飾され、下では支えられている。壁龕中の人物像は荒彫りで参観者の関心を引かない。壁龕外の上のキリスト像はそうではない。その像は四角いテントか、幕屋の上を走るカーテン・ロッドで開閉するカーテンが開いている。キリスト像が背後に控えた前面にカーテンが開かれ、テントの裏のキリスト像を見せている。表裏の二側面が遠近法のように見える。キリストの半分の大きさの二天使像がカーテンの外からそれを開いて後ろに押しやるようにしてキリスト像を仰ぎ見る。さらに、三分の一の大きさの人物二人の像は、跪く総督と夫人であるが、それらは外衣によって半分被われている。これらの人物像は小さく慎重に彫られ、生気に溢れている。キリスト像は片手を祝福のために上げ、膝の上の書物を立てて頁を開け、総督夫妻を見ず、天使たちも見ずに、前方を眺めている。その容貌には超脱を表現しようとする著しい努力が見られ、霊的存在の三段階——神、天使、人間——が上昇を求めるように天使も下方の人間を見ていなくて、神への想いだけを表現している。人間と神の中間に天使があることを示している。天使の人間への助力は、神への媒介である。

ヴェネツィア総督（元首）のこの興味深いが慎ましい墓と、同時代の制作になるらしいその元老院議員の一人の墓と比較してもらいたい。その墓はフラーリ教会北側の側廊の端にある西側壁面に凭れかけて持ち上げられている。

元老院議員の墓には次のような注目すべき銘が入っている。

「一三六〇年、埋葬、墓所関係省庁の長官（サン・マルコ財務長官(26)）として、シモーネ・ダンドロを配下に置き、選ばれた委員の増員を望んだ」。肩書の「正義熱愛者」（司法長官(27)）は、シモーネ・ダンドロがファリエーロ総督を断罪した「ゾンタ」（「追加」の意味で取り締まり実行委員会＝十人委員会の委員追加の意——訳者）の一人であったことへの言及であろう(28)。石棺は、受胎告知図の人物像と玉座の聖マリアが背後にいる四人の小さな天使像によって支えられたカーテンの中に納められた図によって装飾されているだけである。だが、人物像の出来栄えは通常の美しさを凌いでいる。

七年後に、高貴な墓碑がマルコ・コルネール総督のためにパオロ教会聖歌隊席の北側に置かれた。これは主に薔薇の花だけで飾られた石棺に宗教的イメージがないことで、私たちの当面の主題の参考になる。この墓の聖マリアと二天使という美しい三彫像は、上方の天蓋の中に安置された。

この墓の向かいに、さらに五年ほど経ってからの制作だが、ヴェネツィアのゴシック期最高の立派な墓碑――一三八二年没のミケーレ・モロジーニ総督の墓――が置かれている。それは華麗な天蓋から出来ていて、破風の冠を戴き、横側には大胆なこぶし花の小尖塔がつき、聖ミカエルを表現した巨大な頂華が頂点に載せられている。その破風にキリストの円形浅浮き彫りが施されている。アーチの下には、十字架にかけられたキリスト像を総督に指し示す聖マリアを表現したモザイク図柄が設けられ、総督の高貴な横臥像――顔は貧弱で厳しく、輪郭線は鋭いが、小柄で王侯らしい容貌の形姿は精妙である――が彫られた石棺が下に置かれている。それは精緻に彫られた葉飾りで飾られ、その葉飾りは前に突き出ていて七つの持ち送りになり、そこでは幾つかの彫像が壊れかけている。だが、これらの彫像は神学上の基本的な美徳を表現していることは間違いないが、しばらくここで私たちは立ち止まらねばならない。

フィレンツェ国の駐ヴェネツィア大使ドゥッチオの墓はヴェネツィアで最初に徳行の像を提示した例の一つである。正義と節制の小さな脇役像は非常に精妙な美しさで、フィレンツェの彫刻家の手になることは疑いない。芸術的能力と宗教感情の表出はフィレンツェではヴェネツィアよりも丸半世紀も進んでいた。

しかし、ドゥッチオの墓は美徳の像が彫られた最初の真正なヴェネツィアの墓である。それゆえ、それはモロジーニ総督の性格を知るのに重要な作品である。

偉大な市民の名として「カルロ・ゼーノ」ほどヴェネツィアにおいて知られた名前はない。それゆえ、カルロ・ゼーノが死ぬと、ヴェネツィアの衰退が始まった。このように私がヴェネツィアの没落が始まった年を決定したことを読者は思い出してほしい。カルロ・ゼーノはミケーレ・モロジーニと共に総督の地位を目指した候補者であった。結局、モロジーニが選ばれたので、モロジーニの性格[29]には通常の称賛すべき華々しいもの以外に何かがあったのだろうと想像されるだろう。読者には以下の事情を示して直ぐ理解できるようにしたいが、その性格の正しい評価の決定はなかなか難しい。

「モロジーニは三四歳になって、アンドレーア・コンタリーニの後継者として総督になった。彼は学識があり思慮深い人物で、幾つかの法律を改革した」（サンソヴィーノ）。

「彼の治世がもっと長かったら、多くの高尚な法律と制度によって国家の威信を増したことだろうが、彼の治世は希望に満ちていたが、その期間が短かった。彼はたったの四ヵ月、国家の先頭に立っただけで死去したからである」（『サベリッコ著作集』第八巻）。

「彼は稀な美徳と称えられるに値する――彼が一〇月一五日に神に召されたから――この高位の威厳を僅かの間しか楽しまなかった」（ムラトーリ『イタリア年代記』）。

「二人の候補者が立った。一方はゼーノ、他方はミケーレ・モロジーニで、モロジーニは戦時に投機によって財産を二倍にした、選挙人の賛成投票はモロジーニを選んだ。六月一〇日に総督就任が宣言された」（ダルー『ヴェネツィア史』第一〇巻）。

「選挙人たちの選択は、名家の生まれの貴族ミケーレ・モロジーニに向けられた。共和国と共に歩んでテュロス[30]の征服者を出した家柄の出で、ハンガリー国王の妃として娘を嫁がせ、ヴェネツィアにとっては単なる総督以上の人物であった。この子孫の華麗な由緒ある家柄は、その家の主な代表的人物の最も卑しむべき浅ましい貪欲によって汚された。すべてのヴェネツィア国民が国難に際して、全財産を捧げた戦時に、モロジーニは自己が私的に裕福になる道へ歩み出し、国を助けるためでなく、真正の価値より下落した値を見越して、市場に出された邸宅に投機して平和が戻った時に購入者に四倍の利益を保証して、金貨を使った。「私が国と一緒に没落しない限り、ヴェネツィアの没落など私にとってどうだと言うのだろう？」は、彼の取引に驚きを表明した人に対する利己的で汚い答えであった」（マレー『ヴェネツィア史のスケッチ』一八三一年）。

　最後の引用が採られた控え目な小史の著者は、この引用文に権威を示さず、私はこれを認めることが出来ないが、この著書の全体的な信ぴょう性は、ダルーの『ヴェネツィア史』よりは確実である。なるべく真実を確認したいし、もし根拠のない非難なら、この偉大な総督の身の潔白を証明したい。それで、彼の子孫のカルロ・モロジーニ伯爵に手紙を出した。伯爵はその偉大な祖先の名が尊敬され称賛されていることを知っているから、その返答はダルーの報告とその歴史の誤謬について、決定的に結論を下すと思われる。私はこの本書の付録V「ミケーレ・モロジーニ総督の性格」にこの手紙を収めるので、読者自身がこの点を判断してもらいたい。ダルーの反論のためだけに留めないが、現代の歴史家がいわれもなく歴史全体を創作するのは不可能なので、ダルーが所有していた記録文書はモロジーニの政敵によってでっち上げられた、特にカルロ・ゼーノと競った問題の選挙の時期に、この種の中傷の痕跡があったに違いないと言っておきたい。

ヴェネツィア墓碑において初めて彼の墓に美徳の像が彫られたのは――それも豊麗に目立って彫られたのだが――、一つにはそのような飛び交っていた噂に対して公に反駁を加えるためであった。しかし、その彫像の顔面はさらに明確な反駁の証《あかし》となっている。それには決断力が見られ、思慮深く温和で美しさが漲っている。それゆえ、私たちは美徳像の誇り高い導入が完全に正しかったとはっきり認めねばならない。もっとも、墓全体は、純粋なゴシックと究極的なルネサンス的不信心から来る高慢な華美との間の中間的感情を示すものとして、注目に値する。なぜなら、ここには天蓋のモザイク図に宗教的謙虚さが残っているのを私たちは認めるからである。このモザイク図はこの総督が十字架の前で跪く姿を示し、しかもこの自信たっぷりの性格は棺の周囲に彫られた美徳の像によって示されているのである。

パオロ教会の同じ礼拝所には、モロジーニ総督の隣の墓の傍らに、ヤコポ・カヴァッリの墓がある（またそこには、ジョヴァンニ・ドルフィーノの墓もある）。

モロジーニ総督の墓は、特に宗教的な趣きが豊かで、四人の使徒と二人の聖者の大胆に彫られた表象によって飾られている。その前面の突き出した持ち送りの上には、「信仰」「希望」「慈悲」の三彫像が置かれていたが、今では喪われている。しかし、それはザノットの絵画作品に描かれている。それは細目まで豊かで、この墓の彫刻家は墓碑銘の下に彼の名前パオロを留め、その作品を誇りにした。

この彫刻作品は石で制作された。

石工ヤコメルの息子のパオロと言う名のヴェネツィア人が

制作した。

ヤコポ・カヴァッリは一三八四年に没した。彼は大胆で行動力のあるヴェローナの軍人であり、その国に大いに貢献したから、功績によって爵位を授けられて、カヴァッリ家の創立者になった。しかし、美徳、特に「慈悲」の像が彼の墓に表わされているが、私は彼がそれに値する理由を見出せない。オーストリアのレオポルドに対する戦争で、フェストン包囲戦で彼はその都市への攻撃を拒絶した。その理由は、元老院が彼の率いる兵士たちに略奪を許さなかったからである。全身武装した彼の横臥像の足は、犬の像の上に載っている。頭部は獅子像に凭れている。これらの動物は、そのいずれもが騎士道ぶりを表わすわけではないが、ザノットによって彼の勇敢さと忠実さを象徴したものと表現された。しかしながら、もし獅子が勇気を表わすとしても、獅子が吼える姿で表現されたのは、遺憾である。

同じ教会のミケーレ・ステーノ総督（在位一四〇〇―一三年）の墓の傍らで、しばらく立ち止まることになる。この墓は、破壊されたセルヴィ教会からパオロ教会へ移されたものである。まず、初期の単純簡素に立ち返ったことに注目しよう。ステーノが一四一三年没だから、一五世紀の作であるが、その石棺は四葉飾りの付いた二つの十字架の装飾しか施されていない。次いで、墓碑銘の特殊性を観察してもらいたい。ステーノを「正義と平和と豊作を愛する者」として賛辞を呈しているのであるから。この時期の墓碑銘では、公人として重視された美徳は、祖国へ役立った業績である。私たちはすでにその例をシモーネ・ダンドロの墓碑銘で見た。同じような例は、ヴェネツィアの著書によって書かれた後代の総督たちへの賛辞を連ねた言及に出てくる。かくして、サンソヴィーノはマルコ・コルネールについて、「彼は賢明な人物であり、雄弁でこの都市の平和と繁栄を大いに愛した」と叙述し、トンマーゾ・モチェニーゴについては、「それ以上に平和をもたらす方法を愛した人間であった」と述べた。

この最後に名を挙げられた総督の墓への言及は、前述の通りである。ここでもモロジーニの墓と同じく美徳の像の顕著さが墓碑の扱いの誇り高い感情の高揚を特徴づけているけれども、皮肉な面は強調されていない。他の注目すべき指摘をするなら、この墓はゴシック時代に属すると見なされるヴェネツィア最後の墓である。その刳り形はすでに粗野な彫りで古典的であり、角隅にローマ風の鎧を着た無意味な人物像が置かれた。しかし、その上方の幕屋はまだゴシック様式であり、横臥像は非常に美しい。それは一四二三年に二人のフィレンツェの彫像作家によって彫られた。

トンマーゾ・モチェニーゴの後継の総督は、著名なフランチェスコ・フォスカリであった。彼の治世にゴシック様式のドゥカーレ宮殿に最後の造作が加えられた。しかし形態のみでその精神はゴシックではなかった。その加えられた造作は古い部分と符合していた。彼の治世に、私たちがヴェネツィア建築をもはやゴシックと見なさなくてよいと思われる様式の変遷が行われた。彼は一四五七年に没し、彼の墓はルネサンス芸術の最初の重要な例である。とはいっても、それはルネサンスの特徴を示す良い例ではない。それはルネサンスの長所が未発達の初期に、主にその様式の短所のすべてを導入したものとして注目されている。それが古典的構図と評価されてよい理由は、衰退したゴシック様式最後の形態に留めていたゴシック感情を引き起こす遺物がまったく消されてしまったからである。この時期のゴシック感情の遺物から私たちが受けるのは、堕落した心的傾向だから、早くそれから脱却した方がよいわけだ。かくして、石棺は一種の四葉飾りのアーチによって支えられ、その柱身の基部にはまだ四角の台石の角に爪状装飾が付いていた。そして、墓全体がペジメントに覆われ、そこにはこぶし花や小尖塔が付いていた。完全なルネサンス様式はその無味乾燥な点で少なくとも純粋であり、不道徳な点で抜け目なく巧妙である。だが、この墓碑はある様式から別の様式への萌芽を妨げなかったことを示し、赤子の襁褓《むつき》や死者の死に装束に絡んでいる人生のすべての原則を示したものとして注目すべきである。(31)

しかしながら、私たちの当面の目的に関連して、この墓はとても重要な記念碑である。私たちは地位の誇りがこの墓石に徐々に忍び寄るのを跡づけなければならない。それに伴って、宗教感情や天国への希望が、死者の美徳をますます傲慢に表現し出すにつれて、その結果、当然ながらそれに応じて宗教感情が消滅していくのを跡づけたい。

この墓は今までに見た最大で最高価なものであるが、宗教的表現の手段は、キリストの彫像――それは小尖塔の頂点としてしか用いられないが――に限定されている。その構成のその他の部分は俗っぽいだけでなく奇妙である。構想――死者を見下ろすためにカーテンを引く天使たちという構想――は、ピサの流派からの借用として注目されたが、代を重ねるにつれて彫刻家たちによってますます目立つほどに、その方式が持ち出された。しかし、ルネサンス時代に近づくと、天使が軽んじられ、カーテンが重要性を増す。ピサ派では、カーテンは天使を持ち出すきっかけとして導入されたが、ルネサンス派では、天使はカーテンを持ち込む動機としてだけで導入された。そして、カーテンは日々に巨大化し精緻を極めた。モチェニーゴの墓碑では、カーテンはテント（真ん中に柱を立てたテント）にすでに拡大していた。フォスカリの墓では、初めて「天使が不在」となったが、カーテンは巨大なフランス式テント付き寝台の形態を整えて、ローマ式鎧で身を固めた二つの矮小な人物の彫像によって脇で支えられた。この人物像は彫像作家が古典的服装の知識をひけらかすために、天使の代用としたものである。感性の欠陥によって誘発されたのをよく観察するとよい。古い墓では、天使たちが石棺の上か傍らに立っていたものだが、それらの場所は美徳の像に占められたから、必要な高さで矮軀なローマ式人物像を支えるために、それぞれの美徳の像が一本のコリント式柱を独り占めし、その柱は高さ一一フィート、周囲約三ないし四フィートである。これは十分な高さでないから、それは四、五フィートの高さの台座または柱脚の上に載せられた。柱には、それ自体の台以外に爪状装飾の付いた基部と、高い柱頭と、柱頭上方の巨大な持ち送りの上のもう一つの台があり、その台座はカーテンの開閉を任されているすべての矮軀な人物像の頂きに載せられていた。

　このように配置された天蓋の下に、石棺には横臥像が彫られて、置かれていた。聖処女と聖者の影像は、そこから消えてしまった。その代わりにパネル彫板には信仰・希望・慈悲の半身像が彫られていた。節制・不屈の精神の像は、総督の足元に置かれた。正義・思慮分別の像は枕辺にあり、人物像は等身大になった。しかもそのそれぞれの像の属性によって初めて意味が認識された。希望が眼を上に向けている以外は、それらの顔のいずれの特質や表情にも相違はなく、みな美しいヴェネツィア婦人像である。それらは高価な盛装をして、下から見られる効果を狙った姿勢に格好良く置かれていた。不屈の精神の像はもちろんその特質を犠牲にせずに、優雅な像として置かれたが、「不屈」はこの時期の彫刻家には重視されなかったので、その像は物憂げに後ろに凭れてほとんど柱を倒しそうだった。しかるに、その向かい側にある節制と正義の像は、前者の左手も後者の右手も下から見えなかったから、「それぞれ片手だけが残されていた」。

　これらの人物像は、荒彫りで感情がこもっていないけれども、墓の主要な効果は、その像にあるのだから、注意深く制作された。しかし、総督の肖像は、まったく総督らしくなくて、彫刻家の器用さは十分感じられるのだが、偉大さが感じられない。実際、フォスカリの履歴から、彼の像の顔に特に高貴なものを期待させるものはない。だがそれでも、その像はこのさもしい彫刻家によって誤って表現されたと信じる。なぜなら、どんな言葉もこの肖像の卑しさを表現出来ないからである。

巨大で下品で痩せた道化の顔には、最悪のローマ教僧侶の容貌にありがちな酒浸りでふやけた肉欲的な狡猾さが見られる[32]。一部は鉄で一部は土くれで作られた顔には、鉄の不動と土くれの汚れがあり、二重顎で下卑た口元で頬骨が出っ張り、眉毛は瞼の上で貧弱な線と皺で「へ」の字に垂れ下がっている。その顔は、情熱に任せた耽溺や誇りを傷つけられた屈辱による以外、喜びや悲しみを表わせない人間の顔である。たとえ彼がそのような人間だったとしても、高尚な工人なら彼の墓に歴然と読み取れるほどにそれを刻みはしなかっただろう。大理石に彫られたのは、フォスカリ総督のイメージではなく、彫刻家自身の心のイメージであると私は信じる。その彫刻家の心は全時代の全人民の悪趣味の痕跡と混じり合った痕跡として作品を通して見ることが出来る。作品で扱われたどの小部分にも、そういう痕跡が示されないものはない。例えば、大きなカーテンの裏に置かれた盾にも示されている。

初期の時期に、盾は墓を背景にして革紐で宙吊りにされて表現されたか、あるいは、他の何らかの方法で支えられたが、その形態は単純で無装飾で何の変哲もなかった。当時の人びとは戦争で盾を使い、それゆえ外的装飾でその形態に威厳を加える必要がなかった。死の危険に毎日さらされて、打ち寄せる戦いの波を押し返す精神は、単純簡素な表現によって退廃しないし、華やかな装飾によって高揚もしない。粗末な革の紐によってその盾は結びつけられたように、強靱な勇者の盾は、もはやその主人の勇者を守ることが出来なくても、棄てられることはなかった。

一五、一六世紀にはそうではなかった。戦争のやり方の変化が、盾を急速に無用なものにしていた。遠方から戦いを指揮し、生涯の大半を会議室で過ごす指揮官たちは間もなく盾を紋章表現の領域でしか見なくなった。それは家柄の顕著な特色を目立たせるための「地位の誇り」の主要な対象となった。その特色はさまざまな風変わりな装飾でもって盾の周囲を取り巻いていた。一般には渦巻き装飾や花飾り細工がそれである。もちろんこういう盾の装飾は、兵士の用途のために意図されたすべての外観を奪うことになった。かくして、フォスカリ家の盾は二通りに導入された。石棺の上では紋章が三度刻印され、円盤の中に収められ、その円盤がそれぞれ対になった丸裸の幼児に支えられた。天蓋の上方には、通常の形態の二つの盾が円形の中心に吊るされて、その円形には通風管の効果を出す放射状の貝殻状縦溝装飾が彫られた。円形の円周はさらに栄光を表現すべく起伏する金メッキされた光線によって装飾された。

前章で、最初は退廃したゴシック様式が眼に見えて改善されたとして書き留められた初期ルネサンスの時期に私たちは近づいている。ビザンティン様式ルネサンスの時期に施工された墓は、まず「鑿の打ち方」「解剖の科学に裏打ちされた描画」「良い古典的模範作の鑑賞」「繊細な構成による装飾の優雅さ」（これらは主に偉大なフィレンツェの彫刻家に由来すると信じている）における至上の技巧を示した。しかし、この学識と共に、短期的だが、それらの墓は初期の宗教感情への回帰を示し、それが絵画でのベリーニ（ベッリーニ）の流派の感情と符合する彫刻の一派を形成した。一五世紀には、ペルジーノ、フランチャ、ベリーニが画布に描いたものを大理石で彫った工人は、それ以上はいなかったというのは、ただ驚きのほかない。

作品に善良で純粋な気質が現われるごく少数の彫刻家がいるが、彫刻家がキリスト教徒の想像力とはまったく反対の古典的模範の排他的研究[33]へ導かれるのは、画家より早い。さらにまた彫刻家は自分の思想を実現するのに実践すべき仕事を、単に機械的にこなし、それゆえ堕落するだけでなく、純化し聖なる色彩の偉大な要素を奪われた。それゆえ私はこの時期の少なくともヴェネツィアにおいて、顕著な欠陥のない彫刻の例を知らない。その欠陥は初期彫刻のように不完全なるがゆえの欠陥ではなく、目的も洗練された感受性ももった欠陥である。その欠陥はそれを有するかもしれない美しさを汚してしまう欠陥であり、その流派全体は間もなく崩壊し、空虚な華美と貧弱な隠喩を弄する連中になっていった。

この時期の最も有名な墓碑は、アンドレーア・ヴェンドラミン総督に捧げられた墓で、パオロ教会に置かれ、一四八〇年頃彫刻され、原書第一巻一章（訳書『ヴェネツィアの石』序章）で言及された。それが衆目を集めたのは、一つにはかかった費用が莫大な金額に上ったことであり、また一つにはその鑿打ちが繊細かつ明確であることである。その他の点では、その流派の中では非常に卑しくて価値もなく、創意も感情もこもってないからである。それには、例の通り美徳像があり、その像は異教の女神のような服装で、女性像としてだけでなら優雅でよく研究されているが、生きた表情に欠けている。その彫刻の他の作品もすべて同じ種類のものであって、職人気質は完全であるが、思想が欠けている。その竜は驚くべき鱗で覆われているが、そこには恐怖も感ぜられず牙もない。その小鳥は羽毛は完全だが、歌を囀ることはない。その子どもたちも手足は美しいが、稚気がない。

同じ教会にあるモチェニーゴ家のピエトロとジョヴァンニの墓と、フラーリ教会にあるピエトロ・ベルナルドの墓は、別の職人気質から出来ている。これらの墓のすべてで、こまごました細かい規定は仕上げが完璧なように精妙な意匠に満ちている。前者二つとその他の幾つかの墓は、同類の感情を表わしており、古い宗教的シンボルが戻ってきた。聖母マリアは再び天蓋の下に鎮座し、石棺は聖者の伝説的絵柄の彫りで装飾された。しかし、情緒の面における致命的誤謬の原因を辿ることが出来る。まず彫刻家は参観者の心を感化するよりも、自分の技巧を見せびらかすことに熱中しているように見られている。風景画の凝った背景にしても、遠近法のトリックを使ったり、樹木、雲、水を模倣したり、その他さまざまな付加物を加えたりするが、それも大理石をどこまで使いこなせることが出来るかを示すだけである。副次的部分に無用な刳り彫りや過剰な仕上げを施しても、やはり冷たい虚栄や機械的鑿打ちが目立ち感動を呼ばない。次いで、人物像には直ぐに軽業師の技巧に向かう傾向が見られ、この傾向が最初に表われたペルジーノでは痛ましく現われた。しかし、そのうち、急速に波及しすべての芸術において構成の真実性を壊した。軽業師のような技巧について私が言いたいのは、人物像の立ち居振る舞いは、人物が実際に立ち歩くさまを見たわけではなく、非常に優雅に調和良く立ち歩くさまを画家が最初に構想したことから生まれたということである。偉大な芸術家の手になると、他のすべてと同じく、姿勢は高尚になる。ミケランジェロの場合がそれであり、不行跡の原因を念入りに調べた際でも、作品は高尚になる。しかし、芸術家として劣ったというか、月並みというか、その程度の人なら、姿勢を構成するこの習性には必然的にまったく生命感がなく、発育不全に終わる。ジョットはすべての画家の中でも毒に対して最も免疫があった。彼はいつも出来事を自然に構想し、衒うことなくそれを描いた。ラファエル前派の作品での「軽業師的な技巧」の不在は、近代の流派の姿勢表現と対立するものだが、それが彼らの主要な長所の一つであると同時に、彼らへの抗議を引き起こした主要な原因の一つにもなった。

しかし、私たちの調べる目的に関わることとして、墓の扱い方に重要な変化があった。それは石棺の形態の変化である。墓には死の恐怖がつきまとい、表現された人生の誇りの程度に正比例して、墓の華麗さ、大きさ、施工の美しさが増せば、私たちの心に、「遺骸を収めるという石棺の用途を避ける」という気持ちが、徐々に出てくる。すでに見たように、最も早期の時代には、石棺は陰気な石の塊だった。次第に宗教的彫刻が施されるようになったが、一五世紀中頃までは、その形態を偽装したいという欲求は少しもなかった。それは花飾り細工で豊かにされ、美徳の像によって装われた。やがてその四角い形態が崩れて、古代の花瓶の優雅な表象に基づいてかたどられ、出来るだけ棺らしくないように造られ、優雅な装飾で洗練されていき、遂には肖像としての彫像の台座か舞台になってしまった。そうするうちに、この彫像は、奇妙な一連の変遷を経て、徐々に生身の姿へ回帰するようになった。ヴェンドラミンの墓碑は、死せる姿で横たわる横臥像を示す、あるいは、示すように装った最後の墓の一つである。この数年後に、こういう死せる姿を見る、見せる考えは、礼儀正しい人たちには不快になった。それで、それまで墓の枕に頭を載せて安息していた人物像が、肘をついて立ち上がり、周囲を見回し始めた。一六世紀の魂は死んだ身体をあえて凝視しなかった。

この形態――一部分は横臥し、上半身は起き上がった像の形態――の墓碑の多くの例を読者は想起せざるを得ないだろう。こういう例はイングランドでも沢山見られる。一四世紀以後には、墓の彫刻はイギリスでも他国の物まねになり、土地の民衆の気質をまったく示さなくなった。この変化の源《もと》は、イタリアにある。イタリアだけは国民精神の変化とまさしく符合していた。ヴェネツィアには、このような気質を半分だけ表現した型の墓が沢山ある。その多くは慎重に彫刻され、肖像として称賛すべきものであり、ドレーパリの像を鋳造することでは、サン・サルヴァドール教会の墓がある。しかし、私が読者に見てもらいたいのは、フラーリ教会にあるパポス（キプロス島の古都）に派遣された司教ヤコポ・ペザロの墓である。それは、非常に手際よい造りの彫刻であるだけでなく、その時期の特徴を際立って表わしており、私の主張に異論をはさむ人には、私の主張の根拠のすべてを確認してもらえる墓碑銘であり、注目すべきものである。

パポスの司教ヤコポ・ペザロは戦争でトルコ人を征服した。彼自身は平穏な生活を過ごし、ヴェネツィア人の高貴な家柄から天使たちの中の高貴な天使へ移され、ここに横たわるが、正しい審判者がその日に彼に与えた最も高貴な冠を期待する。彼はプラトンの生涯と同年齢数を生き、一五四七年三月二四日没した。(34)

この墓碑銘の古典主義と現世的誇りの混文は、きっと説明を必要としないだろう。冠は審判者の公平な判断から得られた権利として期待され、ヴェネツィア人の家柄の高貴さは天使のそれよりほんの少し低いだけである。「プラトンの同年齢数を生きた」という奇妙な稚気もまた注目すべきである。

しかしながら、一部分だけ横臥した姿勢の彫像は長く続かなかった。平和の表情でさえ軽佻浮薄なイタリア人にとっては痛ましく映り、肖像は死の追憶を誘導しないような仕方で描かれるべきだと、彼らは要請した。そこで彫像は立ち上がり、舞台上の役者のように墓の前面に現われた。そして、今や美徳の像によってだけでなく、「名声」や「勝利」を象徴する像によって、それに守護神や詩神によって、さらには貶められた王国や敬虔な民族を表わす化身によって、あらゆる虚飾の儀式や追従の象徴――これらをおべっか使いが提案し、お偉い方が要求するのだが――によって、周囲を取り巻かれた。

死後の棺や横臥の姿を表現した墓と、生前の虚飾で飾られた姿の墓との間には中間の型の墓がある。虚飾のみっともない墓の例は、イギリスにも多く見られる。しかし、素晴らしい墓はやはりヴェネツィアにある。二つの例を述べておく。一つはフラーリ教会のジョヴァンニ・ペザロ総督（在位一六五八―五九年）の墓であり、時間が経過して、私たちは一七世紀に達した。退廃の傾向は止む間もなく、彫刻はその感情を失うだけでなく、趣味も悪くなり学識もなくなった。墓碑は大理石による劇的場面の巨大な集積となった。黒大理石の顔、白い眼、白い歯を出したペザロ総督の墓は、半分犬で半分竜の二頭の怪物が装飾石棺を支え、その棺の上に総督の全身像が地位を表わす長衣をまとい、喝采を求める役者のように腕を広げて出しゃばる。上方には金属製の巨大な天蓋があって、深紅と金色に塗られている。彼の両側には守護神の座像が置かれ、意味の分からない化身がローマ式軍装で従う。下方には黒人婦人像が、半分屍体で半分骸骨の姿の青銅の二体のぞっとする人物像として、柱の間に置かれ、それらの像が運ぶ銘板には、賛辞が書かれている。金色に彫られた大きな文字で、最初で最後に目を引くのは、次の言葉であって、下方の銘板には両側に一つずつ二つの章句が書かれ、上方の肖像の下に最後の章句が書かれている。

行年七〇年　一六五九年他界
一六六九年に此処に復活する

遂に、恐ろしい死のイメージに対照するような挑戦的な墓碑の例を、私たちはここで得た。挑戦的墓碑が復活を大地にもたらすと主張しているからである。「此処に復活する」と。虚言趣味と卑しい感情がこれより低く沈むことはない。しかし、この墓碑さえ少し後に述べるパオロ教会の墓によって凌駕されるのである。

話が少し逸れることになるが、ペザロ総督の墓と対照させるために、サン・マルコ大聖堂に安置されたマリーノ・モロジーニ総督（在位一二四九―五三年）の墓を紹介しよう。これは初期の墓に立ち戻るわけだが、大聖堂の外側回廊の外壁に造られた暗い壁龕の中に――壁龕は教会内ではなくて、中庭と玄関、教会北側にあるが――、白い大理石の堅固な石棺が、四本の伸び切らない四角い柱に支えられて、地面から約二フィートだけ離れている。その蓋は単なる石板で、その端に二つの十字架が彫られ、石棺の前に二列の荒彫り像が置かれている。一番上には使徒を連れたキリストが安置され、下方の列は男女交互に置かれた六人像が祝福のいつもの姿勢で手を上げている。六人目の像は、他の像より小柄で、他の五人の像の真ん中には光背が彫られている。これらの像は意味を私は教えられないが、それらの像の間に十字架につけられた釣り香炉がぶら下げられ、キリストとの取り成し役を美しく象徴的に表現している。全体は十字架の足元から這い出した葡萄の葉の荒い輪飾りで囲まれている。

二列の像を分割する大理石の筋に、次の言葉が刻まれている。

此処に公爵マリーノ・モロジーニ卿が眠る

これは元首であったマリーノ・モロジーニの墓である。

この荒彫りで厳粛な墓石から、パオロ教会の南側廊へ話を移そう。パオロ教会には、黄色と白色の混じった、高さ六〇ないし七〇フィートの大理石の塊が石畳の床から教会の円天井へと聳えているのが見える。黄色の石は巨大なカーテン状に彫られ、ロープと縁飾りと飾り房まで彫られていて、天使たちに支えられている。その前に、例によって舞台の仕草をする役者の格好で、ベルトゥッチョ・ヴァリエール総督（在位一六五六―五八年）と彼の息子シルヴェストロ・ヴァリエール総督（在位一六九四―一七〇〇年）とその妻エリザベッタが舞台前面に出ている。総督たちの彫像は、卑しくてポローニアス[35]のようで、一つには総督だけが着るのを許される長衣によって卑しさを埋め合わされている。だが、この大聖堂のドガレスッサ家の彫像は、下卑、虚栄、醜悪の極みである。大柄で皺のある婦人像は、顔の周りに凝って彫られた巻き毛が硬直して突き出ていて、その肩から足まで襞襟と毛皮とレース飾りと宝石と刺繍で被い尽くされている。その像の下方や周辺には、美徳の像や勝利の像や名声の像や守護神像が、カーテン・コールで舞台に呼び出された役者のように集められている。それらの像は散在して配置され、さまざまな彫刻家によって仕上げられている。虚言趣味や脆弱な構想といった条件を網羅しているので、研究資料として展示するにふさわしい。中央の勝利の女神像はとりわけ興味深い。女神が連れている獅子は竜に跳びかかろうとして恐ろし気に彫られたが、才能のない彫刻家は恐怖を掻き立てるような形態を構想出来ず、獅子を醜くすることさえ出来なかった。獅子は哀れに見えるだけで、上げた前足には跳躍感も力動感も見られない。まるで哀願する犬のようである。二人の主要な彫像の下に銘が刻まれている。

ベルトゥッチョ・ヴァリエール公は
知恵と雄弁で偉大であり
ダーダネルス海峡の勝利でさらに偉大になり

息子の領主のおかげで最も偉大になり
一六五八年に死去した

エリザベッタ・クィリイーナは
シルヴェストロの妻であって
ローマ風美徳と
ヴェネツィア風敬虔さと
総督夫人の冠を被り
抜群に輝いていたが
一七〇八年に死去した

この時代の文筆家は、権力者の実力を誇示しようとした、いわゆる「鼎の軽重を問う」ような世間の人びとの、権力者に対する意識を変えようとした。このために、多くの墓碑銘が造られた。前述のパポスの司教のラテン語の墓碑銘とこの引用文を比較してみるがよい。だが、右の引用文の後半も、世俗的な名誉の追求に明け暮れていた時代に、かつて他の都市からのヴェネツィア流敬虔への言及という点で興味深い。その敬虔な信仰がまだ残っていて、墓碑銘を強調するのに役立ったし、その墓石を贅沢に華美にしても飽き足りない誇りを狡猾にもっともらしく満足させるのに貢献した。

ルネサンス精神の第二要素である「地位の誇り（驕り）」については、そろそろ筆を止めることにする。ヴェネツィアの没落を知るためにこれ以上追及するには及ばない。ヴェネツィアは、その思想もバビロンに似ているし、その崩壊もバビロンに似ている。「地位の誇り」と「知識の誇り」は別に目新しい熱情ではなく、それらに対する宣告は永遠の存在である神から発布されている。

汝は言った。「私はとこしえに女王となる」と。
汝はこれらを汝の心に留めず……
汝の知恵と汝の知識とは汝を惑わした。
汝は心の中で言った。
「ただ私だけで私のほかに誰もいない」と。
それゆえ、悩みが汝を襲う……
汝が若い時から取引の相手だった者たちは
めいめいが自分の進む方向へさすらい行き
一人も汝を救う者はいない。
（「イザヤ書」四七章七・一〇・一一・一五節）

Ⅲ 「体系の誇り（驕り）」

私はおびただしい資料からこれらの悪い原理を例証することが出来るが、前の主題をさらに追究する時間がなく、第三の要素「体系の誇り（驕り）」へと話を進めることにする。この要素は他の要素ほど私たちを引き留めることはない。その要素は分かり切っていて、危険度も低いからである。一五世紀の誇りが、国家の盛儀礼装を多岐にわたって複雑化してきた間に、知識の受け止め方を退廃させ、国家の威信を低下させた様子は、一般にはあまり注意を引いていない。しかし、読者がすでに恐らく十分に知っていることは、哲学の名の下にルネサンスのスコラ哲学者の精神の足手まといになった形式化、体系化への奇妙な傾向である。上述のように、文法は学問の第一になり、どんな主題が扱われるにしても、哲学者の第一の目的は、その原理を法則体系に従わせることであった。話し手や思想家や工人のそれ以後の価値は、その主題に関しては、その法則体系の遵守にあった。それゆえ、世界精神全体が束縛したり制限したり出来るもの――体系化できるもの――の排他的研究に熱中した。足枷の鋼を鍛錬する音が海を越えて鳴り響いた。彼ら自身が外衣などではなく、鎖かたびらを身に着け、その目的ときたら、敵対者の武器を避けるよりも、それを身に着けた者の動きを束縛し抑制することにあった。人類のすべての行為、思想、営み――詩、絵画、建築、それに哲学――は、かくも多数のさまざまな形態の足枷をはめられた奴隷の踊りにまで貶められた。

この著作の今までの部分や他の私の著作『建築の七燈』の最後の章に特に注目した読者なら、きっと法則の重要性を私が過小評価したり、その権威に反駁したりするつもりは毛頭ないことを知っているだろう。私はこれらを何度も繰り返し主張する必要がある。あるいはこれらを、文明の進歩を掻き乱し、遅らせる多数の人たちに対して、何度でも、どんな風にでも精力的に主張してもよいだろう。これらの人たちは人間を鍛錬することを軽蔑する頑固で高慢な者たちであり、肯定すべき法則（宇宙の法則）を拒絶する者たちである。

しかし、法則が形式の体系に貶められて、心情には刻まれない限り――法則は本来的には永遠の立法者の玉座に侍り仕える偉大な天使たちの心情に神への忠実を尽くして刻まれているのであるが――、この貶められた低級な形式だけ表現された法則には二つの目的がある。それは原罪を明確にして抑制することと、単純な人たちを指導することである。すなわち、邪悪について説明し、それを禁じ、それを罰することと、責任ある行為者の中にある生命力の涸れ切った観念と、さらに単純で無知な人たちの動きと行動を導くことである。それゆえ、原罪と愚行が世界にある限り、人びとは矯正される必要があり、子どもっぽさ、単純さの度合いに相応して、辛くてもこの低級な法則に丸ごと支配される軽率で生気のない物の状態にさらに近づくのである。しかも、人びとが低級な法則に従うようにして、人間の誇りに奇妙な教訓「人びとの偉大さに相応してさらに完全に服従する」[36]を授けるのである。

だが、人びとが善良で賢明で子どもっぽさを脱して成長するに従って、彼らはこの記述された法則から解放され、文字に記述されていない高度な法則に即応する生の充実と歓喜に溢れる完全な自由を与えられる。その高度な法則とは、心情だけがそれを留めておける普遍的で精妙で光栄ある法則である。

慢心（過度の誇り）は、この聖なる法則の遵守に二通りの正反対のやり方で反対する。一つは、法則を否認したり、法則に挑戦したりする粗野な抵抗による。これは烏合の衆とその指導者のやり方である。もう一つは、服従を自認している間、その気になって無限の精神的な戒めを有限な文字で記述された戒律に置き換えて精神性をなくしてしまう形式的応諾による（これはパリサイ人のやり方である）。どちらの法則に私たちが従っているのかを知ることは容易である。なぜなら、私たちが誇りを通して誇張し遵守する法則はいつも文字に記述された法則であるが、私たちが謙虚な心によって愛し心に留める法則は精神の法則であるからである。

私たちが当面の身近な問題にこの普遍的真理を応用するにあたり留意すべきは、芸術についてのすべての記述され記述し得る法則が子どもっぽい人たちや無知な人たちのためにあることである。教え始めるにあたり、これをしてよい、あれをしてはいけないと言えるし、色彩と陰影の法則は、調和の法則が音楽を学ぶ学生に教えられるように、教えることが出来る。しかし、人が芸術家の名に値する者になり始めると、すべてのこの教え得る法則は彼には当然の事柄になる。それで、その後の彼が教条の枝葉末節に拘泥して根本を忘れるとしたら、彼の作品には真の芸術や宗教は見当たらないという確実な徴候になる。

真の芸術家には霊威があり、その霊威はとりわけ法則であり、けっして厳密に叙述出来ない至高の法則に、気高く完全に服従をして制作した結果、得られた霊威である。偉大な工人には一巻の書にも記述しきれないほどの多くの法則があることを、彼の一筆に感ぜられ、それによって作品として実現される。

彼の学問は名状しがたいほど微妙であり、彼の創造者（神）によって直接教えられるのであって、けっして伝達されたり模倣されたりすることは出来ない。[37] 文章化され明確に遵守されるだけの法則はどんな偉大なものも私たちに生み出せない。絵具の分量を測って調合しても、それが見苦しくないように、室内の壁を塗ることは出来るが、私たちがティツィアーノになれる法則はない。調和の良い詩句を構成するために音節を測り付加することは出来るが、『イーリアス』を記述する法則はない。かつて制作された詩や絵画から法則を引き出して、一巻の書にすることは出来るし、その法則を有効に研究して、現存する詩や絵画をより良く理解することは出来るが、植物の法則を発見して一本の樹木を生長させることが出来ないように、新しい詩や絵画を制作することは出来ない。それゆえ、子どもたちの手助け以外に何かの手助けとして規則の体系と形式が詳述され主張される処では、高尚な芸術はきっと理解されないだろう。いわんや、そういう高尚な芸術が現われるはずがない。一五、一六世紀の庶民も市民もその精神はそのようなものであった。ところが、偉大な師匠が弟子たちに、茨の茂る棘だらけの垣根を破らせたのである。ラテン語での詩作やその綴り換え遊戯、趣きあるソネット（一四行詩）と器用な三段論法の枠組みの範囲内で、あれこれ考案して、多くの時間を学識者たちは費やした。そうして、彼らの中には、僅かな人たちだけが知性と敬虔な気持ちによって、樹液の涸れていたはずの茨の茂みを切り開いて道を造った。それというのも、文字でも絵画でも、強靱な精神の持ち主なら、内容の独創性に干渉するような規則を受け入れることは出来ないからである。意地の悪い訓練や正確極まりないと自慢する学識なども、それらを傍観し軽蔑する人たちに利するものがあった。だから、ドラマの規則をものともせずに制作したシェイクスピアが現われ、美術の規則をものともしなかったティントレットが出てきた。両者共に俗っぽい学識やよく分からない大衆に受ける作法に対して今日まで止むことなく批判が加えられた。

しかし、建築ではそうではなかった。なぜなら、建築は大衆の芸術であり、大衆のすべての誤謬に影響を受けたからである。ミケランジェロのように、この建築分野に入った巨匠は、彫像を大衆の最良の精神の持ち主に向けて表現した。それは建築を単に彫像を容れる外郭としたからである。それで、単細胞的な発想をする人や詭弁を弄する者（著作家）は、尻馬に乗った。読者はこのような著作家どもを愚かとも幼稚とも思いつかないだろう。実は彼らはウィトルウィウスの助けを借りて、「建築の五つの様式」を再確立し、それぞれの様式の建築の比率を決定した。荘厳と美のためのさまざまな処方箋を示した。この処方箋は今日まで継承され、完全な機械化が達成される現代から未来にかけてさらに追究されるだろう。もし実際に柱と軒縁には五つの完全な形態だけしかなく、そのそれぞれに固定的な比率しかないなら、ギリシャの模範例に基づいて、五様式のいずれかに注文されたサイズに合わせて柱や装飾帯を機械が提供するだろう。石彫り機械が少しの創意を加えて注文に応じて調整する。ウィトルウィウスの縮図も単純化され、どの煉瓦工でも適当な距離で煉瓦を詰めるようになる。それで、建築家は不要になるかもしれない。

しかし、そうではなくて、人びとの心の中に潜んでいる僅かながら説得力がある真実があるとしたら――建築は芸術であり、その制作には知性の光が幾らかは必要であるからだが――、さまざまな様式とそれらの比率の体系全体が空虚で野蛮で卑しむべき欺瞞、それも人間の偏見に染み込んだ欺瞞として投げ捨てられ、踏みつけられるがよい。もしそれが良い作品なら、コピーでもなく杓子定規に作られた作品でもなくて、新鮮で神聖に構想されたものである。この明白な真実を人間の全作品に共通する真実として理解することにしよう。五様式と言うが、どのゴシックの大聖堂にも、五〇以上の様式がないような付属礼拝堂はない。それらの様式の最悪のものさえ、ギリシャ様式の最良のものやすべての新様式よりも良い。一人の創意ある人間が一時間に一〇〇〇もの様式を創造できたのだ[38]。そして、最悪の時期で、もしその時代の最も偉大な師匠が他の芸術に創意のある表現を見出さないとしても、建築には一時間に一〇〇〇の様式の創造が発見されるだろう。建築に専念した人たちの中で最良の者ならば、火薬の発明によって発見された新必需品に適応するのに躍起にならなければ、建築物の構成を、やはり一時間に一〇〇〇の様式の創造が見出されただろう。火薬の発明が、城壁を考案させて、防衛のための新しい学問分野を導入させた場合に、サンミケーレ（ヴェネツィア国城塞建築技師の名）と他の多数の者たちをありきたりの道とは外れた道へと導いた。最良の人たちは、廃れていた建築法則の復活に同意したが、その法則と、一六世紀の日常必需品を加えて、模倣するのに同意したローマ建築の形態とを調和することに卑しむべき興味を示した。

これらはルネサンスの慢心（過剰な誇り）が表明した三通り（本章のⅠからⅢまで）の主要な方向

性であり、ルネサンスの衝動は必然的に慢心と結びついたもう一つの要素が入り、さらに致命的になった。「自分自身の心を信じる者は愚者である」と書かれたように、「心の内で、「神はいない」と愚者は言った」とも書かれているからである。その時代の贅沢に劣らず、その時代の学識に影響を受けた自己への追従は、自己以外のすべてを徐々に忘却させ、実際的形式などという言葉を残したから、さらに致命的に不信心にさせた。

Ⅳ 「不信心」

不信心というさらに顕著な形態に留意するにあたっては、異教に対する敬意の結果としてのものとカトリシズムの堕落から生じたものとの相違を正しく識別しなければならない。ローマ建築がゴシックの堕落に責任がないように、ローマ哲学もまたキリスト教の堕落に責任がないからである。年を経るにつれて、キリストの生涯の履歴は、時間の深みへ沈んでゆき、世界史の深い霧の中にぼかされるにつれて、キリストの生誕と死の間の行動と事績の曖昧さが増殖され、人びとの生活様式と思想の基調が無数に変化し、その変化が遠い昔の事実を想像しがたくした。それにつれて、信心深い人びとが贖罪者キリストの物語の真実性と活力を理解するには、毎日毎時間に大変な努力を要することになった。思慮が浅く怠慢な人たちにとっては、彼らが告白するよう強いて教え込まれた信仰の真の特質について、自己欺瞞に陥るのは、さらに容易になった。もし教会の主任司祭がちゃんと監視し、教会自体が監視の実施や教条を誤らなければ、聖書に含まれるキリストの物語の真実性はその通りに受け入れられたはずである。しかし、年を経るごとに、福音書の真実をより深く離れた闇の淵へ押しやって、聖書の真実に、虚偽あるいは愚劣な言い伝えを加え、勝手な捻じ曲げが自然の曖昧さに加えられ、漠然たる記憶が、豊饒な創作によって装われた時の中、現世的権力や出世に目が眩んだ聖職者は、キリスト教徒の名を騙り、貪欲な狼となって群衆の中に闖入し、羊の群れに容赦しなかった。そのような人たちの陰謀と、その他の人たちの怠慢によって、教会の教義と修行の形態と管理が、僧職者の権力を増大させた。その時、思慮深く敬虔な人びとも、もはや疑いのない静穏な信仰の境地に留まることが出来なくなった。

　教会は世俗と混じり合い、その証言はもはや認められなかった。堕落した教会に帰依した信徒たちは、彼らの関心やその素朴さゆえに賄賂を貰ったり騙されたりしても黙って見て見ぬふりが出来なかった。それで徐々に離れてゆき、正反対のエネルギーをもった二つの集団へと分かれていった。その一方は、宗教改革、[39]他方は無信仰の集団となったのである。

　無信仰の集団は、ローマ教とプロテスタントとの間の闘争の過程を見届けるために、距離をおいていた。その闘争は、たとえ必然であっても、ローマ教会には無限の災難を及ぼした。なぜなら、まずプロテスタントの運動は、現実には宗教改革ではなく、「信仰の復活」であったから。それは教会に新しい生命を注いだが、教会を新しく形成もしなかったし、教会を定義づけもしなかった。どうやらそれは教会の垣根を壊したので、傍を通るすべての通行者が教会に生えた葡萄を摘んだということである。

宗教改革者が迅速に理解したことは、敵は良い種子を蒔く人の背後にはけっしていないし、邪悪な精神が抵抗勢力だけでなく、宗教改革勢力の中へ入ってくるかもしれないということである。さらに致命的な胴枯れ病が小麦の中で阻止されても、毒麦から小麦だけ取り出せる希望はなかった。まず、キリスト教団の蘇った力強さに抵抗すべく、新しい誘惑が悪魔によって考案された。ローマ教徒は人間的な教師に秘密を打ち明けて、彼らが神から派遣された教師であるかどうか試すことを止めたが、プロテスタントは精神の教師に秘密を打ち明けて、あらゆる精神を信じ、彼らが神の霊を宿しているか試してみた。多数の熱情と異端がまたたくまに信仰を曖昧にし、宗教改革の力を分裂させた。

しかし、主要な悪弊は二つの大きな党派の反対運動から生まれた。まず、悪弊は反対行動の存在にある。不信心者の眼には、キリスト教会は創立以来、初めて分裂した家の様相を呈した。今までも教会内で種々の形態の分派が生じなかったわけではない。分派はアルプス山脈の陰の谷間やライン川の沼地に隠れて正体を現わさず、沈黙していたか、あるいは、分派は教会に捨てられて、リアルに誤謬が表われて、地盤もなく速やかに枯れていったからである。また、誤った罪になる者を多く抱えていたが、教会は依然真実の柱と地盤を内部に留めていた。しかし、真実と権威が係争中の一分派として遂に現われた。教会から放り出された団体は枯れて萎れなかった。団体は海へ向かって大枝を広げ、枝を河川に沿って伸ばし、かえって老衰の徴候を示したのは古代の幹だった。一方には、復活した信仰があり、右手に聖書を開き左手を天に向かって上げ、聖書の言葉と聖霊の力に訴えた。他方には、すべてのいとしい習慣と信仰の伝統が立ち、いや、立っているように思われた。そのすべては一五〇〇年間、人びとの心の近くにあり、人びとを助けるために最も尊重された。

長く信じられた伝説、長く敬われた力、長く積まれた修練の行、衆生に対して語られず、数えられない魂の運命を支配し魂の去るのを確証する信仰は、教父たちの唇から子どもたちの唇へ甘美な滝水のように滴り落ち、その音が時代の沈黙の中に響き渡り、天国の露になって、荒野の牧草地に返る祈禱の言葉、叩かれた火打ち石のような顔をし、目的を目指して生きる力を与え、死に際の最後の瞬きを輝かせ、最後の言葉を形づくる戦場の焰のような剣、また、山岳地帯や砂漠の同胞を結びつけ、現世と底知れぬ地下と天上世界の間に、哀れんだり憧れたりする霊魂の交流の鎖を織る慈愛――これら以上に平和に属する事柄を追求する道へ招くすべての無数の疑念なき死者たちの霊魂はすべて彼岸に立っている。

そして、選択は良くても厳しいものになるに違いない。だが、選択は教会の二つの分派の相互への自然だが罪深い敵意によってさらに十倍も辛いものになった。

一方では、この敵意は無論避けられない。ローマ教会派の、多くのキリスト教徒の中にも、キリスト教徒を自称しながら問題の者たちも必然的に含まれていた。それが矯正を拒否した事実から、それは不信心者の教会と呼ばれる。

信者たちの中には多数の素朴な信者が入っていた。彼らは属する教団の堕落を知らず、若い時から教え込まれた教義だけしか受け入れられない人たちである。教団は僧職でも一般人でも、肉欲が張り官能のうずきに翻弄される者を――一方では権力愛好者、他方では楽を求める怠惰な者を――こぞって集めた。前者の素朴な人たちの怒りは、僧職の権威を論駁し、僧職の生活様式を非難し、生前には良心を眠らせ死の床では救済を金で買う方法が流行していたが、これに疑いの視線を投げた。

このほか、以前には大衆の心の中に漂っていた誤謬に過ぎなかったものが、プロテスタントによって明確に攻撃されて、鉄と真鍮のバンドでがんじがらめに縛り付けられる必要があった。さまざまなキリスト教徒の再宣言と用語は、ローマ教の教団全体にとって、さらに厳格で理性的でなくなった形態を生み出した。別の時代なら、教会がまだ保留しているより生気ある真実を説教したが、今や教会に名誉と力強さをもたらした大衆の心は、糾弾された虚偽や時代遅れの愚かな儀式を誇張することに熱中した。無知の時代なら、神が赦したであろうまだ芽の出ない誤謬の種子が赦されなくなった。大衆の熱狂に赦されていたであろう誤謬が、宗教会議の頑固なしっぺ返しを食らった。とりわけ、神の言葉に万人が近づけるようなその時代の偉大な発明が、神の光に逆らうすべての原罪を弁解も罪滅ぼしも出来ないものにした。ローマは自分の子どもたちを軽蔑し食い物にしたし、天に対して自分の存在を誇張していた王座から転げ落ち、それも、ベツレヘムでは謙虚であったはずだが、その謙虚さがキリスト教寺院で嘲られるほど低くにローマは転落したという審判が下された。ユダヤ民族は神が馬小屋の飼い葉桶の中に横たわっているのを見た。神の祭壇の傍らに馬を置いたのはキリスト教世界がなしたことである。

　他方、教皇に対するプロテスタントの対立ないし反対は、プロテスタント自身にもやはり有害であった。その反対運動は大部分が不節制であり、無分別であり、準備不足であった。反対運動でこういうやり方が出るのもやむを得なかった。ローマ側の剣による新たな出血、破門を見てやはり恐れおののくものの、宗教改革派の教会もローマから与えられた利益を思い出さず、ローマの教えのいずれをも尊重しなかったらしい。ローマ風服装を強制されて逆に不信心の服装になり、自信たっぷりで無思慮な精神は日々に地盤を獲得した。党派が枝分かれして憶測が飛び交った。初期教会の奇跡は否定され、その殉教者たちは忘れられた。もっとも、彼らの力と栄誉は迫害を受けたあらゆる分派の成員によって要求されたのだが。誇りと悪意と怒りと変化への嗜好が、真実への渇望の下で仮面を被り、欺瞞への正しい憤りと混じり合い、その結果、最良で誠実な人間たちが自分たちの心の中の禍を知ることが出来なくなった。貪欲と不敬が公然と改革を捻じ曲げて強盗の仕業のようにし、非難は教会を狙っている泥棒の仕業と化した。無知が教会を眠らせたのと同様に、教会の敵を容易に導入した。かつてまがうかたなきキリスト教の信者であった人たちが、馬鹿げて危険な迷信の恥知らずの発明者になった。暗がりを歩く癖のある人たちにとって、案内人は盲目だと分かっていても、大した妨げにはならない。誤解され命令に服さない素朴な信仰は、高級芸術と人類の最も試練を経た知恵を拒絶する口実となった。しかるに、学識ある不信心者は離れて立っていて、敵対者たちの遺恨と誤謬から結論を引き出した。そして、それぞれが相手に対して主張するすべてを信じて、優越した人間味のある微笑をする。それは聖ヒエロニムス（カトリック学僧でラテン語訳

『聖書』完成者――訳者）の遺灰を、アルプスを渡る風が漂わせ、チャールズ王（ピューリタン革命で処刑――訳者）の血をイングランドの埃が呑み込むのをそれぞれが見守るように微笑する。

すべてのこうした弊害は、もちろん異教の著者の研究の復興[40]とはまったく離れて独立していた。だが、異教の復興[41]は、キリスト教への信仰心がすでに弱って、分裂したのを知った別の時代に理解されるよりも、実際は十倍も大きな影響を与えていた。その復興の結果、万人は事物よりも言葉に注意を向けた。なぜなら、中世の言語は退廃していたので、あらゆる学問を志す者が、第一の目的とすべきは、自分の様式を純化することと理解するに至ったからである。こうして、言葉の研究も形態の研究も両方の研究共に様式の研究として第一に重要になった。その時代に知性といえば、半分は、文法、論理学、倫理学、修辞学の卑しい学問になっていて、それに没頭した。人びとの骨身を惜しまない努力にまったく値しない研究なので、必然的にそうした骨折りに携わる人たちが高度な思想や高尚な情緒を生み出すことが出来なくなった。哲学の軽蔑すべき傾向の証拠も、偉大な詩人の作品につけた文法家の注釈も繰り返し読む必要はない。論理学は推論能力のある人には不必要であるし、右足を出して左足を順序良く出す手助けをする機械が歩行困難な人に役立つように、論理学は推論出来ない人には役立つ。修辞学の研究は、騙し騙された人たちには排他的研究となる。心に真実を抱いている人は、口で説得できないことを恐れるには及ばない。あるいは、もし彼がそれを恐れるなら、不正直の卑しい修辞学が真実を聞くことを出来なくしているからである。

これらの学問の研究は、当然ながら、人びとを浅はかで不正直にする。しかし、これらの研究は、宗教について聖書の見方において、特別に致命的な影響を及ぼす。キリストの教えが修辞的でないことは分かっている。聖パオロの教えは論理的でなく、新約聖書のギリシャ語は文法通りにはなっていない。厳しい真実、深遠な情念、性急な句切りが飛躍する文章で聞き手がその間を埋め合わせる間隙を残していて、比較的ヘブライ語風で単純な慣用語法は、句や三段論法を学んだ者にとっては、魅力は見出せない。その時代の主な知識は、その時代の宗教にとって主な躓きの石の一つになった。

しかし、こんな風に足留めを食らい、正道から外れたのは、文法家や論理家だけではなかった。彼らの場合、むしろ損失は少なかった。古典の優秀性を真に正しく評価することが出来た人たちは、他の分野の研究から彼らを引き上げさせた熱情の激流によって、運ばれて行った[42]。キリスト教は形式の問題と公言されていたが、聖書も教父たちの著作もそれらを熟読する時間が残されなかったし、いわんや、それらを受容する心のゆとりもなかった。人間の精神はある程度以上の称賛や敬意を受容出来ず、ローマ詩人ホラティウスに与えられたものはダヴィデ（ペリシテ人の巨人を投石器で打ち殺した）から差し引かれる[43]。

すべての主題の中で、宗教は心情や思考力の中での副次的な位置に耐えられない。宗教の研究をだらけた態度で時折やるようでは、必ず誤謬や不信心に至る。他方、心から称賛し絶え間なく観想する者は、そのうち信仰へと近づくだろう。そして、異教神話体系が、監視の目の行き届かないキリスト教思想の衰弱した人間精神に徐々に位置を占め始めた。人びとは実は公然とユーピテル

（ローマ神話の主神）に犠牲を捧げ、ダイアナ（ローマ神話の月神）に銀製の祠を建立することこそなかったが、異教思想はそれでもどんな時代でも人びとの間に滲透して生き生きと存在するようになった。そして、異教のイメージが信じられようと信じられまいと、真の宗教の力に関して、それは少しも問題にならなかった。一六世紀の学徒は稲妻が東から西へ走れば、まずユーピテルを想いこそすれ、キリストを想起しなかった。また、月が輝いて天空を渡るなら、学徒はダイアナを想いこそすれ、天で忠実な証言者として永久に確立した王座を想起しなかった。学徒の心が密かに誘惑されても、こういう風に学徒は天上の神を否認した(44)。

そして、実際に公認のキリスト教と、愛される異教の二重の教義は、異教自体より悪い。その教義によって感化されると実際的な信仰を拒絶したからである。一神を想像し、何も恐れずに一生涯を通していくよりも、ダイアナとユーピテルを崇敬する方がよかっただろう。永遠の偉大な海辺に立って、波の上に神を見ず、水平線にも天国を見ないよりは、ぼろぼろに古びた教養を乳房として育った一人の異教徒である方が千倍もよいのだ。

古典に対する熱情のもたらしたこの致命的結果は、諸芸術の力が人びとを誤導することで促進され高揚された。その時代の想像力は、異教それ自体の目的を積極的に実現するために注がれた。その時期まで信仰の役に立つように用いられた、人間の最も高揚した能力のすべてが、今は創作の役に立つように変換された。固定された意図の下で、確信した信仰に基づいて、あくせくと努力することによって、犠牲に耐えて強くなった創意ある才能が、今や首につけられた手綱によって馬が駆り立てられるように、熱情によって駆り立てられた。そして、すべての事実の基盤は根源から切り離された。以前には、人びとが真実を理解するのを助けた想像力が、今や人びとを誘惑して虚偽を信じるようにさせた。能力自体がみずからに反逆して消耗した。能力は一滴ずつ壺の底に落ち、ラファエロが使徒たちや預言者たちを描けるように、天から派遣され霊感を与えられた彼はアポロと詩神の足元に力なくへたり込んだ。

しかし、これがすべてではなかった。架空話の主題をもとに想像力という天与の才能を用いる習慣は、もちろん真実の根拠に用いられた想像力の名誉と価値を破壊した。ユーピテルとメルクリウス（ローマ神話の商業の神）が具体化され信じられるに正比例して、聖処女と聖天使は、見る者の心に一つの平均的な位置を徐々にとり始めた。そして、『イーリアス』や「出エジプト記」に由来する出来事は、信じられる出来事と同程度の範囲内に入り始めた。さらに、信仰の支えがないために想像の能力が日々生気が乏しくなり、芸術家の手練の技巧と学識は増大するばかりだった。これらがある点に達すると、それらは絵画の中で考えられる主要な事柄となり、絵画のストーリーや場面はそれらの技巧や学識を見せるためのテーマとしてしか考えられなくなった。昔、人びとは信仰心を高めるために絵画の力を用いた。後代になって人びとは絵画の力を示すために信仰の対象を用いた。両者の相違は大きく、差異は縮められず、計り知れない。かくして、芸術家の技巧が巧みになればそれだけ、彼の主題は重視されなくなった。人びとの手捌きが柔らかになると、彼の心情は固くなった。そして遂に神聖なのか、冒瀆的なのか分からなくなり、あるいは官能的な主題が色彩と仕上げを示すために用いられ、それもまったく淡々と無表情に描かれるという域に達した。すると、徐々にヨーロッパの精神は完全な無神経の状態にまで凝固してゆき、もしそれが目撃されなければ、想像もつかなかったし、もしそれに感染した私たちによるのでなければ、赦されるはずがなかった。この無神経ぶりによって聖母マリアとアフロディーテが美術館で並べ置かれ、彼らの手捌きの様式の同様な無感動な研究によって、酒神バッカスの信徒から次にキリスト降誕の場面に移行するようにさせたのである。

さて、この悪弊のすべては古典に対する熱情の必然的で当然な成り行きであったし、それも人徳のある精神に対して芸術家の単なる学識を楽しむ気持ちの働きかけであろう。しかし、この働きかけは贅沢によって弱体化し、さらに彼ら自身の極めて卑しい本能によって、すべての宗教的信条が忘却か否定かに追いやられた精神に対して行われた。異教徒の天才によって掘り崩された信仰は、キリスト教徒の犯罪によって決定的に転覆され、学識愛好から始まった破滅への道は、官能によって完成した。異教に表われる神性的人物の性格は、それらの形態が時代の人びとの趣味にとって快適であるように、その時代の様式に適切であった。異教は再び実際的にヨーロッパの宗教になった。言い換えれば、文明世界はこの瞬間に、ちょうど二世紀に異教の状態の共同体になったように、共同体になったのである。要するに、小集団の信者たちは、当時不信心者たちの中にあってキリスト教会を代表していたように、今は異教の信者たちがヨーロッパの宗教を代表したのである。しかし、相違は確かにある。すなわち、二世紀と一九世紀の間の致命的な相違がある。それは異教徒が名目上でも当世風でも、キリスト教徒であって、両者の間には信仰上のあらゆる多様性と相違が考えられるということである。その結果、躊躇する信仰心と挫折した実践が変化して不信心になる点を理論的に指摘するのは、極めて困難なだけでなく、隣人の宗教的見解へはあまり深入りしないのが礼儀の要点である。さらに、その結果、信仰上の信条への綿密な調査を放棄したために外的形態を侵害したと言って感情を害する人もいない。事実、私たちは相互に疑い、自分自身をも疑っているから、この問題を進展させようとしない。もし一般的な心の交流の機会があって、私たちが隣人に向かい、彼を探り試すような質問をすれば、十中八九は彼自身は正しいと思っているが、彼が勝手な方法のキリスト教徒であることが判明する。また、彼が身に危険はないが疑われていることを知っている場合に、疑い深い質問事項を投げかけられることも知っている。実際には、臆病で不信心なことが、私たちの「慈悲」を招く。そして、人びとの正確な信仰のために、彼らの悪しき業を時には赦すことを慈悲の一部と見なし、彼らの称賛すべき修行のために、彼らの明白な異端を許すことも慈悲の一部と見なす。慈悲、謙虚、真摯な信仰という隠れ蓑に隠れて、他人によってみずからも疑わない世界がキリスト教徒の小集団を圧倒的に牛耳り、彼ら信徒のために理屈をこねて道徳を造り上げる。もちろん大いに慈悲深く団結によってその世界は外圧を阻むとしても、ほとんど同程度にキリスト教の誠実さと実際的能力は掘り崩される。その結果、遂に管理が民族宗教の真正さの主要な試金石と見なされてよい制度——教育に捧げられた制度——において、異教体系は完全に勝ち誇った。いわゆるキリスト教世界の社会全体が、若者のための教育の体制を確立した。その体制では、キリストの教会史も神の法令の言語も、最も重要性の少ない研究と見なされた。この体制で、人間の研究のすべての学科の中で若者自身の宗教が、若者の無知によって安易に赦される学科[45]となった。また、若者がラテン語の詩文を正確に迅速に書く限り、彼が毎日虚言を吐き、道楽に耽り、神を冒瀆する罪を犯すのは軽い問題と考えられた。

さらに、数年後になると、私たちは悪夢から醒めるように、すべてのこれらの誤謬から醒めて驚愕する。というのは、悪夢とも言うべき狂気の最中に神の恩寵が降りて、私たちの信仰心はイギリス国民の中に鉄と真鍮で縛り付けた積極的で熱心なキリスト教の隠れた根っこによって、温存されてきたからである。しかし、ヴェネツィア人たちにおいては、それらの根っこ自体が枯れていったし、彼らの古代宗教の宮殿から、彼らの誇りが彼らを野獣の放牧地へと希望を奪って追いやった。誇りから不信心へ、不信心から破廉恥で飽くこと知らぬ快楽の追求へ、さらにここから回復不能な堕落へと、これらの変遷は、流れ星のように迅速であった。ヴェネツィアの高慢ちきな貴族の大宮殿は、それらの土台のはるか上方に聳え立つ前に、神罰の貧困という寒風が吹き荒れて完成を阻止した。強大な柱身の未完の断片の上に生えた野草が、神なき人民の霊力が初めて「こちらへ汝が来る」を聞いた潮水標の直ぐ近くで招いている。人民が虚しく信じた再生——すべての芸術とすべての知識とすべての希望の（人民がそう考えた）新生と夜明けのことであるが——は、彼らにとっては、エゼキエルがイスラエルの丘の上で見た夜明けのようである。

「見たまえ。その日の始まりが来た。杖に花咲き、傲慢が芽生えた。邪悪な杖には暴力が生じる。

大衆は誰も残りはしない。買い手を喜ばせるな。売り手を嘆かせるな。怒りはすべからく大衆すべてに降りかかるのだから」（「エゼキエル書」七章一〇―一四章）。

注

（1）ラスキンは「左右隣は三階建て」と書いたが、記憶違いか、その後右隣の邸は、増築したかであろう。
（2）一四一〇年代にポッジョによって発見されたウィトルウィウスの稿本が影響した。
（3）内藤訳『ヴェネツィアの石』（法藏館）第二部六章に所収。
（4）入口の日本の鴨居のような部分に据える横梁材。
（5）〔原注〕パッラーディオ（人名録参照）の作品ではけっして克服されていない。
（6）〔原注〕もっと簡潔に述べると、科学は事実を扱い、芸術は現象を扱う。科学にとって、現象は、事実に導いてくれる限りにおいてだけ、役立つ。芸術にとって、事実は、現象に導いてくれる限りにおいて、役立つ。ここで「マニュファクチュア」という用語を用いたい。
（7）〔原注〕画家は聖バーナード（St. Bernard, 1090?–1153）フランス語では聖ベルナール
（8）〔原注〕社会はいつも芸術家に破壊的影響力を及ぼす。第一に彼の未発達の能力に同情して、第二に彼が背伸びして描いた才能についての冷淡な無理解によって、第三に彼の時間と思索を無駄に浪費することによってである。もちろん才能ある画家は公衆の中にいる。友人ではなく、見守る人としてであるべきだ。
（9）二一世紀になると、相対性原理を持ち出すまでもなく、一九世紀で遠近法の誤謬を見抜いたラスキンの慧眼に脱帽である。光の性質についてこの当時の科学より深く洞察されている。
（10）プロテスタント「カルヴィン派」の一部で、フランス革命によって、カトリック教徒と同じ権利を得た。
（11）〔原注〕ここで現代芸術の衰退の原因のかなりの部分となってきた解剖学という特別の領域を考察し始

めた。これはこの問題をより良く扱える著者によって先を越された。私は彼の著書を通し読みしただけである。そこには私の嫌いな精神があり、誤りもある。

(12) 構想は内藤の訳語。ギリシャ語 θεωρια (Theoria) のことで、アリストテレスの『ニコマコス倫理学』(ニコマコスは哲学者の息子で父の教えを後世に伝えた) からとった。

(13) 前出の注でも、巻末人名録でも述べている。稿本のポッジョによる発見は、一四一五—一七年頃で同時期にルクレティウス (Lucretius, c. 99-55B.C.) という詩人・哲学者の『物の本性について』が発見され、エピクロス (Epicurus) やデモクリトス (Democritus) と共に後世に影響を与えた。

(14) 〔原注〕チャートン (Churton)『初期の英国教会 (Early English Church)』London, 1840

(15) 〔原注〕ラテン語原文省略。著者はテキスト通りを意図している。さもなくばこの比喩は効力がないからだ。

(16) 〔原注〕石の大きさへの言及は、豪華な見せびらかしのための仕上げと光沢の見事さであることに注目せよ。荘厳のための粗野な大きさではない。『建築の七燈』三章§五、六、八。

(17) 「政治的措置」というのは、「大評議会閉鎖」が行われ、旧貴族によって政権が牛耳られたことを指す。これへの抵抗が、さらに追い打ちをかけて「十人委員会」と「ゾンタ」(追加の意味) によってすべての国民が監視された。

(18) ジャーコモは、イタリア語で Giacomo, ヤコポは、Iacopo となる。聖書の人名。

(19) 〔原注〕カン・グランデは一三二九年に没した。墓廟建立開始は没後五年も経っていない。

(20) ダンドロ家はエンリーコ・ダンドロが総督として、盲目であったが、コンスタンチノープルに上陸、十字軍を叱咤激励して、占領した。ダンドロ家は四人の総督を出した名門。

(21) ドイツのバルバロッサ・フレデリック一世は神聖ローマ皇帝でもあった。

(22) 〔原注〕サンソヴィーノ、著作集 xiii. 建築家ヤコポ・サンソヴィーノの息子が著作家であった。

(23) エンリーコ・ダンドロ総督が十字軍を事実上指揮し、勝利した功績が認められた。
(24) 〔原注〕『テントリーノ著作集』vi. 142., i. 157.（フィレンツェで出版もしたテントリーノか――訳者）
(25) ピサは墓石を発達させたし、現在も展示されているので有名。
(26) サン・マルコ財務官は遺産相続を国家として執行し、総督に次ぐ第二位の地位であった。
(27) 司法長官は、総督に対しても斬首の刑を執行出来る権限をもっていた。
(28) この時期に、国民への監視体制が強化され、ファリエーロ総督でさえ国家反逆罪によって斬首の刑に処せられた。芸術への影響がなかったとは言えない。
(29) 巻末付録Ｖ「ミケーレ・モロジーニ総督の性格」参照。
(30) 『ヴェネツィアの石』序章に出て来るテュロスはレバノン南部古代都市で現代名「ティール」。
(31) 人間の成長と死の原則という時間の鉄則のことを示すと考えられる。
(32) ラスキンは福音主義の家庭に育ったが、オックスフォード大学入学時にはアングロ・カトリックとも高教会派とも言われる教授たちによる宗教改革（オックスフォード運動）の時期だった。その影響がある。
(33) 古典の模範の排他的研究が、ルネサンス運動の熱情を駆り立てた。
(34) 〔原注〕ラテン語原文を引用している。
(35) 『ハムレット』の登場人物で、オフィーリアの父で、道化的おべっか使い。
(36) 〔原注〕『建築の七燈』七章§三と比較。
(37) 〔原注〕本書第四章（結論）の「霊感」についての所見を見よ。
(38) 〔原注〕ギリシャという様式の区別によって分離された様式である。柱頭が支える力を考えると――ずっと以前から言われてきたように――すべての様式は二つに属する。植物が単子葉植物と双子葉植物の二大クラスに属するように。
(39) 「ローマ教」は、ローマに本山があるカトリック教のこと。ラスキンはあえて、「ローマ教」と言う。イギリスでは、「アングロ・カトリック」という派があって、高教会派と言われ、T・S・エリオットのような詩人やオックスフォード運動の改革派であった教授たちには、この派の人たちが多かった。ラスキンはこの運動が権力によって抑圧され、不完全に終わる前にオックスフォードに在学していた。現在のオックスフォードは、こういう伝統の上に立っている。ラスキンは、家庭は高教会派ではないが、影響を受け、「ローマ教」という語が自然に出てきたのであろう。

(40) ルクレティウスやウィトルウィウスの稿本発見などが研究を促進した。

(41) ギリシャ・ローマの古典の復興のことである。

(42) キリスト教の研究よりもギリシャ・ローマ古典研究の方へ研究対象が変わって、ルネサンス（古典復興の意）の熱情が風潮として時代を支配した。

(43) ローマ皇帝の下で芸術の保護政策が行われ桂冠詩人になった詩人と、ペリシテ人侵略の折に敵の巨人を倒したもののサウル王から命を狙われていた勇者の差、すなわちいずれも称賛されたが、ダヴィデは王の妬みから命を奪われそうだった。

(44) 〔原注〕旧約「ヨブ記」三一章二六—二八節、同「詩編」八九章三七節。

(45) 〔原注〕オックスフォードで、学位のことで権威の一人に、「私は使徒の書簡を読む時間がない」と言いに行ったところ、私は、「使徒の書簡はそれぞれ個別の学問であって、そんなことに私が煩わされるには及ばない」と言われた。

三章　グロテスク・ルネサンス

前章の終わりにおいて、ヴェネツィアの衰退期には、ヴェネツィア人たちのモラル気質は、「誇り」から「不信心」へ、「不信心」から「不節制な快楽の追求」へと変化したことを指摘した。ヴェネツィア共和国の最後の数年間に、貴族と人民ともどもの精神は、放縦気ままな快楽の手段の獲得にもっぱら費やされたように思われる。誇りをもつほどの力強さもなく、野心を抱くほどの深慮もなかった。国有財産は一つずつ敵に譲渡された。貿易のルートは一つずつみずからの怠惰によって棄てられたり、精力的な競争相手によって取って代わられたりして、ヴェネツィアは地中海貿易圏から締め出された。この国の時間や財力や思想は、感覚を麻痺させたり、後悔の念を休眠させたり、破滅から目を逸らすためのファンタスティックな高価な快楽の発明にもっぱら占められていた。

この時期にヴェネツィアで建てられたのは、人びとの手になる最悪で最も卑しい建築物の部類である。酔っ払いの口汚い罵声を石に彫り恒久化したも同然の建築であって、歪曲された奇怪な彫刻に力を使い果たした建築物である。特に獣的な嘲りと、尊大な態度による風刺に特徴がある。そのような時期とそのような作品について詳述することは苦痛であるから、最初私はそのつもりはなかった。しかし、ルネサンス精神の全体は、それが究極の到達点まで追究されなくては理解できないと思った。それに、私がグロテスク・ルネサンスと呼ぶ、この特殊な風刺の精神の研究から、多くの極めて興味深い問題が生じることも分かった。そのような精神が際立っているのは、この時期だけではないからである。ゴシック時代の最も高尚な作品においてですら、止むことのない、軽率で時には猥褻な風刺がある。それゆえ、グロテスクそのものの性質と本質を調査することは、最重要な事柄なのである。また、想像力の飛翔を伴う芸術的風刺が、最悪の堕落した風刺とどの点で異なるかを確認することも重要なのである。

　私たちが研究を始める最適の場所は、ヴェネツィア史で有名な場所、すなわちサンタ・マリア・フォルモサ教会前の地所であり、そこはリアルトとサン・マルコ地区の背後にあって、ヴェネツィアの花嫁の感動的な、そして本当の話と信じられ、旅行者の関心を最も引きつけている伝説——「海賊が、集団結婚式直前の花嫁と彼女たちの携えた持参金入り小箱を狙って、花嫁たちをサン・ピエトロ・ディ・カステッロ寺院に監禁し捕囚としたが、鞄職人組合員たちがこの海賊どもを撃退し、花嫁も小箱も取り戻した」という伝説——が、ヴェネツィア史では長々と述べられ、遂には誰にも追随できないほど巧みな表現をもって、詩人ロジャーズによって語られた処である。それゆえ、読者が想起すればよい事実は、花嫁たちが、サン・ピエトロ・ディ・カステッロ寺院に囚われたことである。実は、サンタ・マリア・フォルモサ教会がこの伝説と関連があるのは、毎年年頃の乙女たちが、彼女たちの祖先の花嫁たちが解放された記念日に、この教会（フォルモサ教会）にお祈りに訪れるという行事だけであって、直接当時の事件とは関係がないのである。花嫁たちが救出された感謝の祈禱が、聖処女マリアに捧げられたのは、当時のヴェネツィアではこの教会だけであった。サン・ピエトロ・ディ・カステッロ寺院も、サンタ・マリア・フォルモサ教会も、今は昔の石造建築ではなくなっている。後者の再建された建物からは、一つの教訓が導き出せるかもしれない。その教訓は、もし最初に述べるとしたら破壊された教会に伝えられた歴史の序文になる。

名誉ある言い伝えがあるのだが、それについての記録はなくて、その最初の建立の伝説を失って私は残念でならない。ウデルゾの司教はロンバルディア人によって司教職から追い出されて、祈禱中に聖母マリアを見た。彼女は彼に命じたという。

「白雲が停止した処を見たら、そこに自分のための教会を建てなさい」と。

外に出ると、白雲が彼の前に来て停止した。そこに彼は教会を建立し、それをサンタ・マリア・フォルモサ教会と名づけた。名の由来は、聖マリアが幻視に現われた姿の美しさにある。（「フォルモサ」は「美しい」の意味である――訳者）

その教会は六三四年に創建され、二世紀の間だけ立っていた。その後八六四年に再建され、約五〇年後に多様な遺物の建造物や装飾で豊かに飾られた。遺物は主として聖ニコデムスの聖遺物であって、その聖遺物とフォルモサ教会が一一〇五年の大火によって破壊された時、人びとは大いに悲しんだ。

その後教会は、「壮麗な形式」で、サン・マルコ大聖堂の内陣の建築に大いに似せて、コルネール[1]によって建てられた。だが、それが現今の状態になる時期について、私が得た情報は数少なく、しかも矛盾している。

かくして、コルネールは語る。

「この教会はサン・マルコ大聖堂に似ており、四世紀以上も手を加えられず、一六八九年になって、(今回は大火ではなく)地震によって倒壊し、富裕な商人チューリン・トローニの敬虔な念から最も装飾された形式で復興された。再興された教会のさらなる美しさのために、新教会は新しく二つの大理石からなる正面を加えた」。この情報と「教会付属小礼拝所の神父」の情報は一致する。ただし、この神父はより早く一一七五年を再建の日付として、バルベッタという名の建築家が建立したとしている。しかし、いつも正確なクワドリという人の案内略記には、「バルベッタは一四世紀に再建した」とされ、さらにコルネールによって大いに称賛された二つの正面のうち、一方は一六世紀で建築家は不詳、教会のその他の部分は一七世紀に、「サンソヴィーノの様式で[2]」建立されたとしている。

これらの矛盾相剋する説明を調べたり調和させたりする暇はない。読者が知るべきすべては、儀式が行われた教会のあらゆる痕跡が一六八九年までに破壊され、一四世紀終わり頃廃止された儀式それ自体は、サン・マルコ大聖堂に似た古い教会で行われていたと考えられて当然ということである。その古い教会はその時期まで存在していた（クワドリ説）。それゆえ、私は読者の心を暫らくこの地所の前の時代の側面と後の時代の側面との対照に向けようと思う。前の時代とは、それがビザンティン様式教会を有し、総督と花嫁たちの行列が毎年行われた時期のことである。後の時代とは、それが「サンソヴィーノの様式」のルネサンス様式教会を有し、その毎年の名誉ある儀式が廃止されつつあった時期である。

　まず初期のヴェネツィア人たちの重要な習慣について少し考察してみよう。その習慣が九四三年の攻撃のきっかけと救出[3]をもたらしたからである。その頃、みなが楽しめるように、ヴェネツィア国家全体で一年のうち一日を貴族たちの結婚式の日と決めた。彼らの子どもたちの縁組による同盟をその日に見ることで、貴族全体が団結し総督以下が祭壇の前で泣きながら参列者が一つになり、融け合い祈禱するのである。その記念日には、貴族の家柄だけでなく、どんな家柄の家にも幸福がもたらされる日として、国中に共感が溢れるほどに高まった。貴族たちの間で神聖視された強い同胞愛の絆を想像してみたまえ。そして、国中の若者たちの精神に及ぼす影響を考えてみたまえ。全人民が結婚式を厳粛に目撃するという、たぐい稀な制度について考えてみたまえ。その配慮と寛大さは、彼らの思想に植え付けられた高邁で自己犠牲的な精神を基とする。それは略奪結婚の正反対である。それは神と人が証人と考えられ、あらゆる眼がその目撃のために呼び出され、あらゆる舌がその祈禱のために呼び出される結婚であった。

　後代の歴史家は結婚式当日の盛観な様子を詳述して楽しんだが、歴史家の叙述が見事だからといって、そこに権威があるとは思えない。比較的古い年代記には、花嫁の宝石や衣裳について一言も書かれていないので、その盛儀は通常考えられている以上に平穏で慎ましかったと信じている。その盛儀のありきたりの説明に色を添える唯一の文章はサンソヴィーノ(4)の文章である。それには、当時の壮麗な花嫁衣裳はいにしえの慣習(5)に基づいていた、と書かれている。その他の点では、儀式の細目は非常に簡素であった。花嫁はそれぞれが持参金を入れた小箱を携えていた。彼女らはまずサン・ピエトロ・ディ・カステッロ寺院へ行き、花婿たちを待った。花婿たちがやって来ると、彼女らはミサに参列し、司教が説教をして彼女らを祝福した。そこで、花婿はそれぞれが花嫁と持参金を一緒に受け取り、花嫁を家へと送って行った。

海賊の攻撃を報せる警報が、すべての結婚式を一日でとり行う習慣に止めを刺したようである。しかし、この制度の主要な目的は、貴族の全家柄の結婚に与えられた完全な公開性によって達成された。花婿は婚約の祝辞を受けるためにドゥカーレ宮殿（総督官邸）の中庭に立ち、貴族全体が結婚式に参列し、「わが事として幸運に出会ったかのように」喜んだ。「なぜなら、国家の定めによって、彼らは永久にまるで同一家族のように合体したからである」。九四三年以後の二月二日の祝祭は、海賊からの花嫁の解放を記念するためだけに遵守され、もはや公開の婚約のために、この日を取っておくことはしなくなった。

この記念の祝祭を維持するさまざまな方法を説明したり、不正確な説明を見分けたりするのは困難を極める。まず私は一般受けしているサンソヴィーノの説明を示し、それからその反対の説明の重要な点を指摘しておこう。

サンソヴィーノの説明では、海賊追跡の成功は、サンタ・マリア・フォルモサ教会教区の人たち――大抵は鞄職人組合の人たち――の迅速な救助活動と激しい抵抗のおかげであり、彼らは勝利の後、総督と元老院に謁見を賜り、彼らの奉仕が酬われるようにと要請した。「善良な人たちは言った。「毎年祝祭日に総督がご夫人と貴族たちを連れて、私たちの教区に訪れることを約束してもらいとうございます」と。そこで総督は答えた。「雨の日には、どうする？」「私たちがあなた様はじめ皆さまのために帽子を差し上げます」。その後、住民の名で司教がギリシャ産の白葡萄酒二本と二個のオレンジを訪問時に総督に献呈し、さらに教皇の紋章と総督の紋章と司教の紋章の付いた金ピカの帽子を総督に二つ贈呈した。周辺の地区・教区からその祭典を見ようとやって来た住民たちのために、高貴で著名な「マリアの祭典」がかくして始まった。以下のようにしてその祝典は挙行された」。

続く説明はいささか冗長である。だが、その内容を簡潔に言うと、十二人の娘が、各地域で二人ずつ選ばれ、彼女たちの衣裳をどの地区あるいは教区が提供するかは、クジ引きで決められた。これは大変な出費だった。というのは、教区どうしが相互に競い合い、サン・マルコ大聖堂の宝物の宝石がその時のために、いわゆる「十二人の乙女」である「マリアたち」に貸し与えられたからである。金銀と宝石を身に着けて盛装した彼女たちは、ガレー船に乗ってサン・マルコ大聖堂へ総督の謁見を賜るために出かけた。総督は貴族一同と共に、サン・マルコの祭日にミサに参列すべくサン・ピエトロ・ディ・カステッロ寺院へ行き、二月二日にはサンタ・マリア・フォルモサ教会へ行き、その間の日はその都市の街路を行列して歩いて過ごした。

「そして、時には彼女たちが通るはずの場所周辺で喧嘩が始まった。なぜなら、どの市民も自分の家の傍を彼女たちに通ってもらいたいと思っていたからである」。

ほとんど同じ説明がコルネールによって述べられたが、彼は帽子やギリシャ産白葡萄酒については何も述べていない。しかしながら、これらの記録が、カッセレリの記録簿には見出せる。もちろん鞄職人たちの貢献と彼らが得た特権を見事に叙述している。古いヴェネツィア人たちのもの珍しさへの気持ちは翻訳出来ない。

「上述の鞄職人たちは、そのような勝利をもたらした人たちであり、海賊行為をしたトリエステ軍のガレー船を捕獲し、すべてのトリエステ軍を壊滅させたのは、彼らであったことを読者は知らねばならない。その当時彼らは勇敢な人たちであったからである。その勝利は二月二日すなわち聖母お清めの日(6)であった。鞄職人たちの懇願によって、ヴェネツィア国の存続する限り、総督は毎年祝祭前夜に、貴族たちと一緒に教会での晩禱礼拝へ出かけることが法令で決められた。司教は総督に二本の白葡萄酒に二個のオレンジを添えて贈呈する義務があった。それは遵守されたし、その後も続けて遵守されただろう」。

読者は一月三一日のサン・マルコの日と、二月二日の聖母お清めの祝日とをよく混同するので、よく注意して見極めてもらわねばならない。実は、古い共和国では結婚日はサン・マルコの日であって、花嫁を見つけ出すのも同日の夕方であったようである。それゆえ、サンソヴィーノが語ったように、記念祝祭はその日に始まったが、聖処女へ特別な感謝が捧げられた祭はお清めの日まで続行された。サンタ・マリア・フォルモサ教会への訪問が祝祭全体で最も重要な儀式であって、古い年代記記録者で建築総監督の息子のサンソヴィーノでさえ、混同して、勝利そのものが巡礼に指定された日に得られたと断定した。

ロジャーズ(7)の美しい詩行をよく知っている読者なら、この詩人が、花婿のみが達成したとした海賊軍撃退の成功に鞄職人の名が挙がるのを私同様に残念に思うだろう。鞄職人たちの干渉は『クェンティン・ダーワド(8)』の不満足な結論であって、老いたバラフレが甥の勝利に干渉した場合と同じく、場違いな干渉であった。鞄職人に邪魔されたわけではなかったと、私は思うが、一三七八年の年代記――年代記作家ガッリチォッリによって叙述された――では、サンタ・マリア・フォルモサ教会の信徒たち（鞄職人たち）の行動を否認しているのを知れば、読者の中に満足する人もいるだろう。その年代記にはこう書かれているからである。

「サンタ・マリア・フォルモサ教会の人たちは略奪品を奪還した人たちだそうである」と（ちなみに言うと、古い教会の年代記作家たちの多くは、花嫁を救出したことよりも、持参金の入った小箱を奪還したことの方を、祝賀すべき慶事と考えたようである）。「そして、その報酬としては総督と貴族たちにサンタ・マリア・フォルモサ教会を訪問するように要請した。しかし、これは偽りである。その教会への訪問は、侵略して来たトリエステ軍をその日に撃退したからであり、この教会はその当時、聖処女の儀式を記念したヴェネツィア唯一の教会だったからである」。

しかし、その日付には誤りがある。さらに、もし私たちが鞄職人を厄介払いできるとしても、オレンジと帽子の儀式の由来をどう説明したらよいのだろうか。この儀式の説明は真実に思われるからである。しかしながら、読者が鞄職人の代わりに大工、家屋建築職人をもってきたいならば、そうするのも仕方ないかもしれないが、勝利の記念の慶事にこうした職人たちの団体がまったく加わらなくてもよかったに違いない。

この慶事の起源となった特殊な事情にどんな疑惑があるとしても、それ以後四世紀間、有名であった祝祭それ自体の華やかさについては疑いはない。各町内に委託された「マリアたち」の衣裳には、どの教区内でも、どの地域でも八〇〇から一〇〇〇ゼッキーニ[9]を費やしたが、一二人の「マリアたち」が幾つの教区あるいは地域に割り当てられたかは分からない。残っている説明の多くは、その祝祭挙行の後半の時期に言及していると考えてよい。一一世紀の初期に、善良なピエトロ・オルセオロ四世は遺書に、「マリア祝祭」のために彼の全財産の三分の一を残すと明記した。一四世紀になると、多くの人たちがイタリア全土から祝祭を観るために訪れ、警察の特別規制が布かれ、十人委員会[10]がこの祝典挙行前に二度も召集された。その出費は一三七八年まで増大を続け、この年になると、共和国の全財産はキオッジャ（ヴェネツィアのすぐ隣の都市）の恐ろしい戦い[11]のために必要とされ、すべての祝祭はその戦いの間中止された。戦争には勝ったが、結果としてヴェネツィア市民たちに祝祭を昔のように続ける力や気分はもはや残っていなかった。彼らは華やかさを減らして祝典を挙行するのを恥辱と考えたようで、結局この祝祭は全面廃止となった。

その祝祭の記憶をすっかり排除するかのように、祝祭と関連のある周辺の見所はそれ以後毎年のように相次いで破壊された。「マリアたち」の祝祭が見られた窓のある家は、サンタ・マリア・フォルモサ教会広場には一軒も残っていない。人びとが礼拝した教会の石一つも残っていないし、その教会の地所の形態も、その近隣の運河の方向も変化している。かつて白雲が停止し、祠が美しい聖マリアのために建立された場所に旅行者の足取りを導く目印は今では一つしかない。

その地点はやはり巡礼に値する。なぜなら、痛ましい教訓であっても、旅行者はそこに立てば、教訓を受け入れるだろうからである。まず旅行者の心を古い祝祭の美しいイメージで満たし、ヴェネツィアの娘たちが毎年高尚な殿方と共に跪く場所に建てられた近代的教会の塔[12]――これが目印だが――を探させるがよい。やはり聖マリアに捧げられた、その塔の土台に彫られた頭像を眺めさせるがよい。

頭像――巨大で非人間的で奇怪な像――は、凶暴な堕落した姿をした、やぶ睨みの悪い像であって、絵にも描けず、叙述も出来ないほど醜く、じっと直視出来ないほどである。だが、暫し耐えてもらいたい。その頭像はヴェネツィアがその衰退の第四期に身を持ち崩した悪い精神を典型化したものである。この地点でその恐怖を十分に見て感じて、その都市の美にどんな悪疫が襲い汚したかを知り、サンタ・マリア・フォルモサ教会の古い地所から立ち昇った白雲のように、その悪疫が立ち消えたことを知ることは結構なことである。

この頭像は、その都市の最新の建物を辱める何百もの像の一つであって、大抵の場合、舌を突き出して冷笑的な嘲りの表情を表わす点で、それらの建築物すべてが大なり小なり似かよって呼応している。これらの頭像は橋上で見られることが多く、それらの橋は共和国によって企画された最後の作品に含まれ、例えば、「溜息橋」のようなのも幾つかある。それらは獣的な悪を凝視して楽しむ実例であり、人間精神が堕落した最も絶望的な状態である低級な皮肉（サーカズム）の表現を楽しむ証拠でもある。白痴的嘲笑のこの精神は、ルネサンス最終期の最も著しい特徴であって、その彫刻にこのように付与された特質の結果、その特徴を私は「グロテスク」と呼ぶのである。しかし、この卑しいグロテスクと、ファンタスティックな想像力の壮麗な局面――上述したように、北方ゴシック精神の主要な要素の一つとして注目されたが――との相違を識別することが、私たちの直接の課題でなければならないし、極めて興味ある課題となるであろう。これは単に興味ある推測の問題ではない。真正のグロテスクと虚偽のグロテスクの間の区別は、現代イギリス精神の進むべき方向にとって必要な区別であり、読者がこの問題の考察に本書において進展を見るまで、ほとんど予想できないだろうが、重視すべき区別である。

だが、私は最近のヴェネツィア建築の一つの特異性に注目せざるを得ない。その特異性は、私たちの探究の主題である精神の真の特質を理解するのに実質的に手助けとなるであろう。この特異性は本当に際立っていて、サンタ・マリア・フォルモサ教会の正面（ファサード）にその例が見られる。その正面の脇に今注目したグロテスクな頭像が置かれている。作者不詳のこの正面は、四本のコリント風付け柱に支えられたペジメントから出来ていて、あらゆる宗教的シンボル、彫刻、刻銘がまったく欠けていたヴェネツィア最古の正面である。それも、ペジメントの中央に彫られた盾の上の枢機卿の帽子が宗教的シンボルと言えるもので、これがなければシンボルはまったく無いと言ってよい。

正面全体はヴィチェンツォ・カッペッロ提督に捧げられた記念碑にほかならない。二つの銘板が嵌められ、一つは側柱の間にあり、提督の行動と名誉の功績を記録している。教会の礎石の上のスペースに二つの円形のトロフィーがあって、その図柄は矛槍、矢、旗、三叉槍、鎧、長槍から構成されている。彫刻は聖職者的な観点でも軍事的観点でも無価値なものである。ローマ人の紋章の形態からすべて模写されたけれども、それらの彫刻はその時期の服装についての情報を得るための参考にはならない。「野蛮な」サン・マルコ大聖堂でキリスト像が占めている地点において、その正面の主要な装飾として扉上方にローマ式軍装をしたヴィチェンツォ・カッペッロ提督の彫像が置かれている。彼は一五四二年に死去している。それゆえ、ヴェネツィアで教会が神の栄光のためでなく、まず人間の栄光のために建立された時期は、一六世紀後半と決定できる。

全聖書史を通して、一番注目すべきなのは、虚栄の罪を罰と厳密に結びつけていることである。他の罪はどれもそのままに放置され、それも明確な懲らしめもなく、長々と放置されている。しかし、神の忘却と人間による名誉の要求——自己自身へ属する名誉を要求する——は、ヘゼキアであれネブカドネザルであれヘロデであれ[13]、恐るべき懲罰が即座に降りかかっている。ヴェネツィア没落の第一の理由は、そのような精神の表明であることを私たちはすでに見た。その精神がここで明確に表明されるのを観察するのは、極めて注目すべき事柄である。未来の長きにわたって、その教訓を見落とすことは出来ないと定められているかのようである。

ヴィチェンツォ・カッペッロの行動を記録した長い刻銘文において、宗教感情が残存するような偽装を示したり、神聖な力を形式上であれ承認する表現が現われていることは多少は予想出来たかもしれない。しかし、そこには何もない。神の名も現われない。聖マルコの名は、カッペッロが教会の庶務担当修道士であったという文の中にのみ見出される。故人の信仰や希望に触れた言葉は一つもない。超自然の力へ言及した唯一の文は、カッペッロ提督が成就したであろう業績の説明のくだりで、「運命」という異教の言葉の下で言及されているだけである。

「もし運命がキリスト教徒たちに対する反対を禁じなかったならば」（原文ラテン語[14]）この文意に当時の人びとの精神状態の異教の「運命」への卑屈さが顕われているとしたら、彼らの建築の構想の中に老衰の直接的な兆候を見ても驚かないだろう。この時期に建立された教会は、非常にみっともなく卑しいので、現代のイタリアの批評家でさえ――イタリアの芸術の真の（退廃の）原因には盲目だったとしても、その芸術の現実の状態には、一部は目覚めていたのだが――、ルネサンス建築者たちのこれらの最後の努力に非難の言葉を浴びせ尽くした。これら建築者たちの尊大な無神論の表明のためにヴェネツィアで最も著名な教会と言われているサン・モイゼとサンタ・マリア・ゾベニーゴの二教会は、ラザーニによって特徴を指摘された。一方は、「建築上の愚行の頂点」であり、他方は、「恐ろしいほどの多量なイストリア産石材」が用いられた例であり、これ以上ないほどの軽蔑の表現を加えられている。

これらの両方の教会は、サンタ・マリア・フォルモサ教会訪問の後、なるべく読者に訪れてもらいたい教会である。そうすれば、両方の教会が、宗教的シンボルがまったく欠如していて二つのヴェネツィアの家柄に捧げられたという点で、フォルモサ教会と一致することに気づくだろう。サン・モイゼ教会では、ヴィチェンツィオ・フィニィ（サン・モイゼ教会にはフィニィ家の他の人の墓碑もあるところから教会への有力な寄進者の一人）の胸像が中央扉の上の高くて幅の狭いピラミッドに置かれていて、そこには次のような驚異的な刻銘が彫られている。

ヴィチェンツィオ・フィニィはすべての徳行の絶頂まで登りつめた

この原文の翻訳は極めて難しい。「絶頂」にはその一般的意味以外に建築上の特別な意味があり、胸像が鎮座している建物の部分（建物上部）への言及がある。だが、その主要な意味は、「ヴィチェンツィオ・フィニィは彼の徳行をもってすべての高さに達した」である。その銘はさらに賛辞を連ねているが、例はこれで十分である。二つの側扉の上方に二つの賛辞銘があって、これらはフィニィ家の若い成員について述べている。三人の英雄の死去した日付は、一六六〇年と一六八五年と一七二六年で、堕落の極致の時期をこれらの日付は特徴づけている。

サンタ・マリア・ゾベニーゴ教会は同様にバルバーロ家に捧げられた。この教会に与えられた唯一の宗教的シンボルは、真鍮のラッパを吹く天使の彫像であって、このシンボルは、バルバーロ家の名声を天国まで届けることを表明しようと意図している。「正義」と「節制」の間に、「ヴェネツィア」が教会の頂きで冠を戴いている。「正義」は食料品店の鉄製の天秤計りを持ち、それが風に揺れている。石造りの二頭鷲（バルバーロ家の家紋）が銅の冠を戴いて、ペジメントの中央に鎮座している。バルバーロ家の者の巨大な一つの彫像が軍装して、ファンタスティックな髪飾りを着けて、中央扉の上方に置かれている。壁龕には四人のバルバーロ家の者が、両側に従者を従え、その時期のありふれた舞台姿勢をとって、気取った彫像となっている。四人は、学識ある身分のジョヴァンニ・マリア・バルバーロ、元老院議員マリヌス・バルバーロ（キケロ風の姿勢で演説原稿を読んでいる）、使節兼地方長官フランク・バルバーロ（軍装して踵の高いブーツ着用、決然として熱烈な形相である）、それに、学識ある身分のカルロス・バルバーロである。正面の装飾は二つのトロフィー（分捕り品）で完成され、分捕り品は太鼓、ラッパ、旗、大砲である。浅浮き彫りで彫られた六つの都市の地図があり、そこにはザーラ、カンディア、パドヴァ、ローマ、コルフ、スパラトの都市が描かれている。

旅行者がこの正面の装飾の意味を十分に考察したならば、次に正面の彫刻群の劇的効果を知るために聖エウスターキオ教会を訪れるべきである。それから、オスペダレット教会を訪れるべきだ。途中、「アドリア海の女王」と称されるヴェネツィアのコルネール宮殿（またはコロナーロ宮殿）と

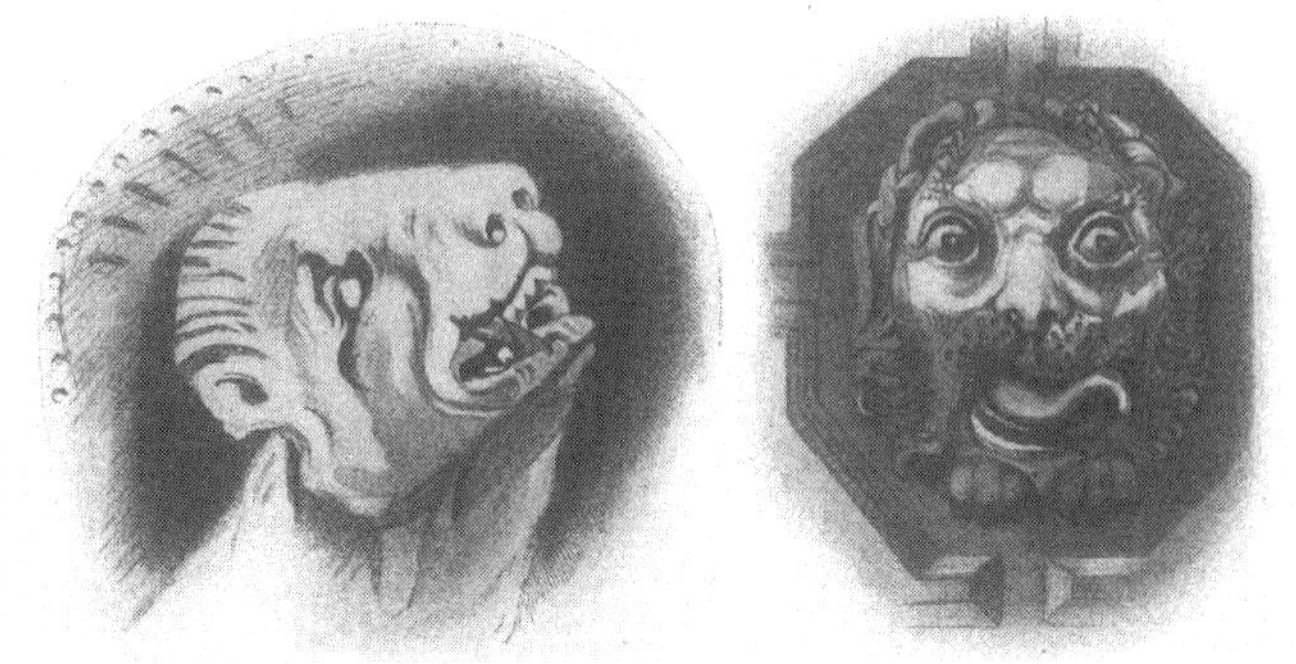

図版Ⅷ　コルネール宮殿の頭像（右）とサン・マルコの獅子の頭像（左）

ペザロ宮殿の礎石に置かれた頭像と、近代的橋に彫られた頭像――溜息橋の頭像とよい勝負になるが――に注目してみるとよい。

そうすることで旅行者は、その時グロテスク・ルネサンスの様式と感情を完全に把握することが出来るだろう。私は本書をその最悪の形態の例で汚染することは忍びないので、ここには挙げないが、上の図版Ⅷの右側の正面を向いている頭像は、一般の読者に最悪とまでは言わないにしても、その一歩手前のイメージを与えてくれるだろう。左側の頭像は、一四世紀ゴシックから採られた高貴なグロテスクの作品である。両者の間に存在する相違の性質を正確に探究することで確認することが、私たちの当面の課題である。

グロテスクは、ほとんどすべての場合に、二つの要素――一方は滑稽で、他方は恐ろしい――から構成されているように思われる。言い換えれば、両要素のいずれかが広がるにつれて、グロテスクは二分化する。滑稽なグロテスクと、恐るべきグロテスクの二分化である。しかし、私たちはこれら二つの側面の下で一方にだけ着目していては考察はできない。なぜなら、両方の要素を結合していない例はほとんどないからである。

恐ろしい陰の部分が微塵もないほど明るい戯画化グロテスクはないし、また、冗談や洒落のすべての観念を払拭するほど恐ろしいグロテスクもない。

私たちはグロテスクを二分化出来ないけれども、結合しているように見える二つの精神状態を個別的に調べることは容易に出来る。冗談や洒落の種類は何か、恐怖の種類は何かを相次いで考察するとしよう。もっともその両者は、多様な芸術の分野では割り切って表現されるだろうし、それらの表現がゴシック派とルネサンス派で実際にどのように現われるかも考察するとしよう。

まず、高貴な芸術において適切に表現されている戯画化（風刺を含む）の条件とは何か、また人間性の高貴さと一致する条件（これは高貴な芸術の条件と同じものであるが）とは何か。換言すれば、若者だけでなく全人類に関して、戯画の正しい役割は何か。

それは当初想定されたよりもずっと重大な問題である。なぜなら、健全な戯画の様式は、健全な制作方法に則っていることが必要であるからである。そして、（制作の条件である）気晴らしの選択は大抵の場合作者の勝手に任されているが、仕事の性質は必要度や権威によって一般に決められているから、作業の誤った方向から得る結果よりも、戯画の誤った選択から得る結果の方が悲惨にならないかと、疑われるのも無理はない。

ここで私たちが関心をもつのは、笑いを引き起こし気晴らしをも含む種類の戯れであって、肉体であれ精神であれ、そのエネルギーを掻き立てることに関与する種類の戯れではない。どの時代にあっても筋肉を使うことは、例えば子どもたちの遊びに見られる激しい肉体の行使でも、若い時であれば気晴らしとなるだろう。また、技巧を凝らすことで生まれる知的興奮、運任せの勝負ごとの興奮、さらには人間や他の多くの生き物とも共有しているある種興奮を伴う感情があるが、それらもここで言及する感情とは関係がない。

ここで注目するのは、人間の高度な能力が機知、ユーモア、空想など、人間の高度な能力によって生み出された、表現の技術としての「戯れ」のことである。

「戯れ」は、本能から生み出されそこにある種の抑制の利いた状態を指すが、そのバランスによって人間を四つの部類に広義に分ければ、賢明に戯れる人たち、人間本性に立ち戻る必要性から戯れる人たち、無節制に過度に戯れる人たち、全然戯れない人たちに識別できる。

第一の部類、「賢明に戯れる人たち」。人間の遊びの観念が、不完全で稚気のある疲れ易い人間の本性と結びついていることは明白である。それゆえ本性を高めようとする人間においては、些細なことにかかわって力を出し尽くすことは避け、常に本性を洗練することを遊びよりも上に位置づける。地上にあっても天国を意識し、天国に心を向けている人は、冗談（遊び）に耽る性向はない。その人の性格と知性の幅と深みに正比例して、遊びの入る隙を与えぬ信念をもち、突然の迸る感情に流されない心の持ち主となる。

しかしながら、ほとんどの人たちは、神聖な主人である神に最も近い同胞として、厳粛な思索の境地に達するようには、神に意図されていないし、いわんや素の境地で生涯を過ごすことなどあり得ない。それゆえ「賢明に戯れる人たち」は、自分たちが普通の人間性を発揮出来る最高度で最も健全な状態は何かを考え、気晴らしの必要を認め、健全と純潔から生じる自然の楽しみにも屈して、「遊びや戯れ」にもしばしば譲歩する心境に至るようだ。遊びの軽い言葉でさえ尊重し、無為の絵空事を有益にし、鋭い風刺を大目に見る、神の愛、真実の愛、人間味ある深い愛があればこそのことである。

ワーズワースとプラトンは恐らくこの戯れ（遊び心）の最も洗練された最高級の例を与えてくれた。ことにワーズワースの場合は、風刺（遊び）が混じっておらず、その高い精神は完璧に単純な発露となっている。

（その精神が）万人に与えるのは
賢明で純潔な生涯を過ごす
同一の性向である
（ワーズワースの詩行）

プラトンは、あとで引用するが、現代の賢明な書——人情の機微に触れるような優しく愛すべき風刺が混じり合う『会議する友人たち』という書——の中で述べている。

第二の部類、「人間本性に立ち戻る必要性から戯れる人たち」。今まで考察してきた最高の種類の戯れは、明白な精神の状態として表われる。最高度に教養があるだけでなく、気晴らしをしている時にも正確な思想で物ごとを考えることが出来るような、常日頃知的労働に鍛えられている精神状態から生まれる。こういう精神状態は、さまざまな能力が開発され、それが生命力のもととなり、知的にも情的にもやすらぎ、なお人生を楽しめる状態でなければ生まれてこない。多くの人間にとってこのような状態でいられることは稀である。ほとんどの人は、その大半の人生を、やむを得ず面倒で骨が折れる雇われ仕事で過ごし、その仕事に能力のすべてを出し尽くすほどのエネルギーを要求される。高度な能力をもっている人でも、興味のもてない問題でそのエネルギーを消耗する。だが、そのような雇われ仕事が終わると、一日の労働がその使用を拒んでいた能力、肉体の疲労のために真面目な問題への取り組みを不可能にされていた能力や高尚な本能、空想力、想像力、好奇心のすべてが発露を求めて動き出す。（いったん仕事が終わると）、それまでの（仕事という）幽閉から解放されるための準備体操のような、いわば精神の手足を大いに伸ばす屈伸運動を必要とする。出来るだけ多様な滋養を集めて、心はファンタスティックな能力の発動に熱中する。私は、それを、日々仕事に幽閉される人が何よりも必要とする戯れと呼ぶ。

「精神的手肢の屈伸」とは、知性と心情の跳躍、舞踊のことであり、人間の本性に立ち返るのに必要な戯れと定義する。その時、知性や心情が天国の新鮮な空気を吸い込み、しかも囚われている ことでまだ麻痺し、何らかの熱意のもてる目的に心を向けられない精神を解放へと導く。政治であれ、芸術であれ、その重要さはどれだけ誇張してもよいくらいである。

第三の部類、「無節制に過度に戯れる人たち」。人間本性の正しい理解の上で私たちが構想する社会の最も完璧な状態は、人類が大なり小なり明確に労働者と思索家に分別される社会である。換言すれば、賢明に戯れるだけの人たちと、必要上戯れる人たちに分割されるということである。しかし、賢明に戯れるでもなく、必要上戯れるでもなくて、境遇によって、あるいはモラルの欠如によって、娯楽を生活の目的にし、また娯楽に耽るままになった人たちが倍以上に増えた。他人に害を与えないような時間は、そのような人たちの生涯にはない。なぜなら、彼らは与えられた仕事をせずに放置しておくし、思考するように強制されると、必ず誤った考え方をするからである。この世界の悲惨なことの大部分は、怠惰なるがゆえに、真実の見解を考え出せず、肉体的に無能力化した人たちの誤った見解から生じる。あらゆる義務から免れたために、私たちが知っているべき真実を闇に閉ざす。快楽追求で費やされた人生の罪悪は二重であって、一つには根性の曲がった振る舞いにあるし、また一つには虚偽の話を言いふらすことにある。

しかしながら、こうした人たちの精神状態はあやういことがあるが、比較的犯罪性の少ない人間の精神状態でもある。切羽詰まって義務を果たせないとか、娯楽が許される時に娯楽の程度を加減するといった良識がうまく働かないことがある。この点で最も頻繁に起こる誤謬は、重要な問題や神聖な問題を扱う場合の敬意の欠如であるし、また敬意を払うべき他人の思想表現に慎重さを欠くことである。これらの過誤は人々の精神に取り入って歓心を買いがちであるし、遂には、以前に持ち出されたどんな問題でも、真面目で本質的なものに対してよりも、一時の間に合わせのために、滑稽で偶発的なものの方に関心が向くようになる。その精神は冗談で終わるものだけを感受し認識したいと望むようになる。一般にこういう性格の精神は、行動的で有能であり、彼らの多くはその点では良識があるので、彼らの冗談が仕事をはかどらせると彼らは信じている。しかし、すべての真実への最良の案内となる敬意を破壊することによって、彼らが加える害を見積もることは困難である。なぜなら、弱点や悪弊は容易に目に見えるが、善はしばしば潜在的だからである。それで偉大さを理解出来ない人の目に弱点を曝け出すことで、無限の不行跡を働いているのである。しかしながら、この誤りは戯れの本能から出た悪口雑言よりも、風刺的本能から出た悪口雑言の方と深く結びついている。やがて私はそれについて後ほどもっと話すことになるだろう。

最後の部類、「全然戯れない人たち」。冗談を言うことも楽しむことも出来ないほど愚鈍で気難しい人たちであって、さらに、この人たちの場合には、心配や罪悪感や誇りが、空想力から生まれる健全で陽気な気分を抑えつけるか、あるいは、労働に完全に圧倒されて、煩わしい世事にばかり駆り立てられるので、どんな種類の気晴らしも受け入れられない。

これらの部類の人たちの場合、喜びのあるなしが、芸術の表現にどのように関わっているかを考察せねばならない。

（以下、「喜びの芸術」との関連が考察される――訳者）

Ｉ「賢明に戯れる人たち」

この第一級の高尚な人たちは、厳粛な場合（弔辞や祝辞など）を除いて、その表現に芸術を用いることはしない。彼らは高尚さを深く感じているし、芸術を生み出すのに必要な時間を高く評価しているので、些細な思いつきを描くのに芸術を用いることはしない。一瞬の戯れの風変わりな空想がさりげない言葉によって純潔に表現されることがあったにしても、冗談を捻り出すことに何日も費やす者は人生の貴重さを知らない。人間の性格に関するものについて、すべての高尚な芸術の性質においては、一時に多くを要約し包括するので、その主題はけっして嘲笑されるようなものになるはずがない。そこには真実全体の厳粛なもののすべてがあって、一部の真実の輝きなどない。私たちを微笑ませる真実は全体としての真実だから。（要するに、厳粛な人生を直視する人たちは、一時の戯れの風刺、嘲笑には向かないし、向こうとしない――訳者）

小説家は特別な出来事を語ることで私たちを楽しませる。しかし、画家が人物を絵に描き私たちの前に差し出せば、その人物の全生涯を瞬時に示唆してくれる。歴史家が長々と続く頁で私たちに知らせるものを、画家は一瞬で知らせる。風貌なら一瞬の表情だけでなく、来し方の履歴を語るのが画家の仕事であり、その一生の履歴を描く作業の中には冗談（戯れ）の要素は入り込まない。

それゆえ、これらの賢明な人たちの戯れのエネルギーの、言葉による機知で表現される部分が、彼らの芸術によって表現されることは僅かしかなく、表現されるとしても、ばらばらの考えや些細な思いつきに限定されるに違いない。風変わりであるが嘲笑出来ない形態を想像することによって

——その想像はコスチューム、風景、その他のアクセサリーであって、彼らの熱心な目的と結びついているが——、彼らの精神が気晴らしになる限りにおいて、彼らはそのような発明品を楽しんでいる。そして、そこから一種のグロテスク性が彼らの作品のすべてに生じることが分かる。そのグロテスク性はその最も価値ある特徴の一つであるが、グロテスクの壮麗で恐ろしい形態と親密に結合しているので、「グロテスク」の表題の下でそれに留意する方がよいだろう。

Ⅱ　「人間本性に立ち戻る必要性から戯れる人たち」

この著作の前巻（訳書『ヴェネツィアの石』、原書では第一巻の冒頭の章と第二巻）で劣った工人たちの精神をどう扱うか、その公平性と理想的方法を、芸術品制作の面で大いに述べた。この部類の人たちが日々のパンを得るために辛い手工労働をせざるを得ない限り、彼らの芸術的努力は粗野で無知にならざるを得ないし、彼らの芸術的感受性は比較的鈍感にならざるを得ない。鈍感な感受性と粗野な手捌きは、彼らの美意識が十分に発揮され人びとに気に入られる作品を制作することは難しい。しかし、彼らの性格によっては人びとの興味を引き風刺によって楽しませる作品を制作することは完全に可能である。

線の完璧さをもち色彩の調和を考慮出来る洗練された才能を有する勤勉な工人一人に対して、辛口のユーモアと風変わりな奇想を有する二〇人もの工人がいる。そのわけは、これらの能力が美的感覚よりも大きな度合いで、はじめから人類やその一部の者に与えられていたからではなく、これらの能力は私たちが毎日相互に交流するうちに使われて、他の能力が発達しなくても、人生の諸事万端に私たちが抱く興味によって発達させられるからである。それゆえ、このユーモアや奇想を表現する努力によって作品にはある程度の成功をおさめられるが、それでも、厳しく美の形態を達成しようとする苦闘を放棄すれば作品は失敗に終わるだろう。しかし多くの芸術に精力を傾注する工人は最善を尽くせるものを作ることを恐らく賢明に選択するであろう。そして、美の追求においては苦行に従うよりも、効果的な風刺を表現することに自分の誇りを満足させるであろう。彼の芸術への傾注は、戯れと気晴らしに表われるから、それだけ一層その誇りを満足させることになる。そして、気晴らしでは、芸術品完成の諸条件を充足することは出来ない。

芸術以外の他の心配事や骨折りによって、多少なりと鈍らされたり妨げられたりする精神を、気晴らし的に用いることによって生じるすべての形態の芸術――本業としての芸術と対立する、副業的芸術と一般に言われている芸術――は、言葉の最良の意味で「グロテスク[15]」である。まずそれを生産する精神の基調によって、そして彼らの知識、機知、真実愛、親切心に比例して、この副業的芸術は高尚にもなり劣悪にもなる。次いで、彼らが表現できる力強さの程度によって高尚にも劣悪にもなる。しかし、私たちが気になるところがどれだけあっても、善良で普通の聡明さをもつ人たちの作品である限り、その作品はいつも楽しい。その楽しさは、当然休息時における労働の特徴としての「不完全さ」にあるに違いない。見る者の楽しみの根源になるのは、その作品そのものの価値よりもむしろ、それを生産した工人の喜びである。それが訴えるのは、正確な批評に対してではなく、工人の力強い共感に対してである。高級芸術[16]の分野では、最良のものを愛好する者なら、牢獄から逃れたひとときの心情の粗野な戯れを喜ぶ感情と慈愛をもっているし、種を蒔くために荷を置いた処に咲く草花に感謝するほどの感情と慈愛を有するはずである。

副業的芸術の意味の正しい理解によって、どのくらいの人間の（楽しみのある）労働が実を結び、私たちにとって称賛すべきものになるかを考えてみたまえ。正しい理解がされなければ、その労働は軽蔑され見過ごされてしまうだけであっただろう。厳密に考えれば、良質で高尚な建築はこの世界にはほとんどない。少数のイタリアのゴシックとロマネスクの作品、ゴシック大寺院の遺跡に散在する少数の断片、それに恐らくギリシャ神殿の二、三の例が完璧な理想に近く、（私たちが所有する）すべてである。他のすべて――エジプト、ノルマン、アラビア、多くのゴシックと、大部分が頑丈で強力なものであるが――は、それらの力をグロテスク精神のある発達に依存している。しかし、中世のずっと劣った家庭建築や似たような条件が、芸術的生活がまだ法律によって追放されていない諸国で今日まで残った。（ヴェネツィアではルネサンス建築の巨匠が建築総監督になり、ルネサンス建築がそれ以前の建築様式を追放同然にしたと考えられる――訳者）

フランダースの町に見られる渦巻き装飾や階段状になったファンタスティックな破風屋根、北フランスの耳や目のように小さな洒落っ気のある窓を多数付けた小尖塔のある屋根、ノルマンジーや昔のイングランドにあった想像力をあらん限り気ままに駆使した十字架と彫刻のある黒ずんだ梁材、スイスの山小屋の松材の梁の荒っぽい伐採木、ドイツの町の張り出し小塔と持ち送りに支えられた出窓――これらと、それほど卓越してはいないが、多数の他の形態もやはり称賛すべきものであった。無教養な精神のもとにある歓喜するエネルギーの成果として、こうした建築物は極めて貴重である。教養を身につけることは、むしろエネルギーの低下を招き易い[17]。文化的諸民族に継承された知識が力を発揮するのは、前章で見たように、芸術家が新しい知識の発見に驚くほど幸福である場合に限られる。新しい知識に驚くことが出来たのは、ルネサンス巨匠やその師匠が時代を超えて通じる人類の岩盤あるいは根っこに立っていたのと同じ条件からである[18]。

しかしながら、この地方的ないしは田園風の建築について、真にグロテスクな要素とピクチャレスクな要素を慎重に識別する必要がある。『建築の七燈』で、「ピクチャレスク」の定義を挙げたが、私はそれを「寄生的荘厳さ」すなわち事物それ自体に属するのでなく、事物の外的付随的性格に属する荘厳さとした。例えば、高地地方の小屋の屋根がスレートでなく頁岩《けつがん》(泥板岩)で葺かれている時、それはピクチャレスクである。なぜなら、岩石の不規則性や荒っぽい割れ目、それに屋根の陰気な灰色がその屋根に未開の何かを与え、山腹の斜面についての全体的雰囲気を大いに醸し出すからである[19]。

しかし、単なる小屋の屋根として見れば、それは壮麗であるはずがない。全体を山々が覆うことで屋根に野性味や厳粛さが生まれるのであって、屋根は山々に対して寄生的である。山自体はピクチャレスク以上なので、壮大であっただろう。だが、小屋は壮大ではあり得なくて、付随的特質によって小屋が寄生的壮大さを有するのである。それは人びとが、「ピクチャレスク」という不正確な言葉を用いることで、長い間同意していた特性なのである。

他方、美は寄生的ではあり得ない。もし美が生得の権利で美しくなければ、美ほどつまらぬ、軽蔑すべきものはない[20]。小屋は美しく、屋根の上に生える少量の苔も、顕微鏡がありありと見せてくれる苔の繊維も、それらのすべてが生得の権利をもって、山や空に劣らぬくらい美しい。それゆえ、どんなに微細なものでも、それらの美を表現する特別な固有の言葉が見出せないから使えない。しかし、美が与えられた事物の本質に十分な価値を与えなくても、荘厳の要素が入ってくる時だけは、普遍的な言葉を用いるのである。

ほかでもなく、野性味によって、いつも与えられるこのピクチャレスクの要素は、通常グロテスクな作品の楽しさを増すものであり、特にグロテスク作品の劣った種類の楽しさを増大する。だが、これが理由でそれはグロテスク性そのものと混同されるべきではない。

梁材の瘤や裂け目、屋根板の不規則な敷設、活力ある光と影、古い岩石の割れ目や風雨の汚れ――これらは、今は亡きプラウト[21]によって深く愛され、とても見事に描かれたが――は、建築のピクチャレスクな要素である。グロテスクな要素は自然や時間の作用による産物ではなくて、もっぱら人間の空想力の産物である。もしグロテスクの要素がピクチャレスクの要素と結合しないならば、グロテスクの要素は、怠惰で無教養な空想力に頼るばかりで、常に壮大さに欠ける。

Ⅲ 「無節制に過度に戯れる人たち」

さまざまに分けられた分野を心にしっかりと留めておくことは読者にとって難しいことだと思う。だが、いったんこの章を読み終えれば、読者にはそれらの分野の位置づけとそれらの一貫性が見えてくるだろう。次に無節制に過度に戯れる耽溺する人たちの精神のあり方を最後まで考察せねばならない。これらの人たちの大半が、「人間本性に立ち戻る必要性から戯れる」だけの人たちよりも洗練され高度な教育を受けていることは明白である。彼らの快楽追究の能力は一般に幸運な境遇のせいである。彼らの戯れが心底から素朴で楽しいものではないことも明白である。このような快活の欠如は、彼らの不必要で不法な持続に比例して、快楽追究の能力に影響を及ぼし、遂には、それは落ち着きのない欲求不満から発する興奮への耽溺になる。あるいは、快楽の尽き果てた後に、水の涸れた泉の跡を苦しい思いで掘り下げることになる。

この気質によって表現される芸術は、十中八九は洗練され官能的である。それゆえ、当然ながら脆弱である。精神の歓喜のエネルギーが中断すると、その感受性もその共感も挫折するから、性格の表現や思想の先鋭さがまったく欠如し、主題と目的のいたずらな変化によって興奮への欲求を表明して、ことに落ち着きがないことだろう。

真実を照らし出す想像力の不足で、この気質は誇張や支離滅裂や奇怪な異形によって、想像力の生み出すものの代替え物を提供しようとするだろう。それが生み出したグロテスクの形態は、陳腐ではあるが、何ほどかの優雅なものとの不調和な連鎖となるだろう。不調和な連鎖とは怠惰に投ぜられた鎖であって、浮世離れせずして馬鹿げていて、恐ろしくなくて奇怪な形態で結合された、それ自体が発明されたものでなく、卑小で荘厳な不調和な連鎖になるだろう。

快楽への持続的な追究において、人びとは陽気さと慈愛の両面を失うから、このグロテスクには歓喜は僅かだとしても、悪意は大いにある。しかも、それは脆弱な悪意でありそれ自体の厳しさを表現できず、強制するほどの把握力もなく、無能力で不快な戯画化で力を出し尽くすほどの理解力もない。

もちろん、このグロテスクには無限の段階と種類があり、精神の生来の能力によって地位や種類が決定され、また、彼らが没頭する程度によっても変化する。それは、無気力になったローマ人たちの間でまず発達し、教皇庁内で可能な限りの最高の完璧さにまでラファエロによって引き上げられた状態である。それは一般に無意味で甘美な模様として紹介される。そのような比較的程度の低い状況は、ヨーロッパ文明全域でこの有毒な根っこから生じたあらゆる室内家具や装飾に見出せる。例えば、芸術的ごた混ぜになっている、女妖精、キューピッド、森の精などをもとに、さらにこれらの想像力の産物として、頭部が幾つにも分かれた温和な野生獣のようなものもある。その手肢には鉤爪があり、鵺《ぬえ》を想わせる植物様のものも生えている。すべての作品で最も悪いのは、優雅なモデルをもたなくて、道化的ないしは獣的な風刺――これは私たちが吟味中のヴェネツィアの後期ルネサンスの場合だが――と混じり合った、高級な流派の堕落から生まれた作品である。この種のグロテスクを追究して人間精神が卑しめられる深淵を見極めても意味がない。最近のイタリア風庭園では、お気に入りの装飾はしばしば化粧漆喰のイメージで出来ているが、それは近代の応接間の散財品の中に見出せる男女の最も不快な典型を、矮小な妖精の戯画化で表現しているものである。しかも、信憑性もユーモアもなく、彼らがもっている関心は、粗野な表現と荒唐無稽なコスチュームからもうかがわれる。何らかの粗野性はその様式の明らかな特徴であって、優雅なアラビア風装飾模様の洗練された官能性のように、潜在していて見えない。あるいは、最悪の例では、卑猥な観念や忌まわしい細部をあらゆる手を尽くして表現されたものもある。この章のはじめに述べられた表題の中で、サンタ・マリア・フォルモサ教会では、歯状装飾は朽ちたものとして表現されている。

Ⅳ 「全然戯れない人たち」

この部類の人たちは少しも戯れることはない。彼らの芸術は嘲笑の厳しさを除くと、芸術のどんなつまらぬ形態にも類似の表現を見出せそうにない。この性格は、戯れのグロテスクの部類よりむしろ恐ろしいグロテスクの部類に属するように見える。それゆえ、次のような、より興味深い想像的作品の分野を生み出す精神状態を今、調べねばならない。

二つの偉大で主要な熱情は、神によって人生を支配するように明白に定められたものである。すなわち、神の愛と、罪の恐れ、ひいてはその連れ合いとしての死の恐れである。

私たちが愛を注ぐものをどのくらいもっているか、私たちの称賛の念を燃え上がらせ、感謝の気持ちを抱かせるどんなに多くのものがこの世界にはあるか、ということを感じ教えてくれる人たちが幸いにして多数いる。しかし、創造物の全体系を通じて、私たちが時折畏怖の念に打たれるべきであるという神の目的がいかに明白であるかは十分に考えられてはこなかった。その畏怖とは、直接の危険についての咄嗟に感じる利己的で軽蔑すべき畏怖ではなくて、破壊的作用を及ぼす偉大な力を凝視した結果生じる畏怖で、一般的には死の存在を感受して生じる畏怖である。それは、実際の危険が比較的小さい場合により大きく、想像力が度肝を抜かれるほどの壮麗な光景、自然の力が揃えた陣立てによって想起される。その結果、直接の苦悩が加えられるわけではないが、万人の精神に可能な限り至高の畏怖の印象が生み出される。例えば、一度の落雷の精神的な効果を考えてみるがよい。一〇〇マイル四方内にいれば、恐らく二、三人は雷に打たれて死ぬだろうが、嵐の光景が伴わない限り、彼らの死は生活に明け暮れる人びとの忙しい心の中では一瞬の悲しみしか生じさせないだろう。しかし、雲の巨大な集まりによる最後の審判の予告とか、恐ろしいほどの静けさの中で、風が吹いて森の葉がざわざわと立てる音が、問いかけのように聞こえるとか、破壊的な天使たちが火焰の剣を抜く前に遠方で囁き合うとか、真っ昼間の薄暗い葬列の行進と蒼い天の下で死者の霊を運ぶ馬車の車輪の音とか——そういうものが、実際の目撃証言より大きな印象を何人もの精神に与えないだろうか。そしてまた、脅かすような自然の要素の表現が人間の魂の不安にどんなに妙な具合に適合したものであることか。

　不気味な色彩、長く続く不規則で痙攣する音、燃えるようにうねる雲のぞっとする形状——これらすべてが、ちょうど人間の呻吟や泣き声が憐憫の本能に訴えるように、人間の危険を感じる本能に心底まっすぐに訴えかける。それらによって覚醒させられるのは、計算された理詰めの恐怖ではない。時間で距離を測り、平均値で可能性を見積れる事柄には、恐怖を感じない。雷雲の影が私たちの心に作用し、まるでアラウナ(22)が神の裁きを待って脱穀場に立っているかのように、雷雲が通り過ぎるのを私たちはじっと見守っていることだろう。

こうした世界のすべての破壊的現象について実際起こる場合ではなくても、（人びとの心にもたらす恐怖は）精神的に真実である。その現象のうち、最強のものから最も優しいものまで——地震から夕立に至るまで——ある種の脅威が伴うことは理解されるだろう。実際に最後の審判の話を説教で聞いて苦しむ人たちよりも、何千倍も多くの大衆の心に恐怖心を生ぜしめるのが実際的ではなく間接的なこうした脅威の面である（信者にとって「最後の審判」は実際的であろう——訳者）。さらに、これらの直接的な危険な現象の恐怖以外に、平穏な時にさえも、深刻な想像で私たちの心をしばしば脅かすような、自然の多くの側面が周囲に見られることも理解されるだろう。私は最も危険なものを理解できない。我々にとって最も危険なものは不信心である。しかしそのことを我々は理解出来ない。なぜなら現代において不信心は、偽善という隠れ蓑を身にまとうからである。本当は偽善なのに、神の慈善がすべてを覆うような振りをして、さらに神の慈悲を拡大解釈して、人の原罪に目を瞑って抹消してしまうからである。さらに、すべての創造物（自然）に及ぶ神の優しい手の多様な働きについて詳しく述べることによって、人びとを堕落させその原罪を抹消してしまうからである。そのような優しさは実は至る処にあり、いつも目にすることが出来る。しかし、それだけではない。怒りと脅威は必ず愛と混じり合う。そして、自然の至高の孤立の中で、地獄の存在が天からの声のように読み取れるほどに、多数の霊的な声が私には聞こえてくる。私たちが開花や露の滴りや陽光の中の緑野の眠りを感謝を込めて述べるのは結構である。しかし、枯れた幹、不毛の岩石地帯、吹きすさぶ風の呻き、渓流の暗く危険で無慈悲な渦巻きの轟音、沼沢地や海の厳かな孤独感、すべての美の闇の中への沈潜、そしてどんな力強いものも埃の中へと没入——こうしたことには私たちへ語る言葉はないのだろうか。すべての悪弊からでっち上げられた善について、理屈を並べて、私たちはそれらの偽善の教えから逃れようとするかもしれない。昼が夜に続くように、善が悪に続くが、悪も善に続く。(24)ゲリジムとエバル、(23)生と死、光と闇、天国と地獄、——これらが人間存在を分裂させ、人間の未来性を分裂させている。

　これら二つの間の選択について考えあぐねて、私たちを支配するのは、私たち自身の行動による（これらは大部分固定された習慣や原理に支配されている）よりも、むしろ他人の生活とその生活についての私たちの責任を尊重する仕方による。それゆえ、人間精神があるべき最も健全な状態は、最大の愛と最大の畏怖を生ぜしめる状態である。私たちは休息の時間でさえこれを教えられる。なぜなら、私たちの精神の基調が正しければ、極めて激しい歓喜の興奮は、美や恐怖を凝視することから生じるからである。美と恐怖の両方に私たちは飢えていて、感情の高さと調子によって、両者を高尚な形態でも劣った形態でも見たいと思う。かくして、最高の芸術の主題である神聖な美があることになる。そこには恐怖や恐怖と同等の荘厳さがあることになる。一方で、劣った、あるいは、装飾的な美があり、グロテスク芸術の主題となるその装飾美と同等の恐ろしさがある。そして、グロテスクの恐ろしい形態が招き寄せる精神状態は、ある不規則性のもと恐ろしさがある種の状態に留まり、完全な深淵の中へと落ちていかないことにある。

人間が恐怖を感じる対象には、二通りの構造がある。死の力を感じさせるものと、原罪の本質を突くものである。これらの中でもその力や悪において強弱があり、多くの段階があって、悪の天使からその典型である蛇——蛇は低級で軽蔑すべきではあるが、最も視覚的に知られている形態であり、致命的で罪深い性質を統合しているように見える——に至るまである。なぜなら、私たちが知っているもので、こんなに小さい力しかなく、創造物の摂理において、こんなにつまらない地位にあるものはないからである。しかも、その地位ときたら、（聖書では）地獄に落ちる大罪の地位であり、悪意のあるものである。精神が恐るべきグロテスクを生じる気分に高揚するために執着するのは、これら二つの構造の目的についてである。その対象は悪と危険の表現をいつも結合するのが見られるが、以下の三つの特別な気分で見つめられている。

(A)冷淡な気分
(B)皮肉屋（風刺家を含む）の気分
(C)病的な想像力を自制出来ない気分

上述したように、恐るべきグロテスクから戯れのグロテスクを識別する困難は、次の理由から生じる。気持ちが高揚した際のある種の局面では、精神は恐怖と戯れる。もし精神が別の気分の時（ゆとりがある時）なら、恐ろしいイメージをも受容するが、疲労して皮肉な気分の時には、恐ろしいイメージを拒絶する。この否認が起こる気分が、高尚なグロテスクを下劣なグロテスクと識別する。なぜなら、高尚なグロテスクの芸術家は、己が嘲笑しそうなすべての深淵を知っていて、別の時（高揚しないでゆとりがある時）ならそれを感じるだろうし、また己がそれで冗談を表現する間でさえ、心の奥底でそれを感じるだろう。しかし、下劣なグロテスクの工人は何も感ぜず理解せず、白痴の高笑いですべてのものを嘲笑する。

この区別を完全に見極めることは、私たちの当面の研究の主要な難事であり、そのために、精神の（上述の）三つの条件を恐怖の対象と関連して相次いで考察することにしよう。

（A）冷淡な気分

グロテスクな作品は主として副次的ないしは装飾的芸術において、ある程度無教育で粗野な人たちの、休息の時間に生産されると上述した。ただ、そのような時間にそのような副次的仕事において何らかの真面目で恐ろしい主題を、その感情の中に十分に真剣に立ち入って表現することはあり得ない。休息の無気力な時間において、ある重要な真実を表現するために魂のすべてを捧げることはない。また、構想されたら、その表現を委ねるのは、梁材の持ち送りの張り出した部分でもない。しかも、この無気力な状態やこの些細な仕事において、人間は己の心の中で愛するだけでなく、畏怖し得るものについて、己の魂の真摯な部分（愛や畏怖の感情）の表現を見出さねばならない。その人間が高尚であれば、それだけその人間が愛[25]（「アガペー」――訳者）だけとか地上的な愛（情愛）だけとかに己の考えを限定することは不可能になる。フラ・アンジェリコのように、芸術家が最上位の天使を描けるほどに彼に十分な能力と時間があれば、美の秩序の中で彼は天国を地上に引き下ろして満足を見出せるだろう。しかし彼の存在の条件、すなわち酷使される生活、さらには仕上げる能力の不足や仕事に対する待遇の劣悪さや心の無気力などによって彼は地上に繋ぎ留められる。彼が制作しているのは世間の作品であり、世間の作品は不安なしに制作は出来ない。彼の周囲にある罪と死の存在を意識して、精神をぞくぞくさせながら彼の心の内の深い永遠の意識のあるものを、たとえその結果がどうなろうとも、その些細な作品に何とか表現しなければならない。自然の美のすべてを見ても、彼はそれを忘れることは出来ない。彼は岩の上の菫の花弁や谷間の百合の花弁の中に自分を埋没させてはいけないし、それらの花弁から永遠の歓喜の花輪を作ってもいけない。これらの花よりも彼は地上の多くを見る。悲惨と怒り、不調和と危険、それに竜と天使たちのすべての仕業を見る。これを彼は深い共感をもって見るので、それを忘れることが出来ない。彼が彼の無為の仕事、すなわち頁の文字を金メッキしたり、私室の梁材や小尖塔の石を彫ったりする仕事に向かう時、彼は悲哀や危険に対して彼の力強い思想をもはや注ぐことは出来ない。悲哀や危険が影となって、彼にまとわりつく。そして、彼の筆致に触れて明るい色彩が混じり、美しい葉や花が彼の意のままに育つにつれて、それらの傍らで妙な恐怖の亡霊や幻想が立ち上がり、軟骨だけの動物や毒蛇、幻の鬼やぞっとする名もない生命体が美しいものから生まれて――それは生命への危害や恐怖がその幸福から生まれるようであるが――再び美しいものに返って消える。彼はこれらを見る。毎日彼はそれらと戦う。彼はその時はそれらに対して比較的冷淡な心境ではあるが、自分の作品の中でそれらに役割を与えざるを得ない。彼は彫って金メッキするだけだが、泣くために脇を向いてはいけない。それにもかかわらず、地獄は燃え続けていて、その煙が彼の樫の木を枯らすことを彼は知っている。

虚偽ないしは下劣なグロテスクを生み出す感情は、まさにこの逆である。真のグロテスクにあっては、生来頑強な感情の持ち主は、無自覚的にも自覚的にも冷淡である。虚偽のグロテスクでは、生来冷淡な人間が無理にでも自分を一時的に興奮状態に駆り立てる。真のグロテスクによって表現された恐怖は、本人の意思がどうあろうと、本人を襲う。虚偽のグロテスクによって表現された恐怖は、本人によって探し出され、本人の芸術によって凝って仕上げられる。それゆえ、前者の恐怖は真正であり、その表現がどんなにファンタスティックであろうと、それにはリアリティがあり、迫力がある。それはでっち上げられた恐ろしさではなく、作者は彼自身がそれを仕上げた時、それが誰かを怖がらせるかどうか分からない。だが、それは人生から採られた恐ろしさである。制作者が見た亡霊であり、それが彼をぞっとさせるように、私たちをもぞっとさせる亡霊である。しかし、他の工人は神聖な恐怖をけっして感じなかった。その工人は地上の燃える塔から次の叫び声を聞いても、けっして身震いしなかった。

「メドゥーサ[26]よ、来い。彼女は彼を石にする」

彼はすでに石になった。そして、彼を救うために彼の目を覆う優しい手を必要としない。ここで私は想像力が創造したものを何といったら適用できるかを意図的に言う言葉は持ち合わせない。私が真のグロテスクの制作者を見守るのは、創造する者としてではなく、創造した人間を見るのである。彼の作品が野生的なのは、彼の周囲の世界の恐ろしさが彼の心に重くのしかかっているからである。それゆえ、世界全体を通して私たちは自然への深い洞察の証拠を見出せる。どんなに奇怪でも、彼の獣や鳥は真実の自然と深く関係をもっている。彼は無知な人でほとんど自然の法則を知らないかもしれない。彼は確かに忙しい人で自然を見る時間もあまりないかもしれないが、彼は蛇が道を横切るのを見れば、また、空を横切って飛ぶ小鳥も、石の上で日向ぼっこをするトカゲも見れば、必ず彼はそれ以後それらの動物を無意識には見なくなるほど、それぞれの動物の生命の荘厳さと内面の自然をよく学ぶであろう。彼は羽毛や鱗をうまく彫れないかもしれないが、それでも彼の作る生き物は咬んだり飛んだりするだろう。下劣な工人はこれと逆である。彼はけっして自然を感じもせず見もしなかった。彼が他人の作品を模倣しようとすれば、すべての彼の筆致や彫りは出鱈目になり、すべての彼の乱彫り乱描きは無駄になる。彼が、額に皺を寄せ、唇を歪め口先をとんがらせ鋭い歯を剝き出しにしても、みな無駄である。彼の作った生き物は見る者を不快にするだけであって、恐ろしくはない。

しかしながら、これ（自然を感じもせず見もしないこと）には別の原因がある。真のグロテスクは真面目な精神の休息ないしは戯れの表現であり、それとは反対の虚偽のグロテスクがあって、これは才能がそれほどではない人の精神の全力を傾注した結果である。精妙な配慮や労力で作り出された多くのグロテスクもあり、まるでそれが高尚な主題の作品である場合と同様に、それに労力が加えられている。その結果、工人はもはや明白に冷淡でなくなり、思想の脈絡のなさや突然の不合理な恐怖にも戯れの仕事だからといった弁解の余地はない。もし彼が真の恐怖心を目覚めさせるなら、それは真に荘厳な何らかの形態であるはずである。彼の突然のユーモアや突飛な空想力の発作に委ねてはいけない。もし委ねれば、それは彼の精神が生来軽佻浮薄であり、浮薄さの故意の追求に堕落していくからに違いない。ここにはここまで言及されたラファエロとルネサンスの卑しいグロテスクと真のゴシック・グロテスクとの間の本当の区別がある。教皇庁のグロテスクやアラビア風装飾と、その他の同類の作品――近代ではそれらは装飾模様になったが――は、卑しい目的に堕落した偉大な精神の成果である。葉の配置や人物の描画に適用された配慮と技巧と学問は、明暗が強烈で称賛すべきで正確である。それゆえ、彼らはナンセンスな薄い織物ではなく、立派で真面目な作品を当然生産すべきであった。もし私たちが人間の頭部を完全に描くことが出来、その表情や美しさを描ける画家であるならば、私たちはそれを切り落として、花輪の先端につけて髪の毛でぶら下げるようなことをしない。いや、私たちがそうするとすれば、何か問題があることを意味する。もし私たちが最善の力を尽くしてもそのような卑しく空しく些細な事柄しか出来ないならば、その能力に何かが欠けているに違いない。さらに、私たちがどんなに技巧的にすぐれ、どんなに学識があっても、高尚な真実を理解する真剣さに欠け、高尚な恐怖を感じ得る思考力に欠けているのである。神聖な恐怖は、凝った玩具で巨きな力を浪費する人の仕事には見出せない。なぜなら、そのような恐怖が私たちに送ってくる第一の教訓は、人間の魂の価値と人生の時間の短さということだからである。

私たちは洗練された完全な装飾をもつことは出来ないのだろうか？と問われることだろう。すべての装飾は無知な者、粗野な者の作品であろうか？　そうではない。だが、無知と粗野が減少するにつれて、装飾は合理的になって、グロテスク性は消えてゆく。最も高尚な教訓は、装飾によって示され、最も厳粛な真実は、装飾の中に圧縮される。「創世記」は、その出来事を充実させ、その意味を深化させて、ギベルティ（フィレンツェの彫刻家）が彫ったフィレンツェのサンタ・マリア・デル・フィオーレ寺院の洗礼堂の扉の葉飾りの額縁の中に圧縮されている。しかし、ラファエロのアラビア風装飾は凝っているが安逸な作品である。そこには意味もなければ、心情もこもってない。それは不自然で奇怪な出来損ないである。

グロテスクが高級な芸術へ移行する過程において、工人（職人）がより良い知識を教えられ、さらに真摯な仕上げが出来るようになるにつれて、二通り（ギベルティとデューラーの二例を挙げる——訳者）で進行し工人の能力が増すにつれて、工人は自分が表現できると感じる美へ益々専念し、それでグロテスクが発展して美しい芸術になり、穏やかになって人びとに馴染み易くした。それはギベルティの扉の例に見られる。あるいはまた、もし工人の精神が生来の陰気な瞑想に傾き易いならば、彼の作品の不完全さや冷淡さはより高尚な恐ろしさへと高まり、遂にはアルブレヒト・デューラー[27]の到達点では、時折画家の戯れや冷淡さが完璧な荘厳の域になることがある。例えば、「アダムとエヴァ」（銅版画）を取り上げてみる。彼が、アダムに鸚鵡が止まった枝と、それに掛けられた銘板——それには「北方のデューラーが一五〇四年に制作した」とある——を構図の中で彫った時、彼の精神は楽園にあったわけではない。彼は主題について半ば戯れ、半ば冷淡であって、いかにしたら懸命な彫刻師として良い仕事が出来るかとか、いかにして彼の名声に値する報酬を受け取るかとかを考えていた。しかし、アダムの頭部を制作した時、真の荘厳な域に達し、森を満たすあらゆる生き物を深遠な真実性をもって彫るまでになった。それで、彼は貴婦人と森の神（半人半獣の神）の場合には、壮麗な紋章付き外套を彫るにあたり、兜の周辺に翻る優美な襞を投げかけて、婦人の額に繊細な冠を織り込んで、一種の戯れに興じた。だが、盾の恐ろしい頭蓋骨に戯れは見られない。「騎士と死」でも、「黙示録」への挿絵の竜でも、戯れや冷淡さはなくて、グロテスクは、死や原罪の本質を最も例証する、ぞっとする種類のものである。そして、これが私たちを高尚なグロテスクがそこから発展した根本である第二の精神状態、すなわち皮肉の気分へと導くことになる。

(B) 皮肉屋（風刺家を含む）の気分

この章の前半で、私が低級な気晴らしで生産される種類の芸術について述べた時、風刺やユーモアの表現については言及せず、装飾の形態についてのみ述べた。しかし、世俗的精神にとって、この風刺やユーモアを込めた表現――特に目上の者の失敗についての表現（あるいは風刺）――ほど生き返った気分にしてくれるものはないようである。さらに、未熟な人たちが自由に自分を表現してよい場合には、多少なりと、刺激的なユーモアが彼らの作品の主要な特徴になるのが認められる。近代において古典への復興を求めたルネサンス的生産が個々の工人の独立した表現を沈黙させた後、工人のユーモアや風刺は、チャールズ・ディッケンズ(28)の率いる一群にのみ許された特別な表現や言葉による機知としてその場しのぎで消えていった。以前にはこの能力のすべては、高尚な芸術に分類され、大聖堂の彫刻において永遠に残る形態で表現された。その地位に不調和で不適切なものがあるとは考えられない。なぜなら、建築者たちは、現代において私たちがあまり認識していない真実を深く感じていたのは明白だからである。それに、愚行と原罪はある程度まで同意語であったし、邪悪な面は憎むべきであるだけでなく、軽蔑すべきであると万人が感じるなら、それは人類一般にとって良いことであろう。それゆえ、愚行は最も馬鹿馬鹿しい形態で表現されてよいし、工人たちの最も粗野な機知によってでも、愚行にうつつを抜かしている人物たちの戯画化に拍車がかけられるのは良いことであろう。

悪のもつ超自然的能力もこの種の風刺の対象から免れることは出来ない。なぜなら、悪い天使たちがどんな憎悪や恐怖の気持ちで見られても、彼ら悪天使どもが征服される者として見なされるのが、キリスト教の条件の一つだからであり、これは単に聖者たちの王（キリスト）との偉大な戦いにおいてだけでなく、キリストの召使たちの中で最も弱い者との毎日と毎時間の戦いにおいても悪天使は征服されるからである。工人のもつ抽象的構想力が劣っていくと共に、精神的資質の高尚さも減少し、悪鬼との戦いも恐ろしさを減じて想像されるから、その結果、遂にはそのような戦いでほとんどいつも征服され恥辱を受けた悪の手先どもは恐怖の対象だけでなく、軽蔑の対象となったのである。

さまざまな軽蔑すべき形態や変装によって悪魔の目的や悪魔的なものを表現する迷信が、観念の上で徐々に堕落していくのを助け、奇妙で醜い動物の姿を作り出すように工人の研究を導いた。その結果、遂には最も真面目な主題の場合でも、悪鬼どもは恐ろしいよりも滑稽千万な存在になることが多い。これはまったく避けられない。なぜなら、単なる堕落だけでなく、堕落の何がしかの条件（例えば誇張による戯画化——訳者）がなくては強烈な邪悪さを表現することは出来ないからである。陰険な悪意や驕り、これらが極端になると、高尚な形態で描くことは出来ない。そして、悪魔的精神を天使の姿で表現するのに絵画で成功した例を、私は知らない。ミルトン（イギリスの詩人）は人物に合わせて精神の動きを叙述し、それゆえ、その姿を英雄的に恣意的に叙述することが出来たから成功した。しかし、その姿は絵画に描けるほど明確ではない。ダンテは（罪人を表現しようとしたが——訳者）、外的に曖昧にせずに明確に叙述したから、その姿形が悪魔的だと彼が感じる前に、その姿形を堕落させてしまった。ジョン・バニヤン（『天路歴程』の著者）も同じである。彼らは二人共に彼ら自身の造形人物を作る際に、ミルトンよりも堅固な信念をもっていたし、原罪の本質に対してより深い洞察力をもっていた。ミルトンは悪鬼をあまりに高尚に表現し過ぎたし、邪悪さのもたらす汚れ、不揃い、憤怒を感じなくさせた。彼の悪魔には悪い目的（天使たちへの反逆）に適用された偽善にもかかわらず、ある程度の訴える力がある。[29]

その訴える力は勇敢、決断、辛抱、計画の慎重さといった美徳の力によっているが、最後の慎重さは、過度な原罪の「狂気」と対立している賢明で聖なる性格として卓越している。もし浅薄であっても虚偽でないならば、このすべては円滑で芸術的な観念である。他方、ダンテの描く悪鬼の名状しがたく制御できない憤怒には特別な崇高さがあって、みずからの能力を減じたり、みずからの目的を挫折させたりする。でも、的外れになったり、無意識にみずからと対立したりして、形態と行動の顰蹙を買う面によって、さらに卑しめられる。その時の粗野な感情のために何かが赦されるが、ダンテのような人たちは、みな最善の仕事をすることの出来る時に、現世に遣わされたと私は信じている。さらに、彼は人類に、天国と地獄を可能な限り生き生きと描くように定められていたので、彼は恐怖による美の最も厳しい対立を提供する国と時代に生まれたし、最も明確な表現で書くことが許された。それゆえ、他のどの詩人も書けない「地獄編」の章句があるけれども、私はその「地獄編」をその章句ゆえに完璧だと思っている。というのは、「過度な悪」[31]の一つの特性は卑猥さ――肉体についての考えや行為に見られる一般的な卑しさ――であり、その完全な描写が示されれば、必ず注目され、強調した線描で、肉体的堕落への傾向が示されるからである。ダンテの時代では、この傾向は率直に示されたが、今はそうではない。それゆえ、「地獄編」の二一、二二曲は悪魔の本性の最も完璧な描写だと私は思っている。位の高い悪魔が沈黙のうちに敏速に事を運ぶ様子は恐ろしく、これほどの描写はないように思えるから、極度の恐怖心が混じって、それらの場面は最も完璧な例を示しているわけである。その例については、恐ろしいグロテスクを私はよく知っている。しかし、「地獄編」全体は、『妖精女王』[32]と同様にこのグロテスクに満ちている。これらの二つの長詩編は、アルブレヒト・デューラーの作品ともども、読者がゴシック大聖堂への言及なしに、その最も高尚な形態でグロテスクを研究出来るようにしてくれる。

冷淡なグロテスクの卑しくて高尚な条件（ダンテは意図は高尚だが、描かれた対象は卑しく貶められている——訳者）があるように、この風刺的グロテスクの卑しくて高尚な条件（『リア王』の道化——訳者）もある。それと誤解される条件は、快楽に捧げられた人びとの悪意から生じるものとして上述された条件[33]である。その条件では、野卑と汚れが主題だけでなく工人にもあって、それゆえ、工人は美徳や美よりも悪や病弊を好んで表現するし、それらを凝視するのを主に楽しむ。もっとも、彼は自分のもてる鈍感な機知でそれらを嘲笑するのだが。ヤング[34]は穿ったことを言っている。

愚者を侮蔑しないことは、愚行にはならない（一例はリア王の道化は愚行をしていない——訳者）。

美や威厳の何らかの形態がそれに混じっているかどうかを観察するだけで、このグロテスクを、それに対応する高尚なグロテスクと識別するのは容易ではない。なぜなら、もちろん高尚なグロテスクは、良い目的のために美と対照させてその作者によって用いられた。しかし、下品な工人は下品なもの以外何も思いつかない。その工人の作品のどの部分にも美しさはなく、よくても定規で測られたような決まりきった美しさがあるだけで、そういう美しさは型通りの容姿に依存している。しかし、この定規によらずに、醜いグロテスクそのものを調べることだけに頼るなら、それが下品な流派に属していれば、第一にそこには恐怖はなく、第二に自然もなく、第三に慈悲もないことが分かるだろう。

第一に恐怖がないと私は言った。なぜかというと、卑しい魂は原罪を恐れず原罪を憎まないからである。たとえその魂がいくらその作品を恐ろしくしようとしても、その恐怖には真の迫真性がない。その魂が精々出来る事は、その作品が不快にならないようにすることであろう。

第二にそこには自然がないと言った。人類が陥り易いさまざまな悪行について言えば、人びとがその教訓を理解せざるを得ないほど、悪行を野蛮な生き物に仮託して表現することは神の意思にかなうことかもしれない。それは神によって提示された目的の一つのようである。また一方では、悪のこれらの表現は、人間の場合なら同じ悪行が掻き立てる不快感と憎悪の念を抱かせるが、下等な動物の場合、そういう感情を抱かずに観察出来る。かくして、獰猛、狡猾、怠惰、不満、暴食、不潔、残酷——これらがそれぞれ極端な形態でさまざまな動物によって表現される。そして、それらは活写されるので、人びとが人間の容姿と関連して同じ悪行を指摘したい時、人びとはあちこちで動物の特徴を借用する。工人がこうして動物への凝視へ導かれて、そこで力や高尚さと結合した必要な悪の表現を彼が見出した時、彼の精神が正常なら彼はこの新しい研究に興味をもつようになる。そして、それゆえ、すべての高尚なグロテスクは、動物の性格の最も見事な描写に満ちたものになる。しかし、下品な工人は、この種の興味をもてないほど鈍感なので、微妙で驚異的な線描――これが低級な動物の表現を決定するが――を、正しく評価出来ず、怠惰から、その線描を仕上げることも出来ない。それで、彼は世俗的な誇張で満足し、彼の作品を鈍感な悪意と卑猥な無知の塊として、奇怪なだけでなく虚偽のものとしてしまう。

最後に、そこに慈悲がないと言った。高尚なグロテスクの風刺が人間性に向けられる場合、その風刺は憤怒の只中で多くの悲しみと混ぜられて、表現される。その最高の形態では、リア王の道化の優しさと同じように無限の優しさが込められる。そのため激しい皮肉な何かでさえ、その風刺はそれが攻撃する対象のよい性質を見失わないし、その償うべき特徴や容赦すべき特徴を認める。だが、下品なグロテスクには憐憫の情もなく、そのグロテスクは罪悪を喜び、中傷するためだけに存在する。

風刺的グロテスクの偉大さと卑小さの両極の間に存在するさまざまな形態を追究する紙数は私にはない。読者がいつも忘れてはいけないのは、最良と最悪の間に無限の隔たりがあるけれども、常にその時々の状況により、悪か善に傾き易いということである。不純と悪意が徐々に高尚な形態に忍び足で入り込み、人間の魂の諸要素の計り知れない混合によって、創意と機知が低級な形態を高めるのである。

(C) 病的な想像力を自制出来ない気分

読者がいつも心に銘記すべきことは、恐ろしいグロテスクはその素材を見出した対象事物を、その真の光に照らして、魂のもつ全エネルギーをもって、構想することである[35]。そうすると、それら事物はグロテスクであることをやめ、完全に荘厳になるのである。それゆえに、それは構想の能力や意思を減少させる。また、構想を少なくし、グロテスク性が依って立つ恐ろしいイメージを結果として歪めることになる。この歪曲が三通りで行われる。一つは冷淡によってであり、次いで二つ目は風刺によってであり、三つ目は想像力が自制出来ないことによってである。

私たちが最終的に考察しなければならないのは、グロテスクのこの最後の原因である。すなわち、強い想像力がもたらす恐怖心や、最高の真実を把握しようと努める人間的能力が挫折することによって、引き起こされる心的印象の誤謬と野放図である。

掻き乱された夢の中で万人に訪れるグロテスクは、この種の最も分かり易い例である。夢の中では、想像力は理性からのすべての手助けを完全に奪われ、自己制御が出来なくなる。しかしながら、想像的能力の最も高度に発達した形態もまたある程度制御不能であって、その形態には夢の特性と似た何かがある。それゆえ、本人に元から備わった未来を読み解く先見的能力を超えて、まるで預言者が舞い降りたように、彼の日頃の思いや考え以上に言葉が語られ、幻視を起こす。ただし、全人[36]が完璧に鍛えられ、全人の精神が穏やかで一貫性があり、強力であるなら、全人に訪れる幻視は完全な鏡の中のように穏やかで合理的能力と合致しているのが認められる。しかし、精神が不完全で鍛え方が悪いなら、幻視は割れた鏡の中のように、奇妙な歪み、不一致を伴っているのが見られる。熱情は、繰り返し寄せては返すさざ波となって、鏡に息を吹きかけて曇らせ、遂には幻影の痕跡が消されてなくなる。厳密に言えば、想像力はけっして支配されないし制御されない。人間のその他の能力は想像力がかき鳴らす楽器として人間に属し、想像力が書き留める銘板として人間に属している。もし弦を滑らかにする蠟が誠実に働けば、清澄で荘厳な音を奏でる。汚れて品質が悪ければ、グロテスクで野性的な音しか出ない。かくして、『イーリアス』「地獄編」(『神曲』の一部)、『天路歴程』『妖精女王』はみな真の夢である。ただし、人びとの眠りの中に訪れる夢は、神が贈ってくれた深い生きた眠りであって、神からの呼びかけを顕わすものとして、死んだような眠りの中でも、その眠りには神聖さがある。

曇った鏡といびつな鏡との相違を注意深く観察したまえ。比喩が多いという理由で私を責めないでもらいたい。この方法はあらゆる方法の中でより明瞭に私の真意を説明することになるのだから。大抵の人たちの精神は曇った鏡のようで、そこではすべての真実がぼんやりと映って見える。それは聖パウロが語った通りだ。これは人間に最もよくあって最も致命的な欠陥である。心情が鈍感になり視力の曇りがひどくなると、無慈悲と盲目に至る。さらに悪魔が鏡に息を吹きかけると、私たちがその息の曇りを何とか拭い去らない限り、鏡に像は映らなくなる。しかし、何とかして曇りを拭い消すなら、恐るべき歪みをまだ有していても、前の場合と同じではなくなる。私たちがそれをはっきりと見ることが出来さえしたら、像の歪みをある程度斟酌することが出来るからである。そして、堕落した人間の魂はたかだか周りの風景を小さく区切って見せる鏡のようなもので、さらに広い世界の偉大な真実から見れば、割れた鏡で世界の一部を見せているに過ぎない。視野の範囲が広ければ、魂の洞察する真実が巨大であれば、それだけ真実の歪みはよりとてつもないものになるようである。それはちょうど望遠鏡で最も遠くを眺めようとする時、風と水蒸気が望遠鏡の視野を惑わすようにである。

真実がその全体性をもった静穏の状態で、想像力[37]によって見られる限り、人の物事を見通す力（透察力）[38]は卓越している。しかし、人間の見当違いな見方によって真実が狭められ破壊される限り、見える像はグロテスクになる。少しのグロテスク性もなく、真実が強調されて想像力に印象づけられることは、良いことである。見えている世界が限定される程度に比例して、その様相にかえって想像力が飛躍し強く印象づけられるのは、グロテスク性が多くなるからである。聖書に記録された夢のすべて――ヤコブの夢も、ヨセフのも[39]、ファラオのも、ネブカドネザルのも[40]――は、グロテスクであり、「エゼキエル書」や「黙示録」にある付属的な場面のほとんどすべてがグロテスクである。かくして、ヤコブの夢の中で神はヤコブに天使の救いを顕わすが、この救いの意味を彼が完全に理解しないなら、その夢の意味は狭められて天国と地上の間の梯子にしか見えないだろう。その場合、これもグロテスクである。ヨセフの二つの夢は、神の特別な預言であることの明晰さをもっているので、彼に向けられた神の目的のゆるぎないしるしとして意図されたのは明白である。しかも、彼の運命をあらかじめ知らせるのではなく、預言が実現した後に、初めて理解されるものとして、そのようなイメージでヨセフの夢は暗示されている。太陽、月、星は、その時代においても、聖書全体を通しても、高い権威のシンボルであった。ヨセフがエジプト全土の王になることは彼自身には明かされないが、最も崇高な支配のシンボルを登場させることによって、彼の家族は彼に従う臣民、彼自身にも自分が王になる預言として、あとあと彼には感ぜられただろう。彼の同胞が彼の前で特に服従を表わす機会は、彼らが穀物を買いに来たことを意味するのだが、それは彼には明らかにされない。その事件が起こった時、彼に対する彼らの服従をイメージする預言的メッセージが、小麦の束の形態に隠されていることを彼は感じてはいけなかったのだろうか。太陽が臣従の礼をとり、小麦の束が穂を垂れるという二つのイメージ——偉大な真実の預言としてはあまりに狭い不完全な暗示だが——は、両方共にグロテスクである。ファラオの牡牛が共食いしたり、ネブカドネザルのイメージが金と土くれであったり、眼が幾つもある四頭の獣だとか、「エゼキエル書」と「黙示録」に出てくるさまざまのイメージは、すべて同種のグロテスクであり、これについて今さら私が詳述するには及ばないだろう。

しかしながら、そのような象徴的主題は象徴的（シンボリック）グロテスクのもとに配置されるべきである。私たちが意図しようとしまいと、シンボルに畏怖の要素が入り込んだ場合は、それらが他の多様な恐ろしいグロテスクとして分類されるのをとどめる手立てはない。なぜなら、たとえ幻視の中のシンボルが恐ろしくなくても、その背後でヴェールに覆われたものの意味は、そのシンボルが無意味であったり奇妙であったりすることに比例して、それだけ畏怖すべきものになるからである。この疑惑、不安、好奇心が混合したスリル感は、人類がシンボリズムを楽しむ気分の根底にある。芸術が発達している処で、シンボリズムが普遍的に採用されるのは、たまたま言葉による代わりに絵画によって、といったように、真実伝達のため偶然起きた必要事ではない。ある事物が外観よりもっと偉大なものであることを理解した時に、必然的に起こる神への畏怖の表われである。その畏怖は人々の心情にとって魅力的に映ったようである。なぜなら、これが発明されたシンボルについて真実なだけでなく、私たちの生きている周囲のすべてについて真実であることを神が私たちに理解させたいからである。さらに、眼が見、耳が聞くよりもっと深い意味がそこにはあるし、永遠で真実の事物に比べれば、眼に見える創造物のすべてが単なる破滅し易いシンボルであることを神が私たちに理解させたいからである。キリスト教会が時代を超えて、次の信念を愛しく大切にすることは、思慮深い人たちにとっては、括目すべき問題である。その信念とは、黙示録的王座を取り巻く四頭の生き物が四人の福音伝道者のシンボルで、その四頭の生き物が絵画による説教の中でこうした四頭の生き物の形態を借りるのを我々が好んでいるという信念である。さらに、子牛、鷲、人間の顔をした獣は、いつの時代でも人間の威厳ある容姿よりも、福音伝道的能力と霊感を表現するものとして、キリスト教世界によって好まれたし、風変わりなグロテスク、例えば無様で時には馬鹿馬鹿しく戯画化されて表現される動物群は、万人によって満足感をもって見られるし、畏怖の念をもっても見られてきたのであり、福音伝道書の著者たちの性格や人柄を、言葉によって表現しようとするすべての努力を凌いだ。ただし、明確な宗教上の目的もなく描かれた幾つかの作品例を除いてのことである。

もし私たちが畏怖の念を共有し、シンボルで満足することも正当であると思わなければ、これまで述べた事柄は、私たちにとっては奇妙なこととなるだろう。なぜなら、私たちが意識しようとしまいと、そのように聖なる意味を有する獣的形態は、マタイからでも、マルコからでも、ルカからでも、ヨハネからでもなくて、創世の初めから創造されたものであり、私たちはそれらの創造された事物によって初めて世界を理解することが出来たのだから。全世界とそこにある万物は、低級であっても高級であっても、大でも小でも、繰り返される神の福音であり、神から疎外された異教徒が神の栄光を、堕落した人間に似たイメージの鳥や獣に変化させたように、神へ近づくキリスト教徒はこの仕事を元に戻し、堕落したものを神の栄光のイメージに変える――そう思うであろう。さらに、私たちの信仰によって、どんなに卑しい創造物でも、天国へ飛翔出来るほどの翼を与えられると信じるし、また、どんなに偉大で麗しい創造物でも、キリストの福音の些細なシンボルになるし、神を愛する人びとのために神が準備した事物のささやかなシンボルになると信じる。

もしこの考えを推し進めて、象徴的言語（広義の言語）が精神にいったん馴染んで、その厳粛さを十分に感じることが出来れば、制作や構想の段階で、対象物の嫌悪すべき、ないしは弱々しい性格にも腹を立てるべきでないと理解するだろう。この光に照らしてみれば、卑しい形態も、陳腐な出来事もなく、それはただ荘厳の趣きを宿すだけだろう。想像力に活力があり、熱情が誠実であるほど、シンボルに込められた意味を楽しむ可能性は大きくなる。そのシンボルの神秘性はむしろ平凡な外見によって高められるのであり、また別のシンボルには、神聖な意味と威厳が外的形態のこの上ない怪奇な雰囲気と対照される。それは単に怪奇と対照されているだけでなく、悪意と卑劣のいかなる外観とも対比させられていない。見る者はこれで不快にはならなくて、創造物の枠組の中での外観的悪はその神聖な根源を無効にはしないし、シンボルに悪や不完全があってもその神聖な伝言を無効にしないことを理解する。かくして、時には、遂にデザイナー（意匠家）が彼の作品を批評するデザイナーへの敬愛の気持ちに乗じて、わがまま勝手な作品を作るようになったり、彼自身の心情の不純さや野蛮さを無鉄砲に作品に浴びせかけることがあるかもしれない。なぜなら、それにも拘らず、彼の作品を見る者の信仰心によって、聖域の見事な金色で上塗りされているのを見る楽しみがあるからである。

しかしながら、象徴的な主題の場合には、恐ろしいグロテスクによっては十分に具象化されない場合がある。人間生得の能力では力不足の主題を扱う時、恐怖の直接の印象から知性が受ける要素と比較すると、知性の歪みの要素は、ないも同然である。とは言っても、死を目前にした人間の魂の震えは、大抵が知性の鏡のイメージを掻き乱し、それらのイメージに夢の発作性やおぞましさを与える。死を凝視して死の足音を聞くことで起こる苦痛は、人びとの心の中に、奇妙で抗しがたい迷信を生じさせ、お迎えの天使たちの行列を想起させる。迷信は精神に印象づけるために、威厳によって大なり小なり憂鬱になったり崇高になったりする。迷信は、グロテスク性を伴わないで、理性の麻痺と空想力の過度な興奮状態に基づいて、勢力範囲を拡大しようとする。

私は霊的なものが実際に存在することを否定するつもりはない。その存在を示す証拠の軽重を測ることもしない。それが存在するとしても、ここでそうしたものの表現を問題にしたいとも思わない。今吟味しているグロテスクとは、死を凝視することから生まれてくる精神状態であり、この状態で霊的存在や霊的亡霊の可能性を信じる時に生まれる恐怖心が、いかに人間の空想力をあおりたて、人を病的な行動に駆り立てるかということである。人間の能力を超えていると思われる創造物は、死に神の手先きとも言える自然現象が巻き起こす恐怖の手助けにより、さらにみずからの恐ろしい最終形としての骨格、すなわち骸骨として表現されるおぞましさによって生み出されるということである。

かくして、グロテスクの作品は、まず納骨堂の白く埃にまみれた恐ろしい処から生まれ出てくるが、その後、人間の最も聖なる愛情が付加され、私たち北方の民族に幾世代にもわたって受け継がれてきた野性的で素晴らしいイメージも当然込められていくのを、私たちは喜びの涙で確認する。森や波、岩や雲に潜み私たちを突然襲う破壊的力[41]は、時には恐怖で本能を麻痺させて私たちを堕落させるが、また時には日常を離れた外的世界に私たちを誘い私たちの精神状態をより高尚なものにする。最後には暗く歪曲された力の王国（死の国）の到来に私たちは屈服し、最も重要な領域がすべて侵され、その王国の臣民にみながなるわけである。そして、遂に生命の期限が満了する。遂には、渡る浅瀬がなくなり、私たちと天国を隔てていた川の水も、多量の水の流入が止んで、私たちすべての者の間に死はなくなり、私たちと神との間にシンボルもなくなる。

芸術のこの特殊な形態の発達に関与する、人間感情のさまざまな支脈の完成に近づく見解を今得たと信じる。グロテスクの実際の歴史で、どんな事実が私たちの直接の主題に関係があるかを、出来るだけ簡潔に明記することがまだ残されている。

私たちがその本質と見なすものから、一つの最も重要な次の結論に導かれる。人間精神のすべてが健全で活力があり、知性に劣らず想像力と情緒が十分に発達し、単なる理論的能力のみが卓越する状況でない場合には、グロテスクは充全なエネルギーに満ちて存在するだろう。したがって、時代や民族や共同体において、高尚なグロテスクの発達ほど偉大さを証明する確かなものはない。グロテスクの創意の不在やそれの理解不能力こそがその人間精神の矮小さや限界を証明する確かなものである。

想像力、モラル、知力――これら三つが最高の状態で完全に調和がとれて表現された作品の中央にいるのはダンテである。ダンテにおいて、グロテスクは人間精神が到達した最も顕著で最も高尚な発達度を示している。イタリアが生んだ他の二人の偉大な人物はミケランジェロとティントレットで、ダンテと同じ根源的な力強さで同じ能力を示したが、前者は学識によって圧迫され、両者共に彼らが生きた時代精神によって圧迫された。しかしながら、ミケランジェロにおいてさえ、グロテスクは不在ではなく、奇妙な幽霊のようにそっと現われることが繰り返しあって、衣服の襞や、野性的な髪の毛の結び目や、蟹のような手肢と雲状の裾の山塊状の混沌の中に潜んでいる。ティントレットでは、形式ばかり批評するつまらぬ批評家にとっては、今日まで謎であり腹立たしかったほどに、彼の最大の作品の構想全体をグロテスクが支配している。シェイクスピアの場合、私がそのグロテスクについて語るには及ぶまいし、フランス人のシェイクスピア批評について辛抱出来ないのも語るに及ばない。低級なギリシャ作家たちと対立するアイスキュロスとホメーロスについても語るに及ばない。第一級のすべての精神には、どの時代にもグロテスクを見出せると私は信じている。

諸民族の優秀性の指標として、グロテスクはそんなに確かな証拠にならず、民族の「優秀性」の指標という言葉の意味には合致しない。真に優秀でなくても、一つの民族が大きな影響を後世に与えることもあるし、その民族大衆の一時の熱情や憤怒によって、世界史に高い地位を占めることがある。他方、モラル性や共通感覚（付録Ⅶ参照）の鍛錬は、その民族の（規律を正して）身体的特徴まで影響を広げ、そしてその民族の福祉も高揚する。しかしながら、その民族の想像的創造能力は縮小していく。

一つの民族が、本当はそんなに価値のない民族であっても、正当な評価よりはるかに高く判断される場合があり、そのことで他の民族を一つの方向へ導くことがある。かくして、ギリシャ人は人体彫刻を完成し、彼らの文学上の人物を、鍛えられた容姿に描き、その容姿が近代的精神のある種の条件に付与された。彼らは世界で最も注意深く教育された民族であったが、もう二、三年もすれば、彼らをエジプト人やアッシリア人より偉大な民族であるとは、私たちイギリス人は思わなくなるだろう。

ルネサンス体制以来まだ残っている学校教育による偏見から出来るだけ脱け出して、全体的に包括された人間の魂が、どの民族によって最高の崇高さに達するかを発見しようとするなら、二つの偉大な民族系列、すなわち東方と南方の民族と、西方と北方の民族に見出せると私は信じる。前者は、エジプト人、ユダヤ人、アラブ人、アッシリア人、それにペルシャ人である。後者は、起源が何処かはよく分からないが、スカンジナヴィア半島から流出したようであり、ノルマン的ゴシック的エネルギーをもって、ヨーロッパ全土を満たした。両方の民族系列共に、彼らが至高の力を発揮した処では、グロテスクが最高のエネルギーに満ちて発達した。そして、ニネヴァの有翼牡牛とヴェローナの有翼の竜といずれを最も称賛すべきか私は知らないが、どちらも見るべきものである。

今まで「グロテスク」という主題に注目しなかった読者は、これらの偉大な民族の高尚なグロテスクと、インド半島の一部の作品（インドでは後にガンジーがラスキンを紹介、継承した——訳者）や、太平洋諸島の未発達な人たちの作品に見られるような、未発達状態のグロテスクの両者を識別するのに、最初は困難を感じるだろう。しかし、制作の過程を考えてみると、作品を手先が完成しようとしている時に、その手が突然止まる時がある。もしそのまま完成させたら、その作品は失敗に終わるに違いないのだが……。これにより高尚なグロテスクは美の真の評価を作者に呼び覚ますことが、読者には分かるだろう[42]。しかるに、サンドイッチ諸島の島民のグロテスクは、その対象物以上の何かについては感受性も想像力も働かない。グロテスクが美の感得能力のなさから生じる結果に比例して、そのグロテスクは未発達で野性的になることが分かる。さらに、グロテスクと言っても、そこには多くの進歩の段階がある。その最高の時でも真に未発達のグロテスクは、洗練されたゴシック時代にも出現するし、悪い傾向や卑しい戯れから生じる下劣なグロテスクの他の形態とも混じり合う。人間精神の歴史において、粗末で馬鹿馬鹿しいイメージが、彫刻であれ、彩飾であれ、中世の作品において最も厳粛な主題と混じり合う様式ほど神秘的なものはない。そのような矛盾は、上述の通り、定義しようとしてさまざまな原理に基づいて説明することが出来るけれども、多くの例では、それらの矛盾は明らかに悪と官能の結果である。ある時代に共通している優れたところや誠実は人間の本性の回復に影響しないし、(43) その芸術が多数の工人に委ねられている時に、最良の時代の芸術にあっても、不敬や愚行や不純の表白を見出す。

一部は想像力の病的状態の結果と言える高尚なグロテスクでは、その表現自体が高等な段階として見られるし、それゆえ、私たちがグロテスクな作品の等級を判断する場合、一般に創意の工夫が感じられる程度によって決まる。このことを特に加筆しておきたい。読者はこの章の図版Ⅷを参照して、この能力を自分の中で試してみるとよい。その図版の左側には高尚で創意あるグロテスクの作品が掲載されているが、これはサン・マルコの獅子のシンボルの頭像であって、ヴェローナ風ゴシックに由来する。もう一つの図は、ヴェネツィアのコルネール宮殿（「女王のコルネール宮殿」Palazzo Corner della Regina）の礎石に置かれた盛り上げ装飾（原文ではboss）として導入された頭像であり、完全に創意に欠け、眼球や頬の誇張した彫りによって奇怪にされて、今私たちが関わろうとするヴェネツィア後期ルネサンス・グロテスクの一般的特徴となっている。(44) そのグロテスクの発達は、他のヨーロッパの都市においては、その発達を調節する法則とは異なる法則の下で行われた。ビザンティン的精神は別の方向では偉大であると思うが、それはグロテスクの要素がないことによって衰退する民族の精神として注目される。その影響のために、初期ヴェネツィアのゴシックは、この特別な特性（ビザンティンから受け継いだグロテスク性の希薄さ）のために他のすべての流派より劣ったままであった。馬鹿馬鹿しく、あるいは、恐ろしいイメージの表現を試みて、恐ろしいイメージを試みた一時期の失敗した作品ほどすごいものはない。特に近隣の都市ヴェローナの荘厳なグロテスクと比較すると、そう言える。ヴェローナでは、ロンバルディア人の影響が完全に支配していたからである。ヴェネツィア的精神の力強さがこの方向で現われたのは、コンスタンチノープルとの関係の最後の絆が切れてしまってからである。しかし、ヴェネツィア的精神は遭遇する新しい敵をもった。ルネサンスの法則が建築においてその想像力を阻んだのである。そして、ヴェネツィア的精神は、ヴェネツィア人画家たちの作品で始めることによって、自己表現をする許可を得ただけであった。ヴェネツィア的精神は真面目な主題でも猿や小人で作品を満たし、ヴェロネーゼやティントレットを導いて、形態や色彩の面で最も予想外の野生的なファンタジーを生み出すに至った。

　ヴェネツィア最後の日まで、ゴシック的グロテスクの特性をこのように保存してくれたことに、私たちは深く感謝してよい。ヴェネツィア以外の他のヨーロッパのすべての地域の、未発達な芸術の時代に、それは最も強力であった。一三世紀全体を通してそれは強力であった。一四、一五世紀には、徐々に飼い馴らされ、一六世紀では芸術における解剖学や法則の知識が喧伝されて、力尽き息絶える。しかし、その精神が他の国では意気揚々としていた時に、ヴェネツィアでは、受け入れられず、他の国でその精神が圧迫されると、ヴェネツィアに隠れ家を求めて潟海（ヴェネツィア本島はラグーナと呼ばれる浅い海に取り囲まれる――訳者）へ逃れた。そして、その精神は、もったいぶった長衣を着た姿でヴェネツィア派画家によって飾り立てられ、最も広範囲なヨーロッパに支配権が及んだ時代に、けっして受け入れられなかった名誉ある地位にまで画家たちによって高められた。一方、今度は返報として、その精神は彼らの絵画の部分の充実、痛烈な風刺、即断即決、それにモザイク画のような空想的産物の混入――派手と荘厳の交互の混入――を与えることになる。それらの与えられた諸要素は彼らの近寄りがたい彩色能力の発達にとって最も必要とされたものであった。

グロテスクが、ある民族の芸術に現われないからといって、グロテスクな場面が民族精神に存在しないということにはならない。戯画という形態をとる以外に、現代のイギリスの作品にはグロテスクの痕跡を辿ることはまず出来ない。しかし、イギリスの工人たちの精神は、もしイギリス人がそれに形を与えるようにさえしたら、グロテスクに充満することだろう。彼らは毎日身振りや皮肉でグロテスクを表現しているが、それが役に立つ場合に、それを表現することを許されない。同様にして、ビザンティンの影響が、初期ヴェネツィア建築においては、グロテスクを抑えたけれども、グロテスクはいつもヴェネツィア精神に存在したし、さまざまな形態の民族的習慣や祭典には現われた。例えば、演劇においては機知、感情、ユーモアが充満しその中にグロテスクが現われた。この章の初めに叙述した帽子とオレンジの儀式は、おびただしい例の中の一例である。アクイレイアの総大司教ウォルダリックの屈服を記念して一二世紀に創設された儀式は、もう一つのさらに特徴的なものである。その当日の儀式は、これらアクイレイアの代表たちの首切りと、その身体の各部分を元老院議員たちの間に分配することを意味していた。ドゥカーレ宮殿の幾つかの室に木製の城を建てることで、アクイレイア攻撃の象徴的記録を残し、その木製城を総督と元老院議員たちが棍棒で叩いて破壊するのであった(45)。総督と元老院が真に王者らしく高貴である限り、ヴェネツィア人たちはこの儀式が継続されることに満足したが、総督や元老院議員たちが高慢で利己的になり、贅沢によって彼ら自身と国家を破壊しそうになると、国民たちは彼らの威信と矛盾していると思い、一五四九年に元老院に関する限り、その儀式は廃止された。

これらとその他の似た現象によって、グロテスク精神は、ヴェネツィア国民のすべての力強い運動を通して跡づけられる。しかし、それと単なる軽佻浮薄の精神との間を注意深く識別することが必要である。『ヴェネツィアの石』五章「ビザンティン様式宮殿」でヴェネツィア人は明白に真面目な人たちであると私は述べた。「真面目」というのは、イギリス人はフランス人より真面目な国民であるという意味においてである。もっとも、ロンドンの下層階級の平生の談話には、パリの人民の精神の基調とは違ったユーモアがあるのだが。戯れの休息に耽るのと、快楽を求めて憂き身を窶《やつ》すのとは別である。厳しい労働のあと、反作用としての陽気にはしゃぐことや、完遂された義務や完成された結果に対する満足によって表われる活気に満ちた陽気さは、深い内的な生来の真面目さと矛盾がなく、その真面目な気質から当然生まれてくるのである。このような作者は戯れのグロテスクの豊かな発達に至る精神状態のもとにある。それに反して、快楽の継続的追求は魂から敏活さと柔軟さを奪うし、無情で卑劣で愚劣な冗談しか浮かばないし、幸福な冗談や洒落を言えないようにするのである。かくして、ヴェネツィア人の初期の履歴では、冗談は結構多いけれども、軽佻浮薄なところはなかった。それどころか、貿易上や政治上の成功の追究と、宗教への献身には、強烈な熱意があった。宗教への献身が不動の決断と密かな思慮をはぐくみ、高度な次元で混合させるように徐々に働いた。その混合は時には妙な具合に作用し、闇の中で、真面目な部分が残っているにしても、良心は破壊された。ヴェネツィア的性格は、彼らの最高の能力が発揮される時に識別出来る。もしそのヴェネツィア人の性格を、たぐい稀な描写力で表わしたヴェネツイア人の絵があれば――ヴェネツイア人の特徴の甲の要素が乙の要素より注目されるなら――、考えに沈んだしかつめらしい表情になるだろう。

イタリアの他の地方では、最も名高い構図に表わされる頭部像の威信は、明らかに画家個人の感情のせいである。画家はモデルの値打ちを高めに理想化し、画家自身の周囲にある人間の本性にある欠陥や弱点をいつも覆い隠しているようだ。その結果、画家の最高の作品でも、画家自身の精神の色彩を完全に表わさず含意されたものになっている。もし影響もされず修正もされなかった描写であったら最も印象の薄いものになる。だが、ヴェネツイアでは、すべてがこの逆である。画家の精神の基調は、しばしばある程度馬鹿馬鹿しく官能的であるようだ。コスチュームや、家庭的なグロテスクな出来事(喜劇[46]が盛んであったので、家庭的喜劇の素材)や、裸体の容姿の研究などを楽しんだ。しかし、画家が明確に肖像画に打ち込む時には、すべてが高尚で真面目になる。画家の作品が文字通り真実であれば、それだけ荘厳になる。聖母マリアや使徒を描く際には陳腐な作品にしかならない画家が、画題が十人委員会の一人であったり造幣局の専属画家になったりすると、近寄りがたい荘厳な作品にまで高められる。

一七世紀末までのヴェネツィア精神の一般的基調と進展は、このようであった。まず真面目で宗教的で誠実であった。それから、真面目ではあるが、比較的良心を奪われて、厳しく陰険な手練手管に衰退していく。最初の場合、高尚なグロテスクの精神は少しも現われなくて、ただ話し言葉や行動に現われるだけであった。第二の場合、その精神は構成の付属部分や活力ある部分を通して絵画に発展したが、完全な威厳はいつも肖像画に保存された。第三の局面は急速に展開した。

もう一度そして最後に言っておくが、ヴェネツィアの国力の衰退の始まりとして、ずっと前に指摘されたトンマーゾ・モチェニーゴ総督の死という重要な時代に、読者は注意を向けてほしい。衰退の始まりは、死にかけていた元首(総督)の言葉によるだけでなく、はっきり読み取れる特徴がある。彼の後継者のフォスカリが元首に即位する時、「この都市は丸一年間祝祭を続行する」と言ったと記録されている。ヴェネツィアは、幼い頃に涙ながらに種子を蒔いたが、収穫時には歓喜して刈り取った。その都市は今や高笑いしながら、死の種子を蒔いたのである。

それ以後、ヴェネツィア国民は、来る年も来る年も、ますます募る渇きに負けて、禁じられた快楽の泉から飲み、地中の暗い湧水の穴を掘った。ヴェネツィアは、不屈の精神と献身で他のキリスト教国の都市を凌駕したように、快楽への耽溺の仕方の考察と、虚栄の多様な華麗さにおいて、他の都市を凌駕した。かつてヨーロッパの権力者がヴェネツィアの正義の判決を受けるためにその都市の審判席の前に立ったように、今やヨーロッパの若者たちがその都市から快楽の芸術を学ぶために、その都市の贅を尽くした広間に集まった。その都市の破滅の足取りを辿るのは、痛ましいだけでなく不必要である。古代の呪いがその都市に降りかかった。それは、「高慢とパンの充足と怠惰の浸透」という平原の呪いのことである。ゴモラの硫黄と火の雨のような致命的な、ヴェネツィア自身の熱情から出る内面を焼く火焔によって、諸国民諸民族に囲まれながらみずからの場所から消滅していった。その都市の灰燼は、死せる塩水の海の水路の息を詰まらせた。

注

（1）コルネールの名の付いた宮殿や別邸が幾つか残っている。英仏語では Corner というのは、ヴェネツィアでは Cornaro であったと考えると、Federico Cornaro という銀行家がいたことが知られている。彼は植民地になる以前のキプロス島で奴隷を使って砂糖キビ栽培をしており搾り機械を考案させて大規模産業に発展させ、儲けた莫大な資金を銀行業に投入し、ヴェネツィア第一の富裕な商人となった。ここでいうコルネールは、彼の家柄から出た者のことであろう（キプロス王妃にコロナーロ家から出た婦人がなり、王が没し未亡人になり、さらに長男も没すると、王権を捨て、キプロスの支配権を故国ヴェネツィアに譲渡した)。

(2) ヤコポ・サンソヴィーノ(一四八六―一五七〇)は、ヴェネツィアの建築界に四〇年君臨した建築総監督官。「サンソヴィーノの様式」と言えば、ヤコポの建築様式を指す。

(3) この頃、海賊などの攻撃があった。マジャール人などとトリエステ軍からの攻撃である。トリエステ軍はアドリア海の奥から向かい側のヴェネツィアへ海路をとって上陸した。

(4) ヴェネツィア国建築総監督官の息子フランチェスコ・サンソヴィーノ(一五二一―八三)。著述家として、『いとも高貴な都市ヴェネツィア』(一五八一年)など多大な著作を残した。

(5) 〔原注〕「白衣裳の古い慣習に従って装われて、肩まで金糸で編まれた髪を垂らして、婚礼に招かれた客たちに見てもらうために花嫁が私室から出てくる。婚礼が終了後、管楽器などの演奏に合わせて踊りながら、客に挨拶するのである」。

(6) 〔原注〕二月二日、カトリック教徒は一年間に用いた蠟燭を祝別して蠟燭行列をする。

(7) サミュエル・ロジャーズ(一七六三―一八五五)『詩』、『イタリア』のイギリス詩人。

(8) 『クェンティン・ダーワド』は、スコット(Walter Scott, 1771-1832)の代表作でロマンス物語である。老いたバラフレが主人公の代わりに強敵を倒して、ヒーローになることに言及。

(9) イタリアやトルコの古金貨が一三世紀にヴェネツィアで造られ、ヨーロッパ全域で流通した。造幣局(ゼッカ)で金貨を造ったからゼッキーニというが、正式の流通金貨の呼び名はドゥカートである(英語発音はダカットで、『ヴェニスの商人』に出てくる)。

(10) 「十人委員会」(一三三一年設置)は、「大評議会閉鎖」によって旧来の貴族が国を牛耳るための監視の組織であり、元首の総督さえ死罪に出来た(ファリエーロ総督事件)。

(11) 「キオッジャの戦い」は、ジェノヴァ海軍とヴェネツィア海軍の最終決戦で、ヴェネツィアが勝利した一三七九年の戦役。キオッジャ庁舎に敵側の旗が立ったが撃退した。

（12）〔原注〕運河に面した西側のかなめ石。
（13）ヘゼキア（日本語訳聖書ではヒゼキヤ）はユダヤ王（紀元前八―七世紀）。旧約「列王記下」一八章。ネブカドネザルはバビロンの王でエルサレムを破壊（前五八六年）しユダヤ人を捕虜にした。旧約同上書二四―二五章。ヘロデは、ユダヤ王（前一世紀）でベツレヘムにキリストが生まれると聞いて、幼児を皆殺しにした。
（14）〔原注〕原文は、"nisi fata Christianis adversa vetuissent."（「運命」という異教の言葉への卑屈さがある――訳者）。
（15）「グロテスク」とは本来ローマ時代の地下の「洞窟」（イタリア語では"grotta"）からの派生語。洞窟の内部には壁画のように異国風（オリエント風）の模様が描かれていた。そこからルネサンスのラファエロの絵の模様などがグロテスクと見られ、広い意味で異質性の文化をグロテスクと呼び、異質性が内在化され、新芸術文化を生んでいくとする（付録I参照）。
（16）ラスキンの影響でモリスは「装飾芸術」（『民衆のための芸術教育』所収）で「大芸術」と「小芸術」（副業から生じた民芸）とに分けた。「高級芸術」は「大芸術」のことである。
（17）教育を受けて教養を身につけることより、無教養の人びとであっても、その人本来の力や才能を引き出すことが重要である。例えば建築装飾においても無教養な人からでも才能を引き出すことが問われる。
（18）幸福な状態は発見した知識に驚きと喜びを感じる子どものような状態である。そのような状態であるには、「すべての時代の岩の上に根を張った」偉大な人間でなければならない。
（19）"picturesque"は『ヴェネツィアの石』（法藏館）第六章の注（4）（10）にかなり詳しい。
（20）芸術品や風景には「固有価値」があるのは、この叙述と関係がある。
（21）イギリス人画家で建築を背景にした風景画を描いた。人名録参照。
（22）旧約「サムエル記下」二四章参照。

(23) 旧約「申命記」二七章一二—一三節、モーセが二つの山上で叫べと命じた。
(24) 〔原注〕 神の愛は、最終的な善の優越、善のより大なる総計によって示されるが、悪の絶滅によってはけっして示されない。永遠の罰への現代の疑惑は、博愛の結果よりも推理能力の脆弱さの結果である。神は有限の悪から有限の善を引き出したことを皆認める。無限の悪から無限の善を引き出せないのはなぜだ。
(25) この愛を「アガペー」だとすると、「あとがき」で述べるギリシャ語原義にある「神と共に宴を催す時の人間の間の霊的交流となる」。「神への愛」は人間と神の間の隔たりが大きく別の意味ととる。
(26) ギリシャ神話の魔女神で髪の毛は蛇で、その目で睨まれた者は石にされると言われる。
(27) ドイツの彫刻家・画家。人名録参照。
(28) 一九世紀イギリスを代表する小説家、特にユーモア、風刺に富む。
(29) ミルトンはピューリタン革命において革命派であったので、王政復古後の作品『失楽園』の堕天使を、天国へ反逆する悪魔として共感さえもてるような描き方をしている。
(30) ダンテ『神曲』地獄編二一および二二曲に酷薄な地獄と悪魔の棟梁や手先が活写されている。
(31) カトリックでは、小さな罪から大きな罪へと「悪行」を差別化している。
(32) 一六世紀エリザベス朝詩人エドマンド・スペンサーの作品で長編。
(33) 「虚偽のグロテスク」として述べられた。
(34) Edward Young (1683-1765) イギリス詩人。
(35) 「構想する」は原文では contemplate であり、ラスキンは『構想力の芸術思想』の訳者の解説において指摘するように、ギリシャ語テオリアとも関連し、「構想する」も一訳語。『構想力の芸術思想』(法藏館版)に「テオリア」の説明がなされている。
(36) ラスキンが理想とした人間像である。手、心情、知性が統合された人間像。人間疎外を克服し目指すべき目標。続く「鍛えられ」とあるのは「鍛える」であって、「訓練する」ではない。training でなく

discipline である。training は牛馬を道から外れないように鞭で叩く式の訓育で、discipline は人間性に訴える式の教育。ラスキンは「芸術教育」によって「鍛える」とした。したがって、ラスキンは美術教育の描画で小動物や草花をスケッチさせた。それによって、優しい心情をはぐくもうとした。

(37)『近代画家論』第二巻（内藤訳『構想力の芸術思想』）で述べられたように、想像力の第一の機能は至高の真実の理解である。一九二―二八八頁、第二節「想像的能力」。

(38) 同書参照。内藤訳書二一八―四七頁、「透察的想像力」の章。

(39) ヤコブの夢、旧約「創世記」二八章一二節「天への梯子」。さらに同記三一章一〇節以降。ヨセフのは、新約「マタイによる福音書」一章二〇節ヨセフの夢（キリスト受胎のお告げ）。

(40) ファラオは和訳でパロとするのもある。旧約「エゼキエル書」にはネブカドネザルも出てくる。

(41)「破壊的力」の例として、「馬の姿の水の怪物、老人の姿の地の精、ローレライやブロッケンの亡霊、臨終前後に出現する生霊や予兆の幻影、瞬時の光景に現われる幻影、犯罪者に憑いたりして罪を犯し、償い、復讐し、苦悩する亡霊、死を室内で待つ人が見る半信半疑の死のイメージなど」を挙げている。

(42) 優れたグロテスクには即物的でない精神性がある。

(43) 人間回復には個性の蘇生が必要条件と、ワイルド（大学でラスキンの薫陶を受けた）は主張した。

(44) 原書第二巻――内藤訳『ヴェネツィアの石』では二五八―五九頁――での、イギリスの軽蔑すべき工人の仕上げの小奇麗さへの言及を参照せよ（ゴシック工人をイギリスの工人と比較している）。

(45) 総大司教ウォルダリックは、グラードの総大司教に対して武装して反抗し、敗れてヴェネツイア人に捕らえられ、毎年ヴェネツイア総督へ「肥沃な木曜日」に六二個の大きなパン塊と一二頭の肥えた豚と一頭の牡牛を献呈すべきという判決が死刑の代わりに下された。牡牛はウォルダリックを、一二頭の豚は聖職者を表現していると理解される。

(46) アルレッキーノという道化の登場する喜劇はヴェネツィアで盛んに上演された。「家庭の」は domestic

の訳なので、「ヴェネツィア国内の」の意味もある。上記道化は方言を話す。

四章　結論

この章はこれまでの頁の補足であり、今まで不完全にしか述べられなかった事柄を総括した章になるので、蛇足と受け取られるかもしれない。

前章でグロテスクの本質を吟味したが、一七、一八世紀のグロテスクは、欧州の建築の歩んだ道程を締め括るキーワードとなった。これらの二世紀にわたるグロテスクは、建築者が一つの様式あるいは一つの流派の名に値する建築物を構築するように、努力した最後の証拠であった。したがって、建築者の意思、感情が反映していると満足出来る最後の証拠であった。その時代から今日までそうしたエネルギーの蘇生、復興はなかったし、さしあたり、そのきざしさえ見えない。この回復不能の期間がどのくらい続くのか、私たちの生気なき建築についてだけでなく、芸術一般について、どんな方向に導くことが有益になるかという問題が、この章で考察しようとする問題である。

近代科学が、安楽な生活と合理的事業の推進を求めて、以前の文明よりも高い段階に現存する諸民族を導いたことは疑う余地がない。私たちの今の立場は、不安で不注意な幼年期に続く時期であって、思索しながら努力する青年期に似ていると私は思う。少し前の話だが、近代科学の師匠の一人が私に言った。

「人間が機関車を発明した時、子どもは旅行することを知った。電信を発明した時、子どもは話すことを学ぼうとした」と。

師匠は、人類の人間性の発達が遅いとは言っても、それなりにその遅い進行と比例した、高尚で人間らしさの発達を予期して待った。幼年期が六〇〇〇年間続いた世界秩序の原初期と、現在の中間期の力強さから多くのことが期待されるのではないか、と。

私は、これを私たちが世界史を見る時の最も励ましになる見方であり、最も真実の見方であると思う。今のところ、進歩はほとんどしていない。卑劣な戦争、嘘八百の政策、思いやりのない残酷さ、無思慮な先見のなさ――これらは幼年期の怒りっぽさ、ずるさ、性急さ、不注意などと類似しているが――、これらは人類の原初の段階から、人類の特徴として今日まで続いてきた。それゆえ、人類の進歩といったことを疑わざるを得ないか、進歩はしていても、いまだ原初の段階のままと見なさざるを得ないか、である。失った時間を埋め合わせる機会が私たちに許されるのか。一〇〇〇年が一日のように見える視力をもっている神は、最近私たちに授けた奇妙な能力を私たちがどう維持してどう扱っていくのかを見届けることによって、私たちを試そうとされたのか。子ども時代や見習い期間が終わって、人類の青年期は、死に打ち勝った新しい天国と地上で、永遠に咲く青春であるのか。しかし、こういった疑問は私たちには考慮する必要のない問題である。神の時代の到来を急がせるのは正しい。しかし、神の時代の近づくのを予想したからといって、人間的努力を阻むべきではない。この地上で私たちに定められた課題を遂行しようと努力し、それゆえに、天の配剤の下で世界が存続し、私たちに与えられた能力が未来の幾万世代にわたって持続するかのように推論することによって、神の時代の到来を出来るだけ促進すべきである。

全人類は、その理性を信頼すれば、当面子ども時代の発芽状態にあるのであり、子どもが初めて自分の力強さを感じ、手足を伸ばし、周囲に手を伸ばし、創造とは何かを探り、創造を試み始めた段階と見なされるように思われる。私たちの考察によると、過去五〇年の間、私たちが踏む地面や、呼吸する空気とか、眺める光とかに、私たちは思いめぐらすこともせず、地球の存続期間とか、地球上の動物の生存とかを懸念されることもなく、これを明らかにする科学は大衆に受け入れられずに今日まで来た。芸術における完璧な真実性は、現代まで試みられず、なお現代でも大衆の声のすべてのエネルギーでもって抵抗されただろう（ターナーとラファエル前派が抵抗を受けた）。そうだとしたら、社会科学の最も単純な問題さえ、自由と平等の教義ほどにも理解されず、文明世界全体に明白な癒しがたい病弊があることも理解されないだろう。それが理解されなければ、貿易の第一原理として自由貿易法案がイギリス下院によって、ここ数年間に承認されても、百万人の大衆には理解されないので、国家としては、税関の役所を廃止出来ないことになる。そうであれば、政策の最も単純な原理も公開されず、いわんや認められなくて、文明諸国は個々の人びととの間の取引では破滅的になるはずの陰険さや不正直が、集団間の取引では役立つという信念に固執し、遂には私たちが二〇〇〇年間教えられてきたキリスト教の影響の範囲がどんなものか、私たちはほとんど思い及ばないから、慈悲と自己犠牲の法がすべての社会関係において、個々人に関係があるだけだと思い込み、政治的関係では、どの国家にも関係がないとする。そうであれば、人類が知ることに最も深く関わったすべてについて、人類がはまり込み、人類によって極めて容易に確認された単純という深い泥沼を考察してみると、私たちの属する世代が、人間進歩の狭い道をどのくらい逆行しているのか、襁褓《むつき》を私たちから脱がして幼稚なものを捨てるのにどのくらいの期間がかかるのかを決定することはほとんど出来ない。

見方を変えると、有形で触れれば分かる事物――これはある一定の制限や条件の範囲内で非難されないものに限るが――の表現に迫真性を求める能力は、今やほとんど労することなく万人の手の内にある(1)。あらゆる自然科学の基盤は、遂に確立された。控え壁や小尖塔が毎日のようにすでに荘厳な構造の建物に増築されている。それゆえ、社会的法則が、もし激しく煽動されるなら、疑問の余地がなくなるほど、それらの法則は決定的になるようである。人間の生涯は、機関車の倍増する力や会話のほとんど制限のない力によって、ある意味で延長された。結局、長い間力強い宗教的感情を麻痺させてきて、信仰の領域を萎縮させた問題の研究に大なり小なり欧州の真摯な精神は、すべて関心を寄せた。それゆえ、私たちは、変化の時期にあり、特に子どもから青年に成長する時期にあり、そしてそれに伴う危険に対しての防衛に配慮しなければならない進歩の明確な状態にあるものと私たち自身を見なしてよい。

この危険は概して二重である。一つは、空虚な知識を誇る愚かさにあるし、また一つは、むなしい快楽追求にある。それぞれについて幾つかの点を留意すべきである。

知識を誇る愚かさについては十分に述べたと思う。だが、近代芸術の実際問題に前章で到達した原則を私はまだ適用していない。これらの原則を、前巻（前訳書『ヴェネツィアの石』）の「ゴシックの本質」の考察から引き出された結論と共に、芸術の進歩についてだけでなく、社会の幸福についても非常に必要で喫緊なものと考える。それゆえ、それらの原則を説明したり強調したりするのに、不足と思われるより、繰り返して退屈と思わせた方がよいと私は思っている。

ゴシックの本質を吟味する際に私たちの達した結論は、ゴシックやすべての良い建築の力強さの主要な要素の一つは、工人のもつ未開発で粗野なエネルギーの受容であった。ルネサンスの本質を吟味する際に、私たちの結論は、ルネサンスの主要な弱点は、表現におけるすべての粗野性な部分を排除するだけでなく、粗野にしか表現できないすべてのエネルギーを徐々に抑制しながら、仕事そのものの動機と内容についても情緒より科学を、感受性より経験を選んだということであった。

近代的精神のもとにおいては、その学問の内容が充実し、広範囲に展開されるようになったし、その気質が謙虚になった点で、ルネサンス精神とは異なっているが、芸術の洗練に関しての誤りは明確にルネサンス精神と同じである。いや、仕上げについては、より悪化している。世人が今一般の工人に求めているのは、最も巧みなルネサンスの時期の仕上げよりも、より完全な仕上げである。ただし、最も洗練された工人の作品の場合を除いてのことであるが。芸術を教える意味で私たちの主導的な原理、ひいては教授法に必然的に影響する保護の手立てにおいても、主導的になる原理は、制作の良さは第一に手捌きの確かさと学識の正確さにかかっているということである。言い換えれば、手工と頭脳労働（精神労働）にある。しかるに、私たちが欲する一つの働きである心情の働きは、両者から独立しているだけでなく、時には大いにどちらとも矛盾する。

それゆえ、これまで述べられたすべてに当てはまる原理を確固として公表しておこう。その原理とは、芸術はそれが善良で偉大な人間の魂の個性、活動力、生きた感受性を表現している限り、価値があり、さらに、芸術は、仕上げの良し悪しは関係なく、さらに学識とも関係なく、これを表現するものである。もし芸術がこうではないなら、芸術が強大な人間精神の活力と感受性と創意を示さないなら、それは価値がないということである。「価値がない」というのは、「芸術として価値なし」の意である。他の何かにおいて貴重でも、芸術としてそれは無効である。これがいったん理解されたら、素晴らしい結果が間もなくついてくる。誤解を招かぬように、言い換えて繰り返しておく。すべての芸術は偉大で素晴らしいし、真実だが、それはその芸術が完全で最高の意味で明確に人間の作品である限りにおいてのことである。すなわち、手と指先だけの技巧の作品ではなく、魂の求めに応じた肉体的感覚的能力によって補助された魂の作品である限りにおいてのことである。それゆえ、そういう芸術は、魂が関与しない肉体的感覚的能力のすべての生産品とは本質において識別される。例えば、写真は紙と酸におけるある種の繊細な操作を要し、良い結果を引き出すために時間の微妙な計算を必要とするけれども、写真は芸術作品ではないように、自然から直接写された素描画は、写真のように、鉛筆の繊細な操作の繰り返しと、色彩や陰影の効果の微妙な計算を含んでいても、芸術作品ではない。陶器の現像皿やガラスの現像液入れ瓶を操作するのが芸術でないように、駱駝の毛筆を操作するのは芸術ではない。レンズと一枚の銀板を使うのが芸術ではないように、イメージを感受するために角膜と網膜を使うのは芸術ではない。角膜と網膜、指と手、鉛筆と絵具が単なる召使であり道具として貢献すべき人間の内的部分、人間の純粋唯一の存在――眼に見えなくても、本来的に光を宿しているし、手が切られて火中に投ぜられようと、力強さを得る人間そのもの――、人間のこういう部分が、「見よ、それが私だ」と厳かな声を上げて現われる時、その作品は、無限の価値ある芸術となるのである。

私は肉体と魂を分離して語ろうとは思わない。人間はそれらの両方から創られているのであり、それらは共に育てられ讃えられるべきで、すべての芸術は、前者（肉体―物質）の後者（魂―精神）による、後者を通じての表現である。

私の主張のすべては、作品のうちに「全人（the Whole Man）」[2]が存在することの必然である。肉体は当然その「全人」に含まれる。私たちがどういう意向をもっていようとも、手捌きと熟練の結果がその作品にあるに違いないが、人間のより高尚な部分は、その中にないことがしばしばである。高尚な部分とは、愛とか敬意とか称賛の気持ちの中に原則的にあって作品に作用するし、それらの気持ちから生じるさまざまな局面の思想ともども作品に作用するのである。というのは、私たちが通常陥る誤りは、知的能力に本来的に威厳があり、心情と分離できると考えることである。しかるに、真実のところは、知性は私たちが与える糧や知性が親しんでいる主題の種類に従って、知的能力は高尚にも下品にもなるということである。他の力を借りず、独り高尚であるのは、知的能力ではない。知的能力は（状況に応じて）適切な対象を扱う能力に過ぎない。いわゆる理論家の誤謬の半分は、魂に注目しないことから生じる。同じ過程を経過する知性は、扱う問題に従って、下品にも高尚にもなり、知性が藁や塵芥を粉砕するのに専念すれば、彼らの誤謬は単なる空回りで終わる。もし私たちが言葉や線描や何らかの瑣末で限られた事柄だけに理性を働かせるならば、理性は軽蔑すべき能力に堕してしまう。それゆえ、私が意図するのは、魂のこもった、純粋で不朽の神の創造物の作品――詳しく言えば、感受性の鋭敏で熱心な心情から生じて、知性によって遂行され、手によって扱われた作品のことであるが――、そういう作品がこれらの高級な諸能力の直接の指導の下で制作されたことを、読者が理解することである。

魂（精神）のこの卓越を私たちが十分に理解すれば、その第一の結果としては、知識の従属――このことはすでに大いに述べたが――を当然の帰結とする。知識の増大はただそれだけでは魂を偉大にも矮小にもしないし、神の見るところでは、人間の得る知識のすべては無いも同然であるが、偉大な贖いの体系[3]が立てられている魂は、たとえ無知でも賢明でも、何よりも優っていて、甲の人と乙の人との間に神の眼で相違があれば、主要な相違はこの魂の活力、力強さ、健全さ、幸福にある。これは直ぐに感じられるに違いない。神の評価で何よりも優っている魂は、人間の労働においてもきっと何よりも優っている。心情を開かせ、眼を清澄にして情緒と思考力を温かく鋭敏にしておくこと――あれとこれとの事実の区別をする認識ばかりしないこと――は、この地上において、すべての偉大な行為遂行に必要な精神状態である。それゆえ、この魂というすべての理性の最も重要なものを差し置いて、私たちの知識を誇らないようにしよう。ある意味で私たちは不朽であることを誇ってもよいし、神の子どもであることを誇ってもよいし、愛し思考し見ることを誇り、私たちが本来あるすべてを誇ってよいが、暗記で教え込まれた知識などを誇ってはいけない。精神という船のバラスト（船の安定のために船底に積む砂利や水）や船荷を誇るのではなく、水先案内だけを誇るべきである。水先案内がいなければ、すべての船荷は船を速やかに沈没させかねないし、海面をその残骸で覆ってしまいかねないからである。いわゆる「教育」(4)を受けた二〇歳の青年は、現代ではプラトンや聖パウロ以上に魂以外のあらゆることをよく知っている。しかし、その青年がそれだからといって、プラトンなどより偉大ではないし、他人による評価でもよりよいわけではない。現代では絵画学校の若い学生でもすべてがジョットの五〇倍も美術の知識があるが、それだからといって、ジョットより偉大ではないし、作品だって私たちの見るところでも、よりよいわけではなく、適切な作品でもない。その学生が知性として一生の間に包含出来るすべての知識を取り込み続けても、ジョットの足元に一寸一厘も近づけない。彼がアカデミーの席から腰を上げ、何も知らない一介の学徒として、虚心坦懐に公道や生垣へ出て行き、そこで喜ぶ人びとと共に喜び、泣く人びとと共に泣くならば、来世では偉大で善良な人びととの間に仲間入りし、ジョットが彼に手を差し伸べ、「この人は私たちの兄弟だ」と言って、善意の仲間たちに紹介してくれるだろう。

魂の卓越を私たちが感得した場合の第二の重要な結果は、魂の言語を——それがどんなに田舎弁丸出しで低俗で分かり難くても——私たちは理解出来るということであろう。過去の幾年間も語られなかった偉大な象徴的な言語でも理解出来ることだろう。ルネサンスの教育が私たちの中に育て上げた冷たくて形式重視の精神は、模倣とシンボリズムの言語に対しても死んだように無感覚であって、ラファエル前派の現代的流派による真実の自然の忠実な描写だけでなく、一三世紀の作品における想像された自然の象徴的な描写をも軽蔑する。これは妙な話だが、事実なのである。現代芸術家集団が、ラファエル前派を拒絶すると同時に、一三世紀の作品をも拒絶するのを私たちは知っている。ラファエル前派は観念的でないからであり、一三世紀の作品はリアルでないからである。つまり現代芸術家たちが虚偽であると同時に観念的でないから、両者に対して等しく反対なのである。

それゆえ、この際に健全なシンボリズムと健全な模倣の関係を正確に読者に伝えることが重要であり、そうするために、象徴的芸術のヴェネツィア的模倣例の一つであるサン・マルコ大聖堂の中央の小円天井に話を戻すことにしよう。この小円天井には、オリーヴ山の上に立っている使徒たちを表現したモザイク画がある。各々の使徒が他の使徒から離れるように、オリーヴ樹を間に配している。

私たちが、正確なシンボリズムと模倣の関係を読者に伝えるために、ルネサンス派の中で育てられた現代画家(5)によって採用された方法と、ビザンティンのモザイク師によってこれらの樹木の自然な本質を表現するために採用された方法とを比較してみよう。

読者はオリーヴの村々が南欧の風景の美しい特徴の一つであることを知っている。北方のアペニン山脈の斜面では、オリーヴは普通の森の樹木であり、アルノ峡谷全体がオリーヴの森となり、どこの庭園にもオリーヴが繁り、玉蜀黍、小麦、葡萄の畑の外側にも果樹園のように整列して、オリーヴが生えている。フィレンツェ、ピストーヤ、ルッカ、ピサの近隣の地方では、画家の主要な特権を行使しても、オリーヴの茂みのない風景の土地を選ぶことは、物理的に不可能である。いや、それ以上にオリーヴ樹の存在は当たり前なので、北イタリアの画家の手になる素描画において少なくともその五分の四は、画家と風景の間に介在するオリーヴの枝によって画家はその構図を妨害されたに違いない。また古典からの連想がギリシャのオリーヴの重要性を倍加する。聖地パレスティナでは、オリーヴと結びついた追想が、その土地のどの樹木に属する追想よりも感動的であるのは当然である。過去幾年もの間、イギリス画家によって描かれたすべての風景画のうち、少なくとも三分の一はイタリアの風景から選ばれた。ギリシャや聖地でのスケッチはハムステッド・ヒース（ロンドン北西部）のスケッチと同じほどありふれている。私たちの美術館には、もし背景が導入されたら、オリーヴの茂みが顕著な特徴に当然なるような宗教画がいっぱいある。

ここで私は外国旅行の経験がないイギリス人読者に、「オリーヴの樹木とはどんなですか」と問うてみよう。

私の問いかけに彼が答えられないのを私は知っている。オリーヴが他の星に生えている樹であれば、私たちが知らないように、彼はこの樹木について思い当たらないからである。しかしこの事実を少し熟考すれば、これは変だと分かるだろう。現代芸術家は、この事実が示唆するように、最も重要な真実に対して勝手に目を閉じて見ないで済ませて置いてよいかを知ることだろう。

これは科学や学識の欠如ではなくて、感受性の欠如だということに注目されたい。私は何も画家にオリーヴ樹についての科学的事実を語ってもらいたいのではない。画家がオリーヴ樹を感じて見るだけで結構なのである。キリストのためにそれを愛したことで結構なのである。一つには、鎧を着た知恵のために、それを愛したことが結構だった。鎧を着た知恵とは、神が地上を創造し、天国を確立した時、神の右手に立っていたより高貴な知恵のように、ある意味で異教徒にとってそのように思われた知恵のことである。ゲッセマネ(6)での苦悩の灰が永遠にそこに撒かれたかのように、沈んだ弱い色合いの繊細な葉の茂みが霜白に霞んで見える年齢まで、それを愛したことは、結構である。オリーヴの絡み合った枝の節くれ立ってのた打ち回る姿を一筆ずつ眼で追い、大空の青い地に散らばったオリーヴの明るく細い葉の繁茂が、先鋭な塊となった明暗の斑紋を一筆ずつ眼で追ったり、春咲き誇る白味がかった薔薇色の星形の花を追ったり、梢の先に沿って秋までにちりばめられて枝に実る黒いビーズのような実を眼で追ったりする。その黒い実は、イスラエルでは、故郷を離れた者や父なし児や未亡人が摘果する権利を有するという。何よりも、外皮の柔らかさ、それも鳥の胸のうぶ毛のように銀白色の柔らかさ、そのようなオリーヴの葉が、はるか彼方まで山々の起伏を薄く覆っている。これを見て描いたことは、画家が美術館に何を残したにせよ、結構である。

ところが、遠くのオリーヴの木々を描き分けることが出来ない画家がいることは、現代美術にあって見る力のない多数の画家がいることのほんの一例に過ぎないだろう。そして、画家自身に読者がその回答を求めるとしたら、読者はルネサンス芸術の驚くべき矛盾と首尾一貫のなさのもう一つの実例を教えられるだろう。画家の読者への答えは、こうだからである。

甲の木と乙の木を識別出来るように、樹木を描くことは正しくなく、法則に従ってもいなくて、樹木は一本の木の普遍的観念になるように一般化されるべきである、と。最も微細な筋肉を解剖までして人間の表現に科学をもってきたルネサンス流派は、ある種の樹木を別の種の樹木と識別するような科学を、樹木の描画に適用することを拒絶する。こういうことが答えである。

その流派が、論理学、修辞学、透視画法、臨場感を醸し出す雰囲気、さらに瑣末な言葉の上の事柄や外的で偶発的問題である他のあらゆる事柄に心を向ける限り、その流派は本質的実質的なものには注目していない。例えば、もし二本の樹木を一方が他方の背後にあるように描くとしたら、彼らは遠方の樹木が、数学者が示すように、より小さく見えることを大変気にするが、見る者にとってはるかに重要な事柄であるもの、すなわち、それが林檎の木かオレンジの木かを示すことにはまったく配慮しない。

しかしながら、これは私たちの現在の論点ではない。オリーヴの樹木の観念をどのように伝えられるかについて、いかにして、どんな言語によってこの観念が伝えられるべきかということが、芸術家の世界が分裂する原因となっている問題である。そして、私がサン・マルコ大聖堂のモザイク画に言及して特に例証したいのは、この分裂についてである。

オリーヴ樹木の主要な特徴を列記してみよう。オリーヴの葉は灰色がかった緑色（葉の裏面はほとんど灰色）をして、葉先は鋭く細くなっている、ありふれた柳の葉に似ているが、それよりもいくらか小さい。その実は、熟すると、黒くて光沢があるが、もちろん非常に小さいので、多量でなければその実は樹上にあっても目立たない。その幹と枝は捩《よじ》れていて、ファンタスティックで、屈曲部には必ず繊維が見える。幹は空洞であることもあり、簓《ささら》のように沢山分枝しているが、末端は精妙なほど優雅で、特に葉元がそうである。遠方から見たその樹木の顕著で特徴的な姿は、うぶ毛の生えた葉の茂みが、まるで丸みがあって柔らかな塊か球のように映ることである。

現代画家がこの樹木をその最善の技巧を尽くして描くことに本気で取り掛かるなら、その画家は恐らく枝の捩れを正確に描くが、それでも、樫の樹木とオリーヴのそれを識別することにはならないだろう。画家は葉の茂みの色彩との絡み合いも描くだろうが、そうしても、柳の木と樫の木の観念を混同させるだけだろう。実と、末端の葉の特別な優雅さと、幹の繊維質の構造——これらのすべてが、あまりに微細なので、画家が、それを描くことは出来ない。とりわけ、その樹木の先端の方の丸みのある単調な形態は、「構図」(7)についての画家の観念と矛盾するであろうし、画家はその形態をきっと変えてしまい壊すことになり、オリーヴの樹木の特徴は遂に語られずに終わるだろう。

昔のビザンティンのモザイク師は途方もない不利な条件で制作したという。暗い小円天井の中では、天井は約一五〇フィートも上の高さにあるからである。鉛筆の自由な筆法ではなく、四角いガラスの断片で施工されたし、自分自身の手によらず、師匠の監督下にいるさまざまな工人によって施工され、オリーヴの木を描くのが主要な目的ではなく、主に小円天井の装飾として施工された。おのおのの使徒の傍らにオリーヴ樹が立っていて、その樹木の幹は小円天井を仕切る主要な線となっている。それゆえ、モザイク師は大枝の不規則な捩れをあちこちで諦めるのだが、その繊維を諦めたくなかったのであろう。他の樹木は不規則で浮世離れをした大枝だが、索状繊維の網状形態はオリーヴ独特である。もしモザイク師が自然の大きさの葉を描こうとすれば、葉はあまりに小さくなるので、その形状は暗がりでは見えなくなるだろう。モザイク師が葉の形状が見えるほど大きく描くなら、葉はオリーヴではなく、月桂樹に見えるだろう。そこで、彼はビザンティンの人が百合の花弁を表現した技法で、梢の先の葉の茂みの観念を表現したように、細長くなった形状で、五つの葉群のそれぞれで、それらの茂みを配置した。彼の目的はそれが何であるかが分かる表現の装飾だったから、彼は大枝のそれぞれの傍らに対称的にこれらの葉の群れを配置し、全体を樹木の重量感のある丸みのある塊を迫真的に示唆するくらい地色の上に配置した。そうすると、今度は立ち代わって、その塊が小円天井の黄金色の中で浮き彫りにされた。最後に、実についての問題がある。オリーヴの力強さと栄光のすべては、その実にあり、実が表現されなければ、何も表現されない。しかし、実が黒や緑に彩られたら、見えなくなる。他の色彩でも、不自然になって、全体の構想を壊してしまうことになるだろう。実を示す唯一の考え得る方法は、実を金色に表現することである。[8]多様な種類の金色の実の観念は、実自体の明確な構想に暴力を振るうことなく、ヘスペリデスの姉妹の林檎の場合のように、人心にすでに馴染んでいる。それで、モザイク師は小さな丸い金色の実を、それぞれの葉の群れの間の暗い地色に挿入して作品は完成した。

口絵1の上図左側は、これらの装飾的なオリーヴ樹の忠実な再現でその総体的な表現の効果もかなり高い。上図右側は、葉の群れの塊や実、幹から出た大枝の絡みを示した樹木の頭部だけの図である。大枝はそれぞれ大幹の個別の索状繊維と連なっていて、大枝と幹の接合点は、樹木の根元まで、現代の樹木の解剖図を辱めるのも無理はないような構造の真実をありありと見せている。

蛇状帯（口絵1中図）で示される白い枝の図柄は、柱廊玄関のモザイク画前景を構成する花房二つである。私がこの図版を全部青色で印刷したわけは、青色は、モザイク画の遠方から見た効果において黒より近接感があるからである。それに、青色のより暗い部分は、他の色彩よりも濃い青色で一般に構成される。しかし、この例では、波打った背景は、一本の狭い黒帯を強調するために添えてあるが、青と緑を交互に陰影を混ぜて構成していて、全体は草深い光景を遠方から見た効果と色彩を表現しようと意図されていた。波打つ線は、同じ線が波を表現するために用いられるのと同様に、曲がった動きを表現するために意図された。二つの白い葉の群れは見る者に近づいて明確にありありと見える草を表現している。二種類の蕾と花のある草であり、一方の場合は、捩れた草の中から伸び、他方の場合は、植物の種固有の葉からまっすぐに伸びている。それぞれの房は相並んで置かれると、完全な建築上の厳格さを有する装飾的縁飾りを形成するほど明確に対称的にされている。しかも、それぞれの房は、次の房と異なっていて、あらゆる草花と蕾と草の縺《もつ》れは、形状も構想も多様である。草の葉の絡みを草花の茎の周囲に表現するように、モザイクの小片を配置する仕方は、とても見事である。下図の三つの円（八角形は円に代用された――訳者）は、装飾が色とりどりの色彩ではなく、白色と金色だけで彩られた時に原則に従って採用された、より厳格に伝統を遵守した形態の例である。これらの装飾は教会の外側で白大理石に彫られ、ここでは図版の他の部分と同様に当然ながら青色で表現されているが、地色は金色に塗られていた。高尚な工人がより伝統的な題材に限定されると、より伝統的形態に打ち込んで、さまざまな葉の群れを今や完璧なまでに対称的に仕上げるのを見るのは、とても興味深い。特に注目されたいのは、中央の図である。そこでは十字架の傍らにある植物の象徴的意味が、十字架がより明確に示されるように、強調している場合である。工人はその十字架を両脇の一様でない曲線の中へ投じることによって、十字架に生命力と成長力を与えた。

旅行者が気づかずに通り過ぎてしまいがちなモザイク画の中には、現代の自然を描いた最良のスケッチ画の多くよりも、偉大な感情と意味の奥深さがある。これらの伝統的表現が、求められる条件の下で描くことが可能な限り、良質であるかどうかを問うまでもなく、それらの表現はとにかくリアルな表現というほど信頼されなくても、思考力に訴える象徴的な表現様式を完全に例証することが出来るほど良質である。

もう少しの間、辛抱して私の言葉を読んでもらいたい。ビザンティン様式のモザイク画以外に高尚な芸術はないと言うつもりはないが、その精神性において、直接の模倣に頼る芸術は高尚ではないというくらいの気持ちはある。これは、『近代画家論』の冒頭のいくつかの章で主張したが、最高度の根拠に基づいてはいなかった。初期芸術の私たちの研究で、今到達した結果は、より高邁でより堅固な土台に基づいて、それを主張することを可能にした。

すべての偉大な芸術は、全体的人間(9)(全人)すなわち身体と魂が統合した人間、それも、主に魂に力点を置く、そういう人間の作品である。しかし、そういう作品は、全体的人間の作品であるだけでなく、全体的人間に話しかける作品である。完全な人間が話す芸術は完全な人間に耳を傾けさせる。あなた、すなわち見る人ないしは聞く人が、半分の魂しか私に注意を払わない場合は、私は至上の精神を用いるべきではない。私の作品に全身全霊の力と生命力を捧げるべきではない。私がすべてあなたのものになるように、あなたはすべて私のものでなければならない。それこそが私たちがお互いに出会うことの出来る唯一の条件である。

すべてのあなたの能力、すなわちあなたの中の最大最高のすべてが、あなたの中で眼を醒まさねばならない。さもないと、私は酬われない。画家は自身の人間性のすべての財宝を、見る者の一部を喜ばせるためだけに仕事に投入すべきではない。見る者の感覚器官の気に入るためだけに、全人間性を投入してはいけない。

見る者の空想力を楽しませるだけでなく、また見る者を喜ばせるだけでなく、見る者を思考させるだけでなく、これらすべてをさせるために、画家は全人間性を仕事に投入すべきである。見る者の精神の感覚、空想力、感情、理性、これらの全体が作品に傾注され集中され沈黙し、歓喜で鼓動するのでなければならない。さもないと、あくせくと努力したからといって、その作品を十分に完成したことにならない。画家と「見る者」が、面と向き合い、心をつき合わせて出会うことは、画家の権限であるだけでなく、相手の魂の反応をこのように喚起することも画家の義務でもある。画家のラッパは、高らかに澄んだ音で鳴り響くので、鈍感や怠惰によって、その挑発に応えられなくても、その訴えの意義に誤りはない。作品には喚び醒ます力があり、もし私たちがそれに従わなければ、それは私たち自身の誤りとなる。私たちは作品に喚び醒ます力を求め、作品に喚び醒ます力を懇願する。

大抵の人たちは仲間からこの喚起力を聞いて知るまで、喚起力にどんな力があるのか知らない。彼らの内部で心情が死んで、彼らは眠りに取り憑かれ、いわば世界に取り憑いた毒気による昏睡状態に侵されている。「汝、眠れる者よ、眼を醒ませ」という叫び声ほど有難いものはない。この叫び声は、彼らの最も高尚な能力に対して声高に発せられねばならない。何よりも、想像力に対して発せられねばならない。その能力が最も柔和なので逸早く有毒な空気によって麻痺させられるからであり、それゆえ、人間への芸術の貢献において、芸術の主要な役割の一つは、天使がベテスタの泉池の水を掻き乱すように、想像力を麻痺状態から喚び醒ますことであるし、これをしないような芸術は、義務に対して不正を働いているのであり、芸術の本質において堕落しているのである。(10)

芸術はよく想像されるだけでは不十分であって、芸術は見る者によく想像するように努力させるべきである。もし見る者が作品に出会うように奮起しなければ、彼はそれを味わうことも楽しむことも出来ない。いったん彼が眼を醒ましたら、芸術家が彼に与える導きは、完全で権威をもってでなければならない。見る者の想像力を気ままにあちらこちらへと彷徨うように放任させてはいけない。想像力が休息して腰を下ろすようにしてはいけない。芸術作品に対して理解を得るポイントは、芸術家が、見る者が独力で理解出来るように適切な仕方で導かねばならない。だが、その方法達成を遂行するための労力を彼に免除するような仕方ではない。こういう考えが完全に伝達されたら、芸術家の苦労はなくなる。

見る者の想像力の助けを借りて、ストーリーが語られる範囲を超えて、芸術家が加えた絵筆捌きや鑿打ちは作品の蛇足になるし、品質低下を招くことになる。それゆえ、主題を完全に表現し切った芸術も悪いし、見る側の想像力によって主題が理解されるように明確な補助を与えるのに失敗した芸術も悪い。

したがって、どの作品にどれだけの仕上げがなされ細部の加筆がなされるかは、芸術家が伝えたい観念を見る者の想像力に把握せしめるためにどれほど必要かにかかっていて、それは作品にリアリティを実現する総量よりも、伝えたい観念の数と質によっているという帰結になる。

なるほど、一人一人の観察者によって生まれる判断の相違は、芸術家の意図を追究する際の観察者たちの一様でない努力と同様に、彼らの一様でない想像力に大いに拠っている。それで、いつも起こることだが、画家にとって絵に込められた思想が明確であっても、見る者にその思想を示唆するのに些か不適切になる場合もある。誤った判断とか（理解の）不完全さとかは、いつも存在するに違いないが、その原因はそんなに重要ではない。なぜなら、ほとんどあらゆる精神において、想像力は、たとえ独立して働いたとしても、最も分かりにくい示唆によってさえ、あまりに容易に助けられ、あまりに鮮明に生気を吹き込まれるので、想像力がいったん仕事に取り掛かると、想像力によってすぐに捉えられないような種類の芸術的言語はなくなるからである。そして、そのような努力をすることは、いったんそれらを象形文字と考えるようなものだ。そうすれば、象形文字はほとんどみな想像することが楽しい絵画と化すると言えるからである。

かくして、すべてのスケッチや未仕上げの銅版画などの場合に、それらのスケッチや銅版画の作品が模倣作であると想像する者はいない。白紙の上の黒い輪郭が、何かの欺瞞的類似を生み出すはずはない。その楽しみの大きな部分を味わうのは、みずからの能力によると直ぐに理解する精神は、粗野な輪郭にも意味を積極的に読み取ろうとするので芸術家の精神を完全に楽しむことが出来る。精神がいったんこのような気分である時に、その作品が示唆していないものを、芸術家自身の作品に入れることによって、見る者の精神を侮辱する芸術的批評家はどれだけ非難されても然るべきである。芸術家は、想像力を喚起して、精神を活用して、精神を働かせ続けておかなければならない。さもないと、精神は怒って、芸術家に反抗し歯向かうだろう。ある観念をリアルに具象化し、実体化するためだけであれば、芸術家がするどんな事柄も、不適切で出過ぎていることになるだろう。そういう芸術家は、聞き手がどこで感動するかを予想するような鈍感な物語の話し手のようである。想像力が芸術家に言う。「以前にそのすべてを知った。私はそんなことを語られたくない。喋りまくるか、そうでないなら黙っておれ。私を勝手にさせておいてくれ。私はあなたよりその物語をよりよく語ることが出来る」と。

具象化のために、施された仕上げはよくない。観念を加えるために、仕上げが施されるなら、その仕上げは正しい。すべての仕上げは、観念を加えることにあって、言い換えれば、想像力により多くの糧を注ぎ込むことにある。いったん想像力が眼を醒ますと、想像力は糧をがつがつ食らう。しかし、具象化するために、仕上げを施した芸術家は、想像力の口から糧を奪い取り、その結果、想像力は彼に歯向かい、彼を八つ裂きにするだろう。

例えば、私たちのオリーヴの木立に話を戻そう。読者がオリーヴに飽きたならば、樫の木立としてもよい。そのような画題で実体化する仕上げ法と想像的仕上げ法との間の相違を考慮してみよう。鉛筆で数回描くか、絵筆を数度走らせるだけで、想像力が樹木を構想するには十分である。絵筆の幾度かの筆勢にジョシュア・レーノルズ卿(11)は安んじて任せ、あとは見る者の想像力が独力で好きなものを彩っていけるように、ゆとりがあればなお、数度筆勢に任せて描き加えて樫かオリーヴか林檎かを紙面か画布かに育て上げるようにさせた。また、リアリストの最悪の一人であるホッベマ(12)は、想像力を手ひどく抑えておいて、樫の木を真実の緑色に塗り、葉の群れをわざわざ労力を注いでぎざぎざの筆致でいっぱい描く。さらに、仕上げに彼はなるべく私たちが本物の樫の木を見ていると錯覚するように、枝という枝すべてに樹皮の皺を描き入れた。そんなことをするよりも、その画題でわざわざ見る者を欺くために骨を折ることなどをせずに、直接に描いた方がよいはずである。

真に偉大な画家は、ジョシュア卿のように想像力に任せることはなく、ホッベマのように具象化して想像力を侮辱することもなく、想像力に最も幸福な質の仕事をいつもさせる。偉大な画家の活力ある最初の筆使いによって、想像力を喚起したあとに、彼は想像力に言うだろう。

「おまえのための一本の樹木がここにある。それは樫の木であるはずだ。おまえが独力でそれを緑色の葉で絡むように出来ると思う。でもそれだけでは十分でない。樫の木は緑色の葉で絡んでいるだけでなく、その葉は極めて美しくファンタスティックな形態である。おまえが助けなくては、その絵を完成させることはきっと出来ないだろう。それで、おまえのために、一、二の葉の房状の茂みを完全に描いておく。そうすれば、すべての他の茂みをおまえは描き続けられる。そこまではよいが、葉は十分でない。樫の木には団栗がいっぱい付いているべきで、それらが生長するさまを、おまえは想像することが出来ないだろうし、光沢のあるアーモンド状のナッツと団栗の杯状部（殻《かく》斗《と》）との小綺麗な対照を想像出来まい。それで、私が団栗の一、二房を描いておけば、おまえは樫の木をその房に似た他の房でいっぱいに描くことが出来るだろう。結構なことだ。でもまだ十分でない。夏の明るい昼間であれば、外側のすべての葉はまるで緑が金色になったように日光で光っている。私はこれを描けないが、おまえは描くことが出来る。それで、おまえの最も近接している葉の緑の幾つかを実際にメッキのようにしたら、おまえは金色を日光に変えることが出来るし、その木を日光で覆うことも出来る。これで仕上がる。しかし、まだ十分でない。その木は葉があまりにも完全に繁っていて、あまりにも古いので、鳥たちが巣作りに群れでやって来る。彼らは囀り、あらゆる枝の陰に二、三羽ずつ止まっている。そのすべてを私はおまえに示すことは出来ないが、外側の梢の先に大きな鳥が止まっていて、おまえは他の鳥が内側にいるのを想像することが出来る」。

こんな風に想像力への要求は、偉大な画家が仕上げを施すにつれて、増大する。これらの大きな出来事から、その画家は最も微細な点にまで絵筆を進め、連れ合いである想像力を導いて、葉脈や幹の苔や草地の上の枯葉の影にまでその翼を羽ばたかせるが、いつも想念や思想の主題を増やして、リアルな実体化のために働くとは限らない。実際に達成された実体化の総量は、画家の取り仕切る空間と彼の題材と彼が示唆したい思想の性質によっている。ジョヴァンニ・ドルフィーノ総督[13]（一四世紀）の墓に彫られた「東方の三博士の礼賛」の上に導入された樫の木の彫刻について、彫刻家は数枚の葉と一個の団栗の実と一羽の小鳥で満足したが、ミレーの駒鳥の止まった柳の木――これは彼の「オフィーリア」の絵画の背景にある――やハントの「ヴェローナの二紳士」の前景は、想像力への訴えを、あまりに増大して、あまりに微細な点まで及ぼしたので、それらの作品はほとんどリアルな実体的描写に達しなかった。しかし、作品がその充実さの点でどれだけリアルな実体描写に近づいたかは、重要でないし、また実体化が企てられる目的ではなくて、ある精神に別の精神の思想を伝えるのが目的である限り、作品が瑣末な点でどんなに実体化から程遠いかも重要ではない。目的のこの偉大さと単純さにおいて、たとえ方法がどんなにつまらなくても、あるいは、どんなに完全であっても、サン・マルコ大聖堂の粗雑なモザイクから「ユグノー派[14]」や「オフィーリア」の最も柔和な仕上げに至るまでのすべての高尚な芸術は同様である。

ただ、実体化の達成やその程度は、実体化が出来ない場合よりもはるかに多い場合があった。それは実体化のための色彩が第一で、第二が色彩のため実体化すること、すなわち、これほど芸術家の差異（劣等と優秀の差異）の明確なものはないからである。

色彩については一章で十分に説明したと思うので（とはいっても、色彩を論じる主題なら喜んでさらに述べるのだけれども）、ここではこれまでにする。

色彩に対する鑑識眼のない人と、色彩は音楽と同様に神聖で明白だということを理解出来ない人と――もっとも、音楽のハーモニーはずっと多様だが――、色彩の能力をまるで芸術の他の能力と比較して劣った奴隷的な能力として語る人との識別についてさらに主張することもない。今言ったこととは反して、色彩が入ってくると、色彩は支配力をもつし、色彩のために他の能力は犠牲にされても、色彩は正しいと言える場合もあるに違いない。これは一部音楽と共通している。詩に曲を付けるかどうかは、私たちの好き勝手である。だが、もし曲を付けるなら、曲は詩にふさわしくなければならない。詩の良さや美しさは、もし曲が耳障りで誤っていれば、その詩をまったく駄目にする。曲がふさわしいならば、その詩は味気ないものでも、曲の音符や旋律によって救われるかもしれない。

これは色彩の場合には、はるかに当てはまる事柄である。もし色彩が悪ければ、すべてが悪くなる。表現や創意で拙劣な彩色画を贖うことは出来ない。だが、色彩がふさわしいなら、それ以上に絵画の値打ちを高めたり贖ったり出来るものは無い。それゆえ、色彩が入ってきたら、色彩のために何かが犠牲にされるだろう。色彩が不適切で弱々しいくらいなら、色彩のためになんでも犠牲にされるべきである。画家が彩色に取り掛かるのは、詩人が楽器を演奏のため取り上げる時と同じである。詩人はある点までは楽器の見事な演奏者であるし、楽器から甘美な音色を生み出す。言葉の流れや韻律を音符や旋律に合わせる。それが出来ないなら、詩人は楽器に触れない方がよい。

同様にして、素描画に色彩を加えることは、眼に見える音楽の完成のために企てたことである。色彩がふさわしくないなら、その眼に見える音楽はその作品全体を完全に確実に駄目にするだろう。その色彩が真実なら、その能力と快さによって、それ相応に作品を高めるだろう。しかし、実体化を増大するためだけにならない。素描画や彫版は、想像力を侮辱し、想像力を必要として想像力で補って完成する。色彩はけっして加えられてはいけない。画題をリアルにするためだけに彩色するのは、想像力を必要として想像力で補って完成する。絵画全体を俗化することになる。それゆえ、普通の文明人の間では理解されないとしても、共通の考えがあって、それは劣ったスケッチの方が、下手な絵画よりもましであるということである。下手な絵画が劣ったスケッチよりも多くの技術を駆使していてもである。

色彩のためだけでなく、画家がそれを愛するからでもなく、完成のためだけに、色彩を完全に理解もせずに大胆に塗る画家は、私たちに対して二つの罪を犯したことになる。画家は想像力を十分に信用しないことで、想像力を鈍感にした。この無感動で鈍感な状態で彼は想像力に卑しく場違いな色彩を押し付け抑圧した。すべての美しくない色彩は不協和であるからである。仲介してくれる状態はないからである。それゆえ、色彩が挿入されるのが許される時、たとえどんなに費用がかかっても、色彩は正しく美しいことが先決でなければならない。画家の仕事はまず塗ることである。これが一般に理解されたらよいと私は思っている。すべての表現、配合（取り合わせ）、構想、それにデザイン構築に役立つ他のすべては、彩色された作品の中の色彩より重要さは少ないとも思う。それで、高尚な時代にはそれらはいつも考慮された。そして、時には自然に類似したものすべて（彩色窓や彩飾写本などのようなもの）が色彩の華美の犠牲にされるし、ティツィアーノやターナーやレーノルズによるように、明確な形態が色彩の豊麗さの犠牲にされることもあり——特に以下は差し当たり私たちが主張したい要点になるのだが——、対象の至高の洗練さを追求していくと、リアルな表現の結果が高尚な芸術と合致するようになる。そうでないならば、高尚な芸術は許しがたい。言い換えると、そうでないならば、いかなる偉大な精神も高尚な芸術を生み出せず、楽しむことさえ出来ないことになる。ラファエル前派によって示された究極の仕上げは、主に彼らの色彩愛好によって高尚に描かれた。

方法が何であれ、良質の芸術はすべて「芸術は、ある魂が別の魂に語る表現であり、表現する魂の偉大さに応じて貴重である」という点で一致している。この真実を容認することからどんなに大きな結果が生じるかを考えてみるとよい。すべての時代の芸術を解釈するため、私たちはここでどんな鍵を与えられたことか。私たちが芸術は高度な手捌きの技巧や、自然物の見事な模倣や、制作作業や演技の科学的で公認された仕方にあると考えるならば、私たちは限られた時期や少数の人間たちのためにだけ称賛の的を集中させなければならない。私たち自身の知識と共感によって、好んだ時期はさまざまであり、私たちの落ち着く先は、ギリシャ製彫像や、オランダ製風景画や、イタリア製聖母マリアであろうが、その選択が何であれ、私たちは気に入った師匠以外は敬意を払う一切の行動を禁じられていて、いわば囚われの身であった。そして、通常全人類に向かって軽蔑の言葉を私たちは吐いてきた。全人類が称揚してやまない特別の熟練した手腕の秘密を明らかにすることは、神を喜ばせないだろう。地上に七〇年間住んで、永遠の世界とのつながりを信じてきた者が、透視画法（遠近法）や明暗法を理解せず、時には無視した。

　しかし、人間の芸術のもっと神聖な本質を理解することにしよう。たとえどんな片言でも、それを発する精神に意味を探し求め始めるのだ。そうすれば、状況は一変し、私たちもまた一変する。かつて私たちが崇拝した狭量で小手先の利く小者ども——駱駝の毛の付いた笏を持って毛皮の帽子を被った、神の威光をかさに着た者ども——が窓一つの私室で、労作の画布の微細な貴重な点までじっと穴が開くほど凝視するような、そういう連中は一掃され、人が一顧だにしない闇の中に押しつぶされることだろう。彼らの代わりに、彼らや私たちを閉じ込めた陰気な部屋の壁が天から四方に吹く風によって衝撃を受け引き裂かれ、世界が私たちの視界に開けたようである！　時間のすべての深淵を照らし、人間の生命の種子が蒔かれたすべての畑から未来まで眺められるようである！　竜の歯[15]の収穫が生じようとしている！　神々の連れ合いが地上から昇天しようとしている！　長い間諸民族の思想の墓であった黒い石と、諸民族の信仰が遺骸のように納められている忘れられた廃屋とが、それらの中にあった死者たちを諦めた。蒸し暑く沈黙の岩石のエジプト式配列の下や、ビザンティン式円天井のぼんやりした金色の光の中や、北方の修道院の混沌とした冷たい影の中からおびただしい魂が、新たに理解した共感を示す柔和な眼で私たちを凝視しながら、永遠の同胞であることを厳粛に歓喜しながら、墓越しに私たちに白い手を伸ばし、歌を歌いながら現われた。

現在の生活事情の下で私たちがさらされるもう一つの危険は、むなしい快楽、虚偽の快楽の追究である。これは本当の喜びではない虚偽の楽しみであり、ちょうどむなしく蓄積された知識が実は知識ではないのと同様である。私たちが子どもでなくなった時に、こういう事態にさらされる。子どもは虚偽の楽しみを追求しないからである。子どもの楽しみは真実で素朴で本能的であるが、青年になると、幼い頃の真実の楽しみを捨てて、虚栄を求める大人のようになろうとし、本性に基づいた純粋な楽しみを、自負心の犠牲にする。同様に、現代文明は、その果実を受け取れない、さまざまな虚実のために、純粋で真実の楽しみの多くを犠牲にしている。どんな種類の喜びが健康な人間性に開放されているかを少し考えるとよい。あらゆる事柄の根源にある高度な愛情の喜びの考察はさておき、日常生活の明確で実際的な喜びを考えてみると、第一に善行をする喜びがある。これはすべての感覚の喜びの中で、最も偉大な喜びであるが、その価値について理解が及ばないから軽んぜられがちである。次にどの順序で挙げるべきか分からず、順序はあまり重要でないが、知識を得る喜びがあり、想像力と情緒が高揚する喜びがあり（例えば、詩と熱情のための喜び）、最後に感覚器官の満足する喜びがあるが、この喜びはまず視覚の喜び、次いで聴覚の喜び、それから他の感覚の喜びである。

私たちはこれらすべてを称賛したい思いに促されやすく、特に追求する称賛の念が、神の称賛や良心に基づく称賛の場合には、それは賢明だと言える。しかし、もし人間の称賛すなわち偶像崇拝のために犠牲が払われたり、称賛のため知識が求められたり、称賛のため熱情が抑制されたり装われたり、称賛のため諸芸術が施されるなら、私たちはソドムの苦い林檎を食べて生きることになり、一つの喜びのために一〇の屈辱を受ける。現代の文明世界においては、そのような犠牲を二重に供しているように思われる。第一に単に野心的目的のために労役に励むことによってである。第二にこれは問題の主要な点だが、単純な喜び、特に甘美な色彩と形態の喜びを恥じることによってである。色彩と形態の美が万人の糧となるように、すべての創造物を通して、その美が惜しみなく与えられるほど人間の完成と美徳にとって明白に必要な喜びを恥じることによってである。また、色彩と形態の美が万人の思想を深く捉えて用いるほど複雑深遠で微妙精緻に美が全創造物に与えられるほど人間によって必要な喜びを恥じることによってである。

神がこういう風に私たちのために準備してくれた人間本性の喜びを認めようと私たちがしないなら、私たちは禁欲家になるか、それとも、みずから否認した「楽園」の喜びに取り替えて、卑しく罪深い喜びを求めねばならない。数年前にカルトジオ会大修道院の僧房の幾つかを見て回った時、僧の暮らす各部屋の窓からは小さな庭園越しに向かいの僧房の壁以外、他のものは眺められないことに気づいて、傍らにいた修道士に尋ねた。「なぜ僧房の横側に窓を造らないのですか。そこからならアルプス渓谷の荘重な野原を眺められるのに」と。すると、彼は「私たちは山々を眺めにここへ来たのではないから」と答えた。

そのような問いに対して、一九世紀の人たちからも、同じ答えが実際に寄せられた。ただし、彼らが閉じこもっている壁は祈禱の壁ではなく、自惚れの壁である。また、中世ではそれは違っていた。風景それ自体にではなく、風景に取って代わる芸術において、彼らは内面（人間の内面）の本性の法則に従い、その適切な糧を見出した。風景に取って代わる芸術とは、中世の人たちが彼らの周囲にあるあらゆる事物を飾り立てて、細工を施す色彩と形態のことである。

昨今私たちが軽蔑の対象となるほどに装っている衣服の華美とファンタジーは、初期には真の美と名誉を愛するために研究されたし、威信ある人格と礼儀をわきまえる態度を助ける要素の一つになった。もしこの華美やファンタジーに私たちが耽溺すれば、それはほかならぬ虚栄のためと思われた。それゆえ、私たちに害悪が無限に加えられることになる。ここで初期ヴェネツィア人たちの衣服について語られたことを振り返ってみよう。彼らが衣服を着る際には、その衣服に彼らの節度と名誉が重んじられるよう配慮する創意があった。偉大な時代の肖像画中の人物像の衣服には、どんなに高尚な表現があったかを考えてみるがよい。いや、どんなに完全な美、美以上のものが聖者や天使の想像上の容姿が纏う長衣の襞や裾にはあるかを考えてみるがよい。衣服のその優雅さが軽蔑すべきものかどうか考えてみるがよい。軽蔑したくても出来ないはずである。私たちの最高の詩と最も幸せな思想において、日常生活で私たちが軽んじている荘厳さに愛着が湧くからである。現代ロマンスの本質は、彼らが自然に楽しんでいた事物への心情と空想力の回帰にほかならない。最良のロマンス物語[18]――『アイヴァンホー』『マーミオン』『十字軍』『湖の貴婦人』――は、紋章やコスチュームといったアクセサリに完全に依存している。いや、これ以上に、例えば、『イーリアス』からそのコスチュームを剝奪したら、作品の力がどれだけ失われるかを考えるがよい。中世の人たちは、これらのアクセサリを想像するだけで、（私たちが感じる喜びと敬意を）もっていた。衣服の高尚さは性格に繰り返し影響を及ぼしたし、威信と自尊心を多くの方法で増大するのに貢献したし、優雅な身振りとともに、落ち着いた思想を生じるのに役立った。

　私は何も荘厳さに拘っているわけではない。華やかな時代が最良だとは言えない。衣服の様式が最も高尚だったのは、一三世紀であるが、その世紀に、単純さと豪華さが混じり合い、刺繡を施した外套だけでなく、「皮革の腰帯と骨製の留め金」が着用されていた。騎士の鎖かたびらが、陰気な力強さを秘めた波のようにひたひたと打ち寄せて、容姿全体に流れていて、地色一色の外套の下に着用され、兜飾りは四分され、外衣の縁飾りは精妙な彩飾で豊麗であった。貴婦人は同様に容姿に合う衣服をまず着て、それから首まで身体を被って、縁や袖や帯の辺りに繊細な刺繡が施された外衣を流れるように着る。鉄製鎧の使用が徐々にファンタスティックな形式を導入することになり、形態の高尚さはスチールの下で失われていく。その時代の徐々に増大する贅沢な気分と虚栄心がさらに風変わりで突飛な工夫によって絶えず刺激を求めた。一五世紀には、衣服は至上の華美さと思いつきの頂点に達し、多くの場合に、とても優美であったが、その病的な荘厳さには礼儀作法への配慮が欠落していた。この時点から建築と同様に、衣服の様式は急速に堕落して、皮革の軍装、レースの襟飾り、（漁師が履くような膝まで届く）長靴を経て、袋鬘や燕尾服やハイヒールに至り、現状のようになった。

衣服における美の破壊と明確に類似しているのが、建築における美の破壊であった。その色彩、優雅さ、奇想は、徐々にルネサンスの卑しい形態の犠牲にされた。それはまさしく騎士道の華やかさが色褪せて、流行という軽佻浮薄なものになったのと同様である。そして必然的な反動が起こった状態を観察するがよい。「必然的」なのは、人類最後の本能の一つ[19]がその本来の糧を奪われることとはあり得ないからである。建築家が、昔人びとが豊かに所有していた喜びの源泉を建築物から撤去してゆく度合いに応じて、それも、新しい趣味に呼応して、すべての幸福な色彩と健康な創意を追放することを要求しての撤去であった。そういう撤去の度合いに応じて、人びとの精神は彼らの唯一の拠り処である風景に向かい出した。芸術上の「ピクチャレスク」派が立ち上がって、彫刻でも建築でも絵画の高級な領域でも、もはや人びとが求めなくなったもので、楽しむ能力に話しかけた。レンブラントの陰影やサルヴァトールの野性が、ゴシック様式側廊の陰気さやグロテスクにもはや与えられない称賛の気持ちを、代わって捉えた。かくして、ターナーで頂点を極めたイギリスの風景画の流派は、現実にはゴシック建築の破壊が残した空虚を充たそうとする健康な努力にほかならなかった。

しかし、その空虚は完全には充たされなかった。風景画という美術は、行動的生活に携わり本質的に実際問題に関わっている人たちの精神にとって面白くないし、満足のいくものでもないだろう。

芸術のロマンティックな形態に完全に入るために必要な感情と想像力は、主に青年の特徴であるから、ほとんどすべての人たちは、子ども時代から脱し、年齢が嵩むにつれて、毎日観察することが出来、毎日の彼らの関心事と関連がある直接的で実質的な芸術によって刺激を受けなければ反応が鈍くなる。建築ほどこの条件に答えてくれる芸術はない。なぜなら、建築は、工人の多くの個性を反映することが出来るので、見る者のあらゆる性格に語りかけられるからである。

気持ちが弛緩している瞬間でも、人の注意を惹きつけて、建築物は万人の所有物だという特殊な利点をもっているからである。絵画と彫像は、所有者の意思によって公衆の凝視を避けて油断なく撤去することも出来るし、安全上それらを撤去しなければならない状況も生まれる。しかし、私たちの家屋の外側は私たちよりもむしろ通行者に属するのであり、その外側にどんなに費用や労力をかけても、往々に見栄っ張りから生じるのだが、少なくとも博愛の効果は発揮できる。

もしこれらを考慮して、読者の誰かがこれらの方法によって、イングランドでの建築の健康な流派の再興に取り掛かろうと決心し、どうしたらそれが出来るかを簡潔に知りたいと思うならば、その回答は明白で簡単である。

まず原理にせよ、形態にせよ、ギリシャ様式、ローマ様式、ルネサンス様式の建築と関連のあるものはどれも完全に投げ捨てよう。過去三世紀の間に私たちが建ててきたギリシャとローマのモデルに基づいた建築のすべての集合体は、生命力も美徳も名誉も善行も実行する能力がまったく欠如していることをすでに今までに説明し、理解出来たことと思う。その建築物は卑しくて不自然で不毛で楽しめず不敬である。その起源は異教的で、その復活は高慢で世俗的であり、老齢になって麻痺し、しかもそれが耄碌《もうろく》すると、長い間塔に囲まれて堅固に防御していた瀕死の絶望した王が、萎《しお》れる血管を子どもの血液でいっぱいにしたらよいと忠告されたのと同じように、若くてその周囲で飛び跳ねている善良で生気溢れる者すべてを餌食にする。それらは建築家を剽窃者にし、工人を奴隷にし、住民を放蕩児にするために発明された建築である。さらに言えば、知性は怠けて、創意はあり得ないが、贅沢の限りを尽くして、すべての傲慢が強化された建築である。

私たちがなすべき第一は、そんな建築を投げ捨てて、足元から埃を永遠に払うことである。建築の五つの様式やそれらの様式と関連があるものは何でも、ウィトルウィウスの法則[20]に対する敬意の念を抱くとか、パッラーディオ（ルネサンス期の建築家）の作品に準拠しているとかを少しでも漏らすものなどに、私は耐えられない。「これらの捨てられた襤褸《ぼろ》着《ぎ》と腐った布切れ」をきっぱり脱ぎきって身を清めることが、私たちの牢獄の中庭でなすべき第二の事である。

私たちの牢獄を宮殿に変えることは容易である。すでに理解したように、ギリシャ・ローマ建築が生気なく無益でありキリスト教精神に反するのに対して、私たち自身の古い時代のゴシックは生気があり、役に立ち、信仰心が篤い。ゴシック建築はすべての義務に柔軟に対応し、すべての時代に耐久性があり、すべての心情にとって教育上ためになるし、すべての役目において名誉があり神聖であるとすでに理解した。ゴシック建築は腰を屈めて謙虚になることも、胸を張って威風堂々とすることも同様に出来るし、山小屋の玄関にも、城の門構えにも同様に適応する。家庭的には親しみがあり、宗教的には荘厳であり、子どもがそれを読み取ることが出来るように、単純で遊び心があり、人間精神の最も強力な者をも畏怖させ、最も気高い者をもさらに高揚させる力強さをもって装うことも出来る。その工人のもてるあらゆる能力に火をつけてその能力を発揮させ、見る者のもてるあらゆる情緒に話しかける建築である。その建築は、その荘重な壁に積まれたあらゆる岩石が人間の心情を一歩でも天上へと高めるよう配慮され、またその建築は建立時点から本質的実在（大自然の本質）と一体化していたのであり、その形態のすべてでもってキリスト教信仰を象徴していた。このようなゴシック建築で今後は教会も宮殿も山小屋も同様に建てることである。しかし、主にそれを私たちの公共建築物と家庭的建築物のために用いることとしよう。これらの高尚な建築物はいったん完成したら、私たちのキリスト教的な職務は、それらの建築物ともども高揚されるだろう。だが、教会は未熟な建築の実験にふさわしい場ではなく、また見慣れない美を展示する場でもない。きっと私たちは自然で高尚なゴシックを復興して建てる前に、失敗することもあるだろう。私たちの寺院は失敗の場ではない。古い時代のキリスト教建築[21]が再び私たちによって受容される前に、きっと私たちは根深い多くの偏見の逆恨みを受けるに違いない。宗教をこのような逆恨みの一番の原因としないでほしい。ゴシック建築を教会に適用するにはさまざまな困難に直面するだろう。なぜなら、教会建築は市民の公共建築のデザインにけっして影響しないからである。それというのも、ゴシック様式の礼拝堂の最も美しい形態は、プロテスタント教徒が礼拝するのに最善の形態ではないからである。トルチェッロ[22]の大聖堂（サンタ・マリア・アッスンタ大聖堂）について語った時、音響の科学や初期キリスト教徒の儀式を研究したから、説教壇が一般に後陣や内陣の隅に配置されるのが納得出来る。ゴシック教会の美しさを完全に破壊する配置は、現存の教会例や、今ここで私たちがこの問題に頭を突っ込んで混乱を引き起こすのは賢明でないようなゴシック式教会のデザインの改変の必要に見られる。さらに、もっぱら聖職的な目的のためにその様式を導入しようとする努力が、熱烈な唱道者のリストに直ぐに入れられるはずの多くの人たちの強い偏見を掻き立て、ゴシック反対となりかねない。

例えば、マーガレット・ストリートに建てられたばかりの教会[23]内部に使用されたような高尚な建築でも見られるなら、それで多くの人たちの問題が解決するが、さしあたりそのような教会は特殊な宗派の布教原理の表現として、不安と猜疑心で見られることだろう。しかし、そのように見られようが見られまいが、いずれにせよ、この教会はきっとゴシック・デザインについての私たちの現在の可能性という問題を結論づけて決着させるだろう。その教会は、今日建てられた、私が見た最初の教会建築物であって、殊に臆病や無気力のすべての徴候から解放された建築である。部分間の総体的バランスにおいて、また刳り形の洗練された上品さや刺激的活力において、とりわけ包容力のある雄々しい様式で施された花飾り装飾の力強さと活気と優雅さをもって、その建築はどの時代の最も高尚な作品と比較しても引けをとらない。そのあと（ゴシック再興後）なら、私たちは何をしてもよい。すなわち、私たちの希望や自信には制限の必要がなくなる。その建築は北方諸国で見られるすべてのゴシック建築に匹敵するだけでなく、凌駕することさえ可能だと信じている。ただ人物像の彫刻を導入することでは、私たちは今のところまったく劣っているに違いない。私たちには模範とすべき人物像がないからである。

良質の建築彫刻はどれも制作当時に生きていた人たちの衣服と人柄を表現していて、私たちの現代の衣服は三角小間や壁龕のための装飾とはならないだろう。しかし、花飾り彫刻では、嵌め込み施工や一般的制作の洗練さにおける場合に劣らず、私たちは今までの作品を超えることが出来る。なぜなら、ゴシック建築の栄光は、最も粗野な作品も受容する点にあるが、最良の作品も拒まないからであり、最も単純な工人の手捌きを私たちがいったん勇み足で認めるなら、単純な工人たちの多くが熟練工人になることが分かって、周知されることになるからである。現代の富と科学の助けを借りれば、私たちの周りの大聖堂のようなものの代わりに、ジョットの鐘楼のようなものを建てることが出来る。しかし、私たちは、北方ゴシックの純粋で完全な形態を採用し、その形態にイタリアの洗練を取り入れて磨きをかけるのだから、ジョットの鐘楼より良いものを建てられる。今のところ、イギリスとフランスの一三世紀の表面だけのゴシック形態でデザインされ、細部ではイタリア芸術の洗練度を極めて制作された建築物の壮麗さがどんなになるかを想像することはまず不可能だし、さらに、私たちには人物彫像がないから、慎重な決断力でもって、その建築物にイギリスの野原のあらゆる草花やハーブを一対ずつ展示して、その美しさを見せることはほとんど不可能だろう。祖先たちが樫や蔦や薔薇のためにしたように、私たちが岩石に根を張るあらゆる樹木のために、夏の雨滴を飲み干す花のためにしたとしても、不可能だろう。これを私たちの志の目的として、野心的ではなくて、心底謙虚に、最も弱々しい手からも助けを受けて、その目的に近づこうとしたら、一九世紀のロンドンは、独裁政治のないヴェネツィアや、政情不安のないフィレンツェになるかもしれない。

注

（1）〔原注〕私（ラスキン）は、銅版画家の技術を修正して、数年のうちに銀板写真や熱転写の結果の概略をこの場で描くつもりだった。だが、確実に語る必要のある実験を完成する時間がない。しかし、次のことだけは疑いない。我々の銅版画家の団体に無限の貢献を間もなくするということである。その貢献とは銅版画家を白黒の図案家、それもスチールでなく、紙面上に図案を作成する芸術家にすることである。

（2）「全人」は「全体的人間」とも言う。“the Whole Man” の訳語。ラスキンのキーワード。芸術教育論に勝田守一は、人間疎外の克服のためとして着目した。心情と知性と手技を統合する「描く教育」をすべきであるとした。『芸術教育論』（明治図書）。

（3）キリストによる原罪の贖いの信仰体系を指す。

（4）〔原注〕「愚劣な謂である」と原文では断っている。否定的な意味の「教育」である。

（5）〔原注〕「クロードやプッサンの影響下で現代の一般教育の下で育てられた現代画家」と断っている。

（6）新約「マタイによる福音書」二六章三六節でイエスがユダに裏切られることを予感した場所。

（7）composition の訳語である。“composition” をラスキンは否定的だったが、ここでは肯定的に表現している。「構図」から「構想」に変わってくる。

（8）ギリシャ神話で、大地の女神から金の林檎を貰って、楽園を守った四人姉妹。

（9）前に注で「全人」としたのと同じである。

(10) 〔原注〕 エルサレムの霊泉。新約「ヨハネによる福音書」五章二―四節。この池の水が動く時、最初に浸かった者はどんな重病でも治癒するという。

(11) イギリスの画伯でオックスフォードから法学博士の学位を受け、プリンプトン市長。

(12) オランダの画家。人名録参照。

(13) ジョヴァンニ・ドルフィーノ総督(在位一三五六―六一年)。なお、ラスキン原書では、索引でも元首マルコ・ドルフィーノとなっているが、クリスチャン・ベック著仙北谷訳『ヴェネツィア史』(文庫クセジュ)の元首表には載っていない。マルコ・コルネール総督(在位一三六五―六八年)はあるが。

(14) ユグノー派は新教徒のカルヴィン派の一部で迫害されたが、フランス革命で権利を得た。

(15) 「竜の歯」はギリシャ神話で、カドモスが竜を退治して、竜の歯を蒔くと、歯が兵士たちになって生まれてきた。今度は宝石あるいは石を投げると、宝石を奪い合い、石の場合は誰が投げたか疑って内輪揉めになった。ここでは兵士たちが生まれる種の「収穫」の意。

(16) 旧約「創世記」一三章一〇節で、ソドムが滅ぼされる前に「主の園」のように「潤っていた」とある。

(17) 「甘美な色彩や形態の喜びを恥とする」というのは、神が与えた喜びを恥として現代世界では犠牲を強いているという意味。

(18) ロマンス物語としていくつか挙げているが、これらの作品はみなスコットの物語詩や小説である。人名録参照。

(19) ラスキンの「構想力」(『構想力の芸術思想』参照)には、反発する内発性があり、これが本能の最後のものであると言える。この本能は積極的であり、芸術の受動的享楽とは異質である。幼児の芸術教育論で、彼は「教育」ではなく「殴り描き」の機会を与えよと、親や保育士に言うのである。

(20) 発見された古典ローマ時代の稿本からアルベルティが書物にして出版。

(21) 〔原注〕 私(ラスキン)は「聖職的」でなく、ゴシック的「キリスト教的」建築と呼ぶ。大変な相違である。それはキリスト教徒が建てる唯一の建築であるが、必ずしも教会の奉仕と関連する建築とは言えない。

(22) ヴェネツィアの初期の教会がもう一つある潟海の小さな島（『ヴェネツィアの石』参照）。

(23) Margaret Street, Portland Place（所在地ロンドン）にあるホープ氏の教会。

人名録（建築・彫刻・絵画・思想関係）

アヴェルリヌス（Averulinus）　生没年不詳。フィレンツェ生まれの建築家。一四六〇年頃にラテン語の建築書を執筆。二五巻の稿本はサン・マルコ付属図書館にある。一四八三年ハンガリー王コルウィヌスのために豪華な装飾本にされた。

アルベルティ、バティスタ（Alberti, Battista）　一四〇四—七二年。イタリアの建築家。一四四三—五二年頃、ウィトルウィウスの「建築論」から得たローマ建築の知識をまとめて『建築論』を執筆。法王ニコラウス五世に献呈され、著者の没後に、又従弟のベルナルド・アルベルティによって、一四八五年にヴェネツィアで出版された。一五四六年出版の説もあるが、前者の説の方がルネサンス建築への影響からみて正しいようだ。

アンジェリコ、フラ（Angelico, Fra）　一三八七—一四五五年。イタリアの画家、教会装飾画家。ドミニコ会修道士でもあった。ローマが故郷。

ウィトルウィウス、ポッリオ（Vitruvius, Pollio）　紀元前一世紀頃のローマの建築家。『建築について』を執筆。写本が一四一七年頃ポッジョにより発見された。ルネサンス建築は、アルベルティにより再編集されたヴェネツィア版によって普及した。

ヴェロッキョ、アンドレア・デル（Verrocchio, Andrea del）　一四三六―八八年。フィレンツェの画家、金細工師、彫刻家。レオナルド・ダ・ヴィンチの師匠として有名。レオナルドの絵画を見て彼は絵画の筆を断ったという。コッレオーニ傭兵隊長騎馬像制作者としても有名だが、実は没後弟子が仕上げたものだという。

ヴェロネーゼ、パオロ（Veronese, Paolo）　一五二八―八八年。イタリア人画家。ヴェローナ生まれ。画家ティツィアーノの影響が大きい。一五五三年以後にヴェネツィアで活躍し、その作品はヴェネツィアに残っている。宗教画に世俗的なものを入れたので宗教裁判にかけられ、絵画的自由の絶対的権利を主張した。

オルカーニャ、アンドレア（Orcagna, Andrea）　一三〇八頃―六八年。フィレンツェで活躍した画家、彫刻家、建築家。ナルドとヤコポという画家の二人の弟がいる。

ガウディ、アントニ（Gaudi, Antoni）　一八五二―一九二六年。スペインの建築家。バルセロナにサグラダ・ファミリア教会をはじめ公園や住宅など作品が保存されている。地中海の対岸アフリカの芸術の影響も受け、ラスキンの著書もよく読み影響を受けた。ヴェネツィアを訪れたことはない。

ギベルティ、ロレンツォ（Ghiberti, Lorenzo） 一三七八―一四五五年。フィレンツェの彫刻家。同市の洗礼堂のブロンズ扉の二つに彫刻した。

ギルランダーヨ、ドメニコ（Ghirlandaio, Domenico） 一四四九―九四年。フィレンツェの同時代最高のフレスコ画家。弟子にミケランジェロがいる。弟ダヴィデがいて、テンペラ画よりフレスコ画を好んだ。

コッレオーニ、バルトロメーオ（Colleoni, Bartolomeo） 一四〇〇―七五年。ヴェネツィア共和国傭兵隊長。彼をモデルにした騎馬像はヴェロッキョが制作者となっているが、ヴァザーリによれば、仕上げは弟子による。弩砲を移動式にして攻撃用に使い、戦果を挙げた。サン・マルコ広場に設置することをコッレオーニは生前望んだが、没後完成し、設置場所はパオロ教会の前であった。傭兵隊長だからである。

ザノット（Zanotto） ヴェネツィアの画家。E. Zanotto と F. Zanotto と二人いた。

サンミケーレ、ミケーレ（**Sanmichele, Michele**）　一四八四―一五五九年。ヴェネツィア国城塞建築技師。都市の要塞化を図り、グリマーニ宮殿、コルネール邸などを建築した。

サンソヴィーノ、ヤコポ（**Sansovino, Jacopo**）　一四八六―一五七〇年。イタリアの建築家、彫刻家。造幣所とサン・マルコ図書館は彼によるルネサンス様式の建築物。四〇年以上、ヴェネツィア国建築総監督として君臨。

サンソヴィーノ、フランチェスコ（**Sansovino, Francesco**）　一五二一―八三年。著述家。ヤコポ・サンソヴィーノの息子。著述家。『いとも高貴な都市ヴェネツィア』（一五八一年）の著者。

ジョット（**Giotto**）　一二六六（七？）―一三三七年。生年は不確か。フィレンツェの画家。チマブーエと共に近代画家の創始者とされている。

ジョーンズ、イニゴー（**Jones, Inigo**）　一五七三―一六五二年。イギリスの建築家。

スコット、ウォルター（**Scott, Walter**）　一七七一―一八三二年。イギリスの小説家、詩人。Sir の称号を与えられる。代表作の一つに『クェンティン・ダーワド』がある。

ターナー、ジョゼフ・マロード・ウィリアム（Turner, Joseph Mallord William） 一七七五―一八五一年。イギリスの画家、特にラスキンが擁護したので有名な画家。

ティツィアーノ、ヴェチェッリオ（Tiziano, Vecellio） 一四九〇頃―一五七六年。ヴェネツィア最大の画家。英語では Titian として知られている。ヴェネツィアの画家は彼を模範とした。ジョルジョーネの影響を受ける。ジェンティレ・ベリーニの弟子となり、師匠没後、師匠の弟のジョヴァンニの弟子になった。

デューラー、アルブレヒト（Dürer, Albrecht） 一四七一―一五二八年。英語ではアルバート。ドイツのルネサンス期の画家、版画家。ジョヴァンニ・ベリーニやレオナルドの影響があると言われる。

パッラーディオ、アンドレーア（Palladio, Andrea） 一五〇八―八〇年。サンソヴィーノの後継者としてヴェネツィア国のお抱え建築家となり、ヨーロッパの新古典主義の絶対的な地位を一八世紀まで保持した。

ハント、ウイリアム・ホルマン（Hunt, William Holman）　一八二七—一九一〇年。イギリスの画家。ミレーやロセッティと知り合い、彼らとラファエル前派を結成した（一八四八年）。回顧録を著した。

ピサーノ、アンドレーア（Pisano, Andrea）　一二九〇頃—一三四八年。一三三六年フィレンツェの洗礼堂のブロンズ扉の彫刻家として有名になる。ジョットの継承者であるが、浮き彫りやフィレンツェの本寺の鐘楼上の彫像を制作。

ピントリッキョ、ベルナルディーノ（Pintoricchio, Bernardino）　一四五四頃—一五一三年。イタリアのフレスコ画家。システィナ礼拝堂でペルジーノを補佐したらしい。

フィエーゾレ、ミーノ・ダ（Fiesole, Mino・da）　一四二九—八四年。イタリアの彫刻家。フィレンツェ近郊の山中の村で生まれる。フィエーゾレは生地近くの町の名から由来する。「自然の美より師匠の作った美を模倣したので、生来持てる才能を十分表現していない」（ヴァザーリ）とも言われた。

プラウト（Prout, Samuel）　一七八三—一八五二年。イギリス風景画家。とくに建築物を背景にした風景画を描いた。

フランチャ、フランチェスコ（Francia, Francesco）　一四五〇頃―一五一七（一八）年。ボローニャの金工家。最初は画家として登録。

ベリーニ、ヤコポ（Bellini, Iacopo）　一四〇〇頃―七〇（七一）年。イタリアの画家。息子のジェンティレ・ベリーニ（一四二九頃―一五〇七年）とジョヴァンニ・ベリーニ（一四三三―一五一六年）も画家。作品は少ないが、その画風は娘の夫で、画家のアンドレア・マンテーニャに影響したといわれる。マンテーニャの妹と、ジョヴァンニは結婚した。

ペルジーノ（Perugino）　一四五〇頃―一五二三年。イタリアの画家。生年は五年遡る説もある。ヴェロッキョの工房で制作、そこでレオナルドも制作していたから、何らかの交流があったかもしれない。

ホガース、ウィリアム（Hogarth, William）　一六九七―一七六四年。イギリスの画家、版画家。風刺画家として知られる。論文「美の分析」一七五三年（バーク編『分析』オックスフォード、一九五五年所収）。

ホッベマ、マインデルト（Hobbema, Meindert） 一六三八―一七〇九年。オランダの画家。アムステルダムに住んで税務局関連の下役になっていた。イギリスの風景画収集家によって集められて価値が出た。

ポッジョ・ブラッチョリーニ、フランチェスコ（Poggio Bracciolini, Francesco） 一三八〇―一四五九年。教皇庁秘書官長として何代かの教皇につかえたが、ナポリの沖の島の海賊一族から出世した教皇ヨハネス二三世の秘書官だった一四一五年、ヨハネス二三世が殺人に関与した罪で投獄、廃位され、ポッジョも秘書官を失職した。それから古典の写本探しの旅に出て、修道院でルクレティウスの写本、ウィトルウィウスの建築に関する写本などを発見し、その後バティスタ・アルベルティの再編集により出版された。

マサッチオ（Masaccio） 一四〇一―二八年。「太っちょトム」と呼ばれたが、本名はトマソ・ディ・ジョヴァンニ・グィディ。一五世紀フィレンツェの巨匠のうちで最初に世に出た画家。

マルティーニ、シモーネ（Martini, Simone） 一二八四頃―一三四四年。シェナ派の画家ドゥッチョ（Duccio, 一二五五頃―一三一八年）の弟子でシェナ市公会堂大壁画制作の画家。メンミ（Memmi）とも言う。

ミレー、ジョン・エヴァレット（Millais, John Everett） 一八二九―九六年。ラファエル前派を最初に結成した（一八四八年）一人であったが、ラスキンの前夫人と結婚したため、ラファエル前派から離れた。肖像画家として認められたが、風俗画からアカデミックになり、Sir の称号を与えられた。

メンミ（マルティーニの項を見よ）

ランドシーア、エドウイン（Landseer, Edwin） 一八〇二―七三年。イギリスの動物画家。版画家の息子として生まれた。兄が版画家として彼の描いた動物の絵を版画にした。

リード、ハーバート（Read, Herbert） 一八九三―一九六八年。イギリスの美術批評家。ソ連の体制に批判的でアナーキストと自称した。東洋の禅や芸術にも関心があった。ただ、晩年訪れた中国に希望をもったようだが、当時は「文化大革命」の初期で、毛沢東の負の遺産を知らずに亡くなった。

レーノルズ、ジョシュア（Reynolds, Joshua） 一七二三―九二年。イギリス絵画史上最大の画家とされる。デヴォンシアに生まれた。教養ある家庭に生まれたのは当時としては珍しい。一七六八年創設のロイヤル・アカデミー会長になった。故郷のプリンプトン市の市長にもなる。歴史画的な大肖像画を描いた。Sir の称号を与えられる。

レン、クリストファー（Wren, Christopher）　一六三二—一七二三年。建築家としてセント・ポール寺院を建てた。Sir の称号を与えられる。

ワイルド、オスカー（Wilde, Oscar）　一八五四—一九〇〇年。アイルランド・ダブリンの医師を父に、愛国的な詩人を母にもつ。オックスフォードでは、ラスキン教授の教え子であり、影響を受けた。特にラスキンがオックスフォード郊外の農道が雨天でぬかるんでいるのに気づき、運動部の学生に働きかけ、道路改修工事をした時、ラスキンの指導に従った。手紙でラスキン教授に感謝の意を表している。ワイルドのユートピア思想はラスキンから出たと言われている。『幸福な王子』『社会主義下の人間の魂』は、ラスキンの系譜を引いていると考えられる。

ワッツ、ジョージ・フレデリック（Watts, George Frederick）　一八一七—一九〇四年。イギリスの画家。ウォッツと言う人もいる。フィレンツェのイギリス公使のお抱え画家になったこともある。肖像画家であるが、寓意画も描く。彫刻家としても作品を残している。寓意的歴史画家である。

＊注　レオナルド、ミケランジェロ、ラファエロの三人の巨匠については、この短い項目の説明では論じきれないので省略している。ダンテ、ミルトンも大詩人なので短くまとめるのは難しい。

付録I「グロテスク・ルネサンスについて」(訳者による)

グロテスクという言葉は、grotta というイタリア語の「洞窟」を意味する言葉から生まれた。ルネサンス期に発見されたイタリアの地下遺構(グロッタ・洞窟)[1]に模様が描かれた壁画があって、その模様は異国風、オリエント風の模様と考えられ、ヨーロッパの外の世界としての意味があった。ルネサンス時代からラスキンの時代になっても、グロテスクは、やはりヨーロッパ社会の外のものを指す言葉に変わりなかったが、イタリア語の本来の意味よりも広く、疎外されたものや人物に使われた。

そう考えると、ルネサンス——本書では「建築・装飾(彫刻を含む)」のルネサンスであるが——が終焉に向かう時期になると、掘っ立て小屋のような舞台でありながら、上流階層のための舞台よりも、はるかに活況を呈した喜劇がもてはやされた。喜劇はコンメディア・デッラルテ(commedia dell'arte)と称された。道化役には、アルレッキーノ(arlecchino)がよく知られている。「二人の主人をもつ召使」という有名な喜劇の召使役である。この喜劇は筋書きはあるのだが、セリフは役者が即興で喋り即興で演じる。アルレッキーノはヴェネツィア方言で喋る。したがって、ヴェネツィア起源の喜劇役と考えられる。その仮面は黒く鼻は低い点で異質性を表わす。その他の道化にはパンタローネ（pantalone）があり、ヴェネツィア商人が金持ちなのに吝嗇であるのを風刺される役である。また、ドットーレ（dottore）という道化は、ペスト患者を診断する医者が、鳥の嘴のように鼻が長い仮面を着けて隙間のない服装で予防したのを風刺して、同じような仮面を被って、恐ろしいペストの話さえ笑い飛ばす、逞しい喜劇精神を表わしている。最も意味があり広範囲に影響を与えたのは、アルレッキーノである。ラスキンはこの道化については言及していないが、ディッケンズに先駆けて、風刺を利かせ、何よりも、疎外された人びとへの親しみを市民大衆の気持ちに植え付けた。ヨーロッパの文明が疎外した部分の声を代弁する役割を演じたと言えるのではないか。さらに、道化は身体表現によって、上から規制された言語（ラング）ではなく、言語による体系化（文法化）された伝達の媒体を解体して、原形質に近い話し言葉（パロール）によって、新鮮な視点を提供した。

現代から見ると、アルレッキーノは、「異質な外在性を内在化して、新たな外在性として生み出す活動」と福原義春氏（『文化資本の経営』ダイヤモンド社刊の著者）が、文化資本について述べた(2)ように、外来文化が内在化して外国へも広がる例と考えられる。アルレッキーノは、フランスではアルルカン（arlequin）と呼ばれている。最近ではパリコレが、螺鈿織り（丹後で伝承されている光沢ある真珠層を織り込む技法）を最新素材として活用した。グロテスク・ルネサンスの一例であり、グロテスクは斬新な美としての魅力で人びとを惹きつける。

もう一つグロテスクの例を挙げると、サグラダ・ファミリア教会の建築家アントニ・ガウディ

（一八五二―一九二六年）の作品である。[3] 彼はラスキンの著書を読み、アフリカとヨーロッパの複合された芸術を生み出した。ガウディは、「アフリカとヨーロッパの芸術の総合によって、芸術の源へ回帰する」と考えて、「独創《オリジナリティ》は源にかえることだ」と主張したのである。

ラスキンの考えでは、「心情」が軽視されたり、無視されたりして造形された建築・装飾（彫刻を含む）を批判して、「心情」が「手の技」によって「知性」と連繫される「全体的人間」を目指すべきだということであった。しかし、疎外されている人びとを誘導する「動機」（モティヴェイション）を与えるためには風刺、嘲笑といった身体的な動作を伴う演劇が重要な役割を果たすのである。さらに、ラスキンは「民芸運動」を触発させた（大芸術に対する）「小芸術」が義務感から解放された時に生み出された「精神の屈伸運動」のような役割を果たすとも言っている。民芸もグロテスクな芸術だというのである。このようなグロテスクな芸術の復興を唱えているのである。

グロテスク・ルネサンスとは、ヨーロッパ文明の底辺――疎外された部分――からの視角と声を提供したと見なすなら、二一世紀になっても、生き生きと捉えられると訳者は考えている。

（付録Ⅰだけ訳者の考えで、以下の付録は、原書からのラスキンの考えである）

（1）東野芳明『グロッタの画家』（美術出版社、一九六五年）所収「グロッタとグロテスク」参照

（2）池上惇『文化資本論入門』（京都大学学術出版会、二〇一七年）一五一頁

（3）　東野芳明の前掲書所収「ガウディ——未来の廃墟」参照

付録Ⅱ「サルビアの曲線」

The Stones of Venice Vol.1 図版Ⅶ（本書図版Ⅰ）を掲示して、その説明を付す。

装飾の第一の構成要素は抽象線、すなわち、自然物によく見られる輪郭線である。その自然物は、そのような形態が明確に模倣的に描かれることが正しくなくても、可能なら、建築的な形態に移行される。例えば、一枚の葉っぱの縁の線や曲線は、石をまったく葉のように描かなくても、葉を示唆しなくても、その曲線を石の縁にしてもよいわけである。自然の線はすべての造化物で同じなので、化合物でも、簡素であれ、豊かであれ、本質は同じであるから、ますます説得力がある。自然の線が化合物から採られるとすると、自然物の何から借用されたかを言うのは不可能である。それらの普遍的な固有性は微細な、あるいは抑制された移行過程の絶えず変化する曲線であるからであり、その過程には、私が『近代画家論』第二巻「活力性の章」（訳書『構想力の芸術思想』第一節一二—一四章）ですでに述べた「運動性、柔軟（活力）性、依存性（相関性）」の特殊な表われが含まれる。しかし、読者が自分でさまざまな源泉から引き出された例を比較出来るように、図版Ⅶ（本書図版Ⅰ）において、さまざまな事物や規模の自然物から得た一〇ないし一一の線を出来るだけ精確に描いてみた。第一に、ａからｂは原形のままで、私が見た最も美しい単純曲線である。それは三分の一マイルの長さの曲線で、シャモニ谷のは針山の蹴爪の第二の小さな氷河の表面によって形成された。私はその右側にある岩峰を輪郭づけただけであり、それは斜降しながら反対側に寄りかかっている氷河の曲線との岩峰の調和と統一した作用を示すためである。とはいっても、この高い氷河の表面で稀に氷が溶けた時に、雪によって和らげられて統合された氷河の曲線との調和と統一の作用を示すためなのだ。

ｄからｃは一マイル半か二マイルの長さである。それはジュネーヴ湖の辺りにある「鬼の歯」の連峰の山腹の一部である。さらに高い遠くの連峰の線が一、二見えるが、それらの線は「鬼の歯」と連合して見えている。ｈは唐檜《トウヒ》類の樅で四フィートの長さの線である。この木を選んだのは一般には硬直して立ち優雅でないと考えられているからである。とはいっても、その木の外側の梢は私の知っている何よりもそのなだらかさが高貴である。だが、読者がすべて山の線であるｃからｄ、ｅからｇ、ｉからｋとその木の曲線を比較出来るように、逆さまに置かれているから、この木の断片は大いに不利に見える。ｅからｇはマッターホルン南縁五〇〇フィートである。ブシァルド針[4]峰の頂上からシャモニ谷へ下る斜降距離は、三マイルである。ｌからｍは紙上に柳葉を載せて跡づけられた葉の側線である。ｎからｏは紙に書かれたオーム貝の口唇にある無数の曲線の一つである。ｐは渦巻き曲線であり、セルプラ（石灰質の管の中に住むゴカイ）の周りを紙上に跡づけたものである。ｑからｒはサジオモダカの葉の葉脈の実物大を写したもの。ｓからｔは月桂樹の葉の側線、ｕからｗはサルビアの葉の側線、これらの最後に列挙した曲線は、自然では単独で見られるように造形されていないので、独立線として見られる他の線よりより重くより不快になる。しかし、山岳や氷河が、移行過程における繊細さと豊かさで、他の同類を凌いでいるように、葉や貝殻もすべてが変化に富む曲線の特性で同様な現象を呈している。

（4）"Boucharde" はフランス語で「鋸歯状突起のある槌」の意味である。

付録Ⅲ「ゴシックの刳り形」

本巻（第三巻）図版Ⅶ（本書図版Ⅴ）はゴシック刳り形の主要な特徴と、それらとビザンティン刳り形との間の全体的相違を示している。1と2はよりビザンティン風の形態を比較のためここに示された。3、4、5はゴシック期における単純な刳り形のドアの共通の側面図である。6はフラーリ教会の窓の刳り形の一例で、これはアーキヴォルトへと続き、刳り形斜面の末端で線がアーキヴォルトに接する処で、トレーサリに出会う。7と8はドゥカーレ宮殿の窓の刳り形で、この窓では、大半円はトレーサリを支える柱身であり、横断面の残部分はアーキヴォルトへと続く。17、18、19はドゥカーレ宮殿の主要な門柱である。20はヴェローナのサン・フェルモ教会から採られて、ビザンティン形態の2から、ヴェネツィアではほとんど表現されなかったゴシック式に面取りした（丸めた）角の面への移行段階を示している。図版の他の横断面はすべて後期ゴシック様式で、力強さを得ずに、複雑さを漸次的に増大したことを示すために与えられた。12、13、14等は花形装飾・綱形装飾刳り形に彫琢された横断面の一部であって、それらの下にある中空刳り形や曲線の一定の輪郭線を示すために、図版に（版画に）刻まれた。以下、参考までに列挙する。

1　マルコ・ポーロ邸のドア。
2　サン・カサン（San Cassan）の修復された教会の古いドア。
3・4・5　ゴシック式ドアの共通の刳り形。
6　フラーリ教会の窓。
7・8　ドゥカーレ宮殿の窓。
9　プリウリ邸の大玄関。
10　サン・ステファノ教会の大ドア。
11　サン・グレゴリオ教会の水に面して開くドア。
12　フラーリ教会の側面ドア。
13　サン・ザッカリア教会広場のドア。
14　マドンナ・デッロルト教会。
15　サン・グレゴリオ教会の正面のドア。
16　フラーリ教会の側面大ドア。
17　ドゥカーレ宮殿の葡萄樹の天使像の付け柱。

18　ドゥカーレ宮殿、内部の中庭、門柱。
19　ドゥカーレ宮殿、サン・マルコ小広場に面したヴェネツィアの円形彫刻のある円柱。
20　サン・フェルモ教会（ヴェローナ）。

付録Ⅳ「ビザンティン・ルネサンス宮殿の制作時期」

ロードン・ブラウン氏（Rawdon Brown）は言っている。「フォンタナはダリオ邸の制作時期を一四五〇年頃と見ている。フォンタナはそれをピエトロ・ロンバルド（Pietro Lombardo）によって創設された建築の最初期の見本と考えた。さらにロンバルドの息子たち、ツリオとアントニオによって受け継がれた。サヌートの自伝の未発表稿——私が以前に購入したもので、後にサン・マルコ図書館に寄贈したが——はジョヴァンニ・ダリオからの書簡二通からなり、アドリアノポールの近くで書かれたもので、一四八五年七月一〇日と一一日付けになっている。アドリアノポールには、トルコ人のキャンプがあり、バジャゼット二世は、エジプトのスルタン（君主）から、またインド諸国の王《シャー》（支配者称号）から、はたまた、ハンガリーの王からも、贈り物を受け取った。これらの事柄について、ダリオの書簡は多くの好奇心をそそる詳細を示してくれる。一三六頁からなる印刷されたて（それで一年ずれるが）マリピエロ年報では、秘書官ダリオがヴェネツィアの港で交渉したと言及され、コンスタンチノープルのヴェネツィアから派遣された法執行官と喧嘩した後、一四八四年の日付で、「彼はヴェネツィアへ帰った」と記されている。さらに年報執筆者は付記した。「ジョヴァンニ・ダリオは、カナダ生まれであり、ヴェネツィア共和国は彼がバジャゼットと平和裏に決着をつけたことに大変満足し、共和国からの贈り物として、パドゥアの領地にある一五〇〇ダカットに値するノヴェンタの土地と、さらに彼の娘の結婚持参金にあたる現金の六〇〇ダカットを贈った」。これらの贈呈物は、恐らく彼に自邸を建てることを可能にしただろう。一八三七年に私が修復した刻銘によってヒントを得られるだろう。そこには、「信者で才人、ジョヴァンニ・ダリオ」と刻まれているから。パオロ・モロジーニのヴェネツィア史によれば、ジョヴァンニ・ダリオはさらにコンスタンチノープルの征服者モハメットとヴェネツィアの間に一四七八年に講和を結んだ。しかし、彼が代理人によって自邸を建てなければ、その日付はそれと関連がないことになる。私の考えでは、贈り物の事実と刻銘が一四五〇年であるのは誤りで、一四八六年の日付が正しいと思われる」。

付録V「ミケーレ・モロジーニ総督の性格」

貴族カルロ・モロジーニの書簡からの抜粋を記す。

ヴェネツィア共和国の歴史における栄光の期間に、誰も我々に忠実な良心的な歴史を残す配慮がなかったのは、不幸な宿命である。しかし、この不幸は、歴史家たちが責められるべきか、注釈者たちが創作した新しい史実の説明によって彼らの信憑性を壊した彼らが咎められるべきか、私はほとんど分からない。哀れなモロジーニについて、私は、歴史家たちに秘密の会議を招集する――彼らの総合的判断を受け入れるためにであるが――ことによって、彼の名誉を救うことが出来るだろう。というのは、ほとんどの著者たちは彼の祖国への愛と、彼の雅量の質を立証して、彼に絶対的に味方してくれるだろうからである。ダルーの歴史は、よく知られる識者から評価されていないことをあなたに申し上げたい。ダルーは、すべての歴史的行動の栄光を曇らせる以外に目的がないようである。イギリスの著者がどのような権威に拠っているかを私は知らないが、彼はダルーの陳述をコピーしただけであろう。……ヴェネリ家所蔵の古く信頼できる稿本、ダルーの歴史より価値がよりあるよく知られた稿本を参照した。その稿本はモロジーニについて何も教えてくれないが、彼はヴェネツィア全人民の喜びでもって総督に選ばれた。サヴィーナもドルフィーノも彼らの年代記は恥ずべき投機には一言も語っていない。何がしかの歴史家による、総督への中傷は、恐らく総督による発言を誤って解釈したことから生じたのであろうと識者も言っている。この中傷はサヌートによって、「投機の話は、遅かれ早かれ、国家にとって有利なことになるだろう」と報告された言葉からも誤解されたと思われる。しかし、このような考察は、ハンガリー王やサヴォアのアマデウスだけでなく、ジェノアやカッラーラの人びとにも多くの名誉ある大使職を委任された後、初めて総督に選ばれたという、この男についての名誉ある、都合の良い結論を引き出すに十分である。これらの大使たちに、彼が祖国愛をみずから示さなければ、共和国は再び彼にこのような名誉ある任務を委任することはなかったし、それだけでなく、アンドレーア・コンタリーニのような人の後継者として総督の権威をもって報いることもなかっただろう。キオッジャの戦いは、彼がその期間に投機によって財産を三倍にしたというが、コンタリーニの治世期間である一三七九年、一三八〇年に行われ、その間彼は外国駐在大使の任務でヴェネツィアには不在であったのである。

付録Ⅵ　「建築の重量に耐える原理」

この原理の例として、原書第一巻に、Superimposition についての第一九章が設けられて、「軽いものを重いもので支えるのと、重いものを軽く支えるのを譬えて、前者は枝を支える幹、後者は頭部と胴体部を脚で支える人間構造を挙げた」。

「穹窿（円天井）円柱がクリアストリ（明かり層、採光窓）にある窓間壁に導入される時、余分な柱が身廊の窓間壁を支えるために加えられた。最初の段階では、松材を二、三本、一本の主柱を支えるために使われたのが思いつきだったのだろう。それはともかく、身廊の窓間壁を明かり層窓と組み合わせて十字型にするには、穹窿円柱を重ねることになった。入口や窓の開口部に見合う小さな柱身だけが加えられることになった。こうして、北方の建築全体は――ロンバルディア人の建築によって表わされるが――、粗野だが威厳があり、円形アーチ、群柱身、付加された穹窿円柱、現実生活とファンタスティックな魑魅魍魎との絶えることないイメージの増殖、それらが特徴と述べられている」（第一巻第一章二八節、訳書『ヴェネツィアの石』二五頁参照）。

付録Ⅶ「共通感覚」

原書第一巻二一章一〇節において、抽象的な孔雀の表現について、こういう抽象的表現を人類が共通に認識出来る感覚の例として挙げている。カラーの孔雀の尾の羽根と羽根に付いた眼球のような模様が孔雀の特徴であるが、その眼球のような模様が抽象的なデザインとして表現されたカラー写真が掲げられている。読者はすでにオリーヴの樹木のモザイク表現を知っているので、孔雀の抽象的なデザインを「共通感覚」で捉え理解出来るだろう。

参考文献

〈ラスキン原著・内藤史朗訳〉
『ヴェネツィアの石――建築・装飾とゴシック精神』（法藏館、二〇〇六年）
『風景の思想とモラル――近代画家論・風景編』（法藏館、二〇〇二年）
『構想力の芸術思想――近代画家論・原理編Ⅱ』（法藏館、二〇〇三年）
『芸術の真実と教育――近代画家論・原理編Ⅰ』（法藏館、二〇〇三年）
『芸術教育論』世界教育学選集四六巻（明治図書出版、初版一九六九年、復刻一九九九年）
『ラスキンの芸術教育――描画への招待』（明治図書出版、二〇〇〇年）

〈ラスキン原著〉
『建築の七灯』（文語体の名訳）（岩波文庫、高橋松川訳、初版一九三〇年、復刊一九九一年）
『建築の七燈』（口語体、分かり易い）（鹿島出版会、杉山真紀子訳、一九九七年）
ウイリアム・モリス著、内藤史朗訳『民衆のための芸術教育』世界教育学選集六三巻（明治図書出版、初版一九七一年、復刻二〇〇二年）
ハーバート・リード著、内藤史朗訳『芸術教育による人間回復』海外名著選三六（明治図書出版、一八七二年）
ハーバート・リード&鈴木大拙共著、坂東性純・内藤史朗注釈『禅と芸術（英文テキスト版）』（朝日出版社、一九六八年第一刷、一九九四年第一八刷、絶版）
ジョルジョ・ヴァザーリ著、森田義之監訳『ルネサンス彫刻家建築家列伝』（白水社、二〇〇九年）
スティーヴン・グリーンブラッド著、河野純治訳『一四一七年、その一冊がすべてを変えた』（柏書房、二〇一二年）

〈ヴェネツィアの歴史と美術について〉

W・H・マクニール著、清水廣一郎訳『ヴェネツィア――東西ヨーロッパのかなめ、一〇八一～一七九七』（岩波書店、二〇〇四年）

クリスチャン・ベック著、仙北谷茅戸訳『ヴェネツィア史』（白水社「文庫クセジュ」、二〇〇〇年）

E＝R・ラバンド著、大高順雄訳『ルネサンスのイタリア』（みすず書房、一九九八年）

ロドヴィーコ・ドルチェ著、森田義之・越川倫明訳・註解・研究『アレティーノまたは絵画問答――ヴェネツィア・ルネサンスの絵画論』（中央公論美術出版、二〇〇六年）

山口昌男著『道化の民俗学』（岩波現代文庫、二〇〇七年）

勝又洋子著『ヴェネツィアの仮面カーニヴァル――海に浮く都の光と陰』（社会評論社、二〇一六年）

福原義春・文化資本研究会著『文化資本の経営――これからの時代、企業と経営者が考えなければならないこと』（ダイヤモンド社、一九九九年）

池上惇著『文化資本論入門』（京都大学学術出版会、二〇一七年）

レオナルド・サスキンド著、林田陽子訳『宇宙のランドスケープ――宇宙の謎にひも理論が答えを出す』（日経ＢＰ社、二〇〇六年）

東野芳明著『グロッタの画家』（美術出版社、一九六五年）

〈最近のラスキン&モリスの運動についての研究報告〉

山崎亮著『コミュニティデザインの源流・イギリス篇』（太田出版、二〇一六年）

〈ラスキン研究者の著書として、図版が豊富に付けられた英文著作〉

Sarah Quill, *Ruskin's Venice: The Stones Revisited*, Lund Humphries, 2003

あとがき

一　本訳書公刊の意義

ラスキンのルネサンス論は、ありきたりのルネサンス論ではない。それは芸術論を超えて宗教と人間のあり方を問い、また一七世紀から現代までの教育体制の根本を衝くものとなった。

ルネサンスの巨匠たちと言えば、レオナルド、ミケランジェロ、ラファエロなどがあげられるが、ラスキンは、こうした巨匠たちがいかなる師匠の工房に育ったのかに着目した。彼らは、近代の科学をほとんど知らない時代の芸術家であった。しかし彼らは、人類が引き継いできた揺るぎのない基盤のもとに育ち、そこから生まれた芸術を受け継いだ。レオナルドも、ミケランジェロも、ラファエロもそうした師匠に育てられたからこそ、偉大になったのだ。新しい科学や古典の知識がいくら増えても、知識を発見し驚きをもって接する心がその土台になければ不毛だとラスキンは指摘する。ラスキンは、ルネサンスを論じながら、それ以後の体制がどうしてあの巨匠たちのような芸術家を輩出出来なかったか、これを論じている。

また、前訳書『ヴェネツィアの石』はゴシックを中心に論じているが、本書ではそこからさらに発展し、ビザンティン様式からゴシック様式へ、そしてゴシックの衰退からルネサンス様式へと、その変化の様相を克明に辿っている。ラスキンは、ビザンティン期とゴシック期とは、生活様式や生活程度が異なっているが気質は似ていると指摘する。ただし、ゴシックの方が高尚であるとする。植物の生命力をより良く表現出来たのもゴシックだという。しかし、ゴシックが衰退してルネサンス期になると、そうした生命への深い洞察はなくなり、奢侈と柔弱さが目立ってくるという。

ラスキンが丹念に調べるのは、芸術の様式、特に建築や装飾、絵画や彫刻の様式からみる芸術家、工人（職人）の精神と気質の変化である。本文で葉飾りの装飾について述べたように、ラスキンの関心は、表現にあらわれた様式の変化を捉え、そして、その内面にある精神や気質の変化を読み解く。

本書では、ゴシック期の後期からルネサンス期初期への過渡期を手始めに、「ルネサンス」を三つに分けて論述する。

一章の初期ルネサンスでは、生気の抜けたゴシック、すなわちゴシック精神を喪失したゴシック風建築に取って代わった、初期ルネサンスの始まりについて述べる。

二章のローマ・ルネサンスは、様式として完成されたルネサンスを論じる。

三章のグロテスク・ルネサンスは、ルネサンスの退廃として扱われる。

より具体的には、一章においては、ゴシック建築とルネサンス建築を比較し、その相違点が指摘され、二章のローマ・ルネサンスでは、グリマーニ宮殿を切り口に、ゴシック建築の対抗物として見なされるルネサンス建築を論じる。前訳書の「ゴシックの本質」の章で述べたように、ラスキンはゴシックの建築・装飾を評価するが、それと比較して、ルネサンス建築をより広い視野の中で見ようとする。ローマ・ルネサンスを中心的ルネサンスと見なすことにより、本質的なルネサンスの問題が明らかにされる。

そして、三章のグロテスク・ルネサンスでは、日常生活において見られるグロテスクの卑近な例を具体的に示している。

二　墓廟におけるヴェネツィア・ルネサンスの変貌と堕落

墓廟を訪れて、埋葬された者の履歴と人柄、彫刻家の精神と気質をそれぞれ検証する。これがさらに本書の魅力となっている。同時に、当時の人びとの精神性を読み解くうえでも貴重な考察と言えるだろう。

ルネサンス期の比較的早期の人びとの墓と、後代の人びと（近代人を含む）の墓石とを比べると、前者は死神との調和を求め、「右手に安息を」「左手に希望を」もって死神が「慰安者ないしは友人としてやって来る」と考えた。しかし、後者になると、死神に対して恐怖を抱き、「侮辱者、略奪者、復讐者として」死神がやって来ると考えるようになった。前者の墓（早期の墓）は装飾が「簡潔で美しく、表現が厳格、厳粛だ」ということは容易に分かり、復活という希望が、キリストの正義として理解されたということが分かる。

一一世紀から一八世紀への変化は、ヨーロッパ全体として共通であるとラスキンは言う。ルネサンスにおいてヴェネツィアが中心地の一つであったように、墓石の様式の変化もまた、ヴェネツィアにおいて典型的に示されるという。

ただし、ヴェネツィアの早期の君主の墓石は、宗教感情だけでなく、慎みと簡素さが目立つが、他のヨーロッパ諸国の王や貴族の墓は豪華であり、質素なヴェネツィア君主の墓とはかけ離れている。ところが、後代になると、ヴェネツィア人たちの信仰心が薄れていき、彼らの誇りや高慢さが、限度を超えて露呈する。要するに、ヴェネツィアの墓石は他の都市のそれと比較して極端であるから、分かり易いのである。早期の一三世紀までは、一般にキリスト教徒の墓は完全な発達はしなかった。国によって、その発達段階は異なっているが、概ね、早期に墓は高く上げられた。それは完全に全体が見られる石棺に見ることが出来る。故人の横たわる像が石棺の上に彫られ、全体は天蓋に覆われる。ヴェネツィアのゴシック期には、「受胎告知の場面」——片方に天使像、他方の隅にマリアの像——が表わされ、最初期には彫刻家の技が発達していないので、人物像でなく、天蓋を単純な四角にし、石棺の上に加えられた。彫刻家が十分に人物像を彫れるまで技が上達すると、故人の生前の活力がしのばれるほどの生活ぶりを誇る姿が表現され、天蓋も精妙な細工が施された。

ヴェローナにあるスカラ家の墓廟がヴェネツィアの同時代の墓より洗練されているのは、ピサの影響があるからである。ヴェネツィアの墓は当時は粗野である。

ミケーレ・モロジーニ総督（在位一三八二年六月―十月）の墓全体は純粋ゴシックと究極的ルネサンス（堕落の頂点）との中間的様式であり、同時にキリスト教信仰の純粋、静穏と、ルネサンス的不信仰の高慢な華美との中間的感情を示している。様式の変化について的を絞って述べると、フランチェスコ・フォスカリ総督（在位一四二三―五七年）の場合は、ルネサンスは未発達で、またゴシックが堕落したゴシックゆえにゴシックからの脱却が好ましく、その点で古典的構図として評価されてよいわけである。彼の墓は、地位の驕りが忍び寄っているように見受けられる。

死者の美徳を傲慢に表現するにつれて、宗教感情は消滅していった。フォスカリの履歴には、彼の像の顔に高貴なものを期待させるものは何もない。「だがそれでも、その像はさもしい彫刻家によって誤って表現された」とラスキンは述べた。「巨大で下品で痩せた道化の顔には、最悪のローマ教の僧侶の容貌によく見られる酒びたりでふやけた肉欲的な狡猾さが見られる」。

退廃的なゴシック様式から初期ルネサンスへの移行が起こる時期において、画家と彫刻家の時代への反応はそれぞれ異なる。墓には、「鑿の打ち方」「描画と解剖の完全な科学」「良い古典的模範作の高度な鑑賞」「装飾の繊細な構成の優雅さ」など至高の技巧が示されている。これはフィレンツェの彫刻家に影響されたものであるとラスキンは考えたが、同時期ヴェネツィアで活躍したペルジーノ、フランチャ、ベリーニ（ベッリーニ）などが描いた絵画に肩を並べる彫刻家はいない。彫刻家は、キリスト教的想像力とまったく反対に位置する古典的模範の排他的研究に導かれたのが、画家より早い。この時期、「彫刻家は自分の理想を実現するために実践すべきことを、単に機械的にしたために、堕落するだけでなく、純化した聖なる色彩からも見離された」とラスキンは述べる。

この時期の代表的な墓石は、アンドレーア・ヴェンドラミン総督（在位一四七六―七八年）の墓石であり、パオロ教会（サンティシマ・ジョヴァンニ・エ・パオロ教会の略）に建てられた。その墓の「高価さ」、「鑿打ちの繊細さと明確さ」に人びとはまず眼を奪われるが、ラスキンは「非常に卑しくて価値がない」と批判し、その原因を「創意や感情がこもっていないことによる」と看破した。

石棺については、初期、それも一五世紀半ばまでには棺に装飾を加えたいという欲求は見られない。ところが一五世紀半ばを過ぎると、花飾り細工が豊かに施され、美徳の像に装われ、遂には、「四角い形態が崩れて、出来るだけ棺らしくないように優雅な装飾で洗練され遂には肖像のための台座か舞台になってしまった」。また、「この彫像は奇妙な変遷を経て、徐々に生身の姿へ回帰するようになった。ヴェンドラミンの墓碑は、死せる姿で横たわる横臥像を示す、あるいは、示すように装った最後の墓の一つである」。

その後、肖像が死を連想させることのないように、彫像は立ち上がり、舞台上の役者のように墓の前面に現れる。「それまで墓の中で横たわり安息していた人物像が、肘をついて立ち上がり、周囲を見回し始めた。一六世紀の魂は死んだ身体を敢えて凝視しなかった」。

三　オックスフォード運動とラスキン

従来のラスキン像は、二一世紀の今日、訂正を要する。

イギリスの美術史家ニコラウス・ペヴスナーのように、「ラスキンの追求心は驚くべきものだが、福音主義の家庭に育ったせいか、福音主義が出てくると、追求心が萎《な》える」と言われるのは今日では当たらない。自然や宇宙の法則は、ラスキンの生きた一九世紀の段階では、「神の法」であり、「神聖な法」と言わざるを得なかった。ラスキンが「神」を持ち出して説明しても、否定すべきではない。それに、ラスキンは、偏狭な福音主義者ではなかった。イギリスはプロテスタントも聖公会信徒も一つになるべきだというのが、ラスキンの信念であった。

もっとも、ラスキンは、一八三四年から一八四〇年の間、オックスフォード大学のクライスト・チャーチというカレッジで学び暮らした。当時は一八三三年から始まった高教会派の教授たちによる宗教改革としてのオックスフォード運動が盛んな時期で、クライスト・チャーチには運動の主だった教授の一人ピューゼー（ヘブライ語担当）がいた。この教授と同じカレッジに学んでいたラスキンも当然その影響を受けたと思われる。その時イギリスの国会では、アイルランドの主教管区の聖公会の主教を国家が任命する条例を立法化しようとしていた。運動家たちはこのような教会の領域への干渉は、人民の精神への干渉であり侵害であるとして反対していた。こうした主張にはラスキンも共鳴し、『ヴェネツィアの石』においても、「ゴシックの職人が優れた作品を生み出せたのは、彼らが精神の自由を得ていたからだ」と主張した。ラスキンのこうした考えは、オックスフォード運動の機関紙に載った論点と一致するものがある。

オックスフォード運動はゴシック復興を促したが、ゴシック復興は精神共同体の復興の場を再建するものであった。精神共同体と言うと、大袈裟に聞こえるが、コミュニティの交流のことと言えば分り易い。ラスキンが本文で「神の愛」と述べているのを、訳では（アガペー）と添えておいた。アガペーはギリシャ語の原義では、「神の宴に参加すること」である。人びとが宴に参加することで、霊的な交流をもつことになる。ラスキンと同じクライスト・チャーチ出身の詩人W・H・オーデン（一九〇七―七三年）は青年時代の次の経験によって、アガペーの例を示している。

「一九三三年夏、校庭の芝生の上で三人の女子学生と一人の男子学生とが座って話している時、ふと何かが降りて来て、抵抗できない何かに憑依された。後に友人の一人にその時の体験を話すと、友人もそのとき同じ感じがしたと言うのだった」（*Forwards and Afterwards* 所収論文 "Protestant Mystics"）。

ラスキンのlovelinessは、ＯＥＤによれば、第一の意味が "in a friendly manner" による "loveliness" である。例文にこうある。「キリストの使徒の性格をつくりあげたlovelinessを我々の日常生活で常態化するように心がけよう」。

ラスキンが言いたいことは、アガペーと「情愛」との間に閾《しきい》がなくなることであった。このような考えは、共同体の中での精神的交流を生み出す流れをつくり、イギリスやヨーロッパのコミュニティ・デザインにつながっていったのだろう。

なお、「遠近法」については、本訳書では「図式的な理解」として批判している。特に、本訳書においてラスキンは現代の写真家が用いる「解像度」に似た考えを用いているのが興味深い。ラスキンが本当に言いたいことは、『近代画家論』第四巻（未訳）の「ターナーの地誌」において述べている。機会があれば是非出版したい。

本訳書出版に当たって、法藏館西村七兵衛会長および西村明高社長、戸城三千代編集長そして特に直接編集に当たられた岩田直子編集者に心からの感謝の意を表する。

二〇一七年八月一五日

訳者記す

【著者紹介】

ジョン・ラスキン John Ruskin（1819–1900）

1842年オックスフォード大学卒業。1870年よりオックスフォード大学芸術学講座を担当。著書に『近代画家論』*Modern Painters*（1843–60），『ヴェニスの石』*The Stones of Venice*（1851–53），『芸術経済論』*Political Economy of Art*（1857），『この最後の者にも』*Unto this Last*（1860）など。

【訳者紹介】

内藤史朗 ないとう しろう

1933年台湾台北市に生まれる。1957年京都大学文学部（英文学）卒業。1976年大谷大学教授，1999年京都造形芸術大学教授。1974年アイルランドのイェイツ夏季大学で講師を務め，1983年オックスフォードのSt. John's Collegeにて客員として研究に携わる。現在，大谷大学名誉教授。著書に，アイルランド詩人イェイツに関する*Yeats and Zen*（1983），*Yeats's Epiphany*（1990），*W. B Yeats's Masks and Plotinus*（1997）があり，共著に『W. B. イェイツ論 仮面の変貌』（1978，南雲堂）。訳書にラスキン『ヴェネツィアの石——建築・装飾とゴシック精神』（2006，法藏館），『風景の思想とモラル——近代画家論・風景編』（2002，法藏館），『芸術の真実と教育——近代画家論・原理編Ⅰ』『構想力の芸術思想——近代画家論・原理編Ⅱ』（2003，法藏館），『芸術教育論』（1969，明治図書），モリス『民衆のための芸術教育』（1971，明治図書），『ラスキンの芸術教育——描画への招待』（2000，明治図書）など多数。

続ヴェネツィアの石
——ルネサンスとグロテスク精神

二〇一七年一〇月一三日 初版第一刷発行

著 者 ジョン・ラスキン
訳 者 内藤史朗
発行者 西村明高
発行所 株式会社 法藏館
京都市下京区正面通烏丸東入
郵便番号 六〇〇-八一五三
電話 〇七五-三四三-〇〇三〇（編集）
〇七五-三四三-五六五六（営業）

印刷・製本 亜細亜印刷株式会社

ISBN 978-4-8318-8179-3 C1010

ジョン・ラスキン著／内藤史朗訳

『近代画家論』全三巻

芸術の真実と教育　近代画家論・原理編Ⅰ　二六〇〇円

構想力の芸術思想　近代画家論・原理編Ⅱ　二八〇〇円

風景の思想とモラル　近代画家論・風景編　二九〇〇円

ヴェネツィアの石　建築・装飾とゴシック精神　四二〇〇円

法　藏　館　　価格税別